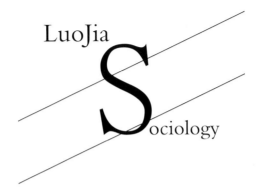

LuoJia Sociology

武汉大学规划教材建设项目资助出版

珞珈社会学丛书

中国社会思想史研习新编

桂胜　李向振　主编

WUHAN UNIVERSITY PRESS
武汉大学出版社

图书在版编目(CIP)数据

中国社会思想史研习新编/桂胜,李向振主编.—武汉:武汉大学出版社,2023.11

珞珈社会学丛书

ISBN 978-7-307-23917-3

Ⅰ.中… Ⅱ.①桂… ②李… Ⅲ.政治思想史—中国—高等学校—教材 Ⅳ.D092

中国国家版本馆 CIP 数据核字(2023)第 153515 号

责任编辑:詹 蜜 责任校对:李孟潇 版式设计:韩闻锦

出版发行:**武汉大学出版社** (430072 武昌 珞珈山)

(电子邮箱:cbs22@ whu.edu.cn 网址:www.wdp.com.cn)

印刷:武汉中远印务有限公司

开本:720×1000 1/16 印张:14.75 字数:239 千字 插页:2

版次:2023 年 11 月第 1 版 2023 年 11 月第 1 次印刷

ISBN 978-7-307-23917-3 定价:56.00 元

・・・・・・・・・・・・・・・・・・・ 作者简介

　　桂胜，湖北黄梅人，1993年获华中师范大学历史学博士学位。武汉大学社会学院教授、博士生导师、湖北省非物质文化遗产研究中心副主任、武汉大学中国非物质文化遗产研究院副院长、武汉大学生态与社会文化研究中心主任、教育部马克思主义理论工程《中国社会思想史》教材首席专家、中国社会思想史专业委员会副理事长、湖北省民间文艺家协会副主席。主要研究方向为中国社会思想史、民俗学、民俗文化与现代化等。在《民俗研究》、*Journal of East Asian Studies*、《アジアの歴史と文化》等期刊发表中、英、日文论文50余篇，多篇被人大复印报刊资料《民族问题研究》《金融与保险》等全文转载。另出版《周秦势论》等专著多部，承担国家社科基金项目、国家文化创新工程重点项目、湖北省重大调研课题基金项目、湖北省社会科学基金项目等数十项课题。

　　李向振，河北故城人，文学（中国民间文学）博士，武汉大学社会学院副教授，硕士生导师。2019年入选国家民委"民族研究优秀中青年专家"；中国民俗学会第十届理事会常务理事兼副秘书长；全国非物质文化遗产名词审定委员会民间文学名词审定分委会委员；武汉大学第九届教学督导团成员。主要研究方向为明清社会思想史、近代学术转型、民俗学理论、民间信仰等，在《世界宗教研究》《民俗研究》《民族艺术》等期刊发表学术论文40余篇，部分作品被《中国社会科学文摘》、人大复印资料《文化研究》全文转载。另出版学术专著《活法儿：京北城郊村的生计策略与日常生活》《找回日常生活：当代民俗学的学术转向与知识生产》等2部，承担国家民委民族研究项目等多项课题。

目　录

第一章 引 论

一、本书的缘起

"中国社会思想史"是全国社会学专业本科生必修的主干课之一，也是促进"文化自信"，实现社会学本土化的一门重要课程。关于其重要性的认识，费孝通、陆学艺、郑杭生、王处辉等已有中肯的论证，在此毋庸赘述。1998年作为本书主编之一的笔者有幸接手"中国社会思想史"课程教学工作，深感学者的艰辛，教者的不易，也深感中国社会思想文化的博大精深。根据笔者过去的教学实践和此次课题组织的访谈调查，我们发现由于传统社会思想的丰富，使得现有的"中国社会思想史"教科书普遍信息量大，知识点多，卷帙浩繁，而尤为未尽；由于以前的教科书(教材)，多为时代加人物的编写模式①，使得知识的传授局限于士林社会思想，无形中限制了中国社会思想史的深度和广度。兼之，多年来，各高校的"中国社会思想史"课程安排普遍为一个学期，或36学时，或54学时，授课的课时有限，每每讲完先秦，便进入倒计时。在这样一个背景下，授课教师普遍感到教学任务不易完成，力不从心，学生对该门课程更是敬而畏之，望洋兴叹。中国社会思想史对社会学知识体系的完善和社会学本土性的建设日益凸显的作用与教学状况不尽如人意，形成强烈的反差。

面对着客观事实，应该怎么办？笔者在讲授宋明理学社会思想时为张载的"横渠四句"("为天地立心，为生民立命，为往圣继绝学，为万世开太

---

① 令人欣慰的是，目前，教科书的编写体例已有改观，有专题社会思想研究形式，有朝代与专题社会思想结合形式，有断代研究形式等。

1

平"①）和王阳明"四句教"（"无善无恶心之体，有善有恶意之动，知善知恶是良知，为善去恶是格物②"）而感到震撼不已并深受启发。窃思虽然不能像二位贤哲那样雄才和睿智、经世济民，但能否在授业、解惑、传道方面尽一点担当呢？在《中国社会思想史》的研习、传承方法创新上有所悟证呢？能否集二十年教学实践经验（见支撑材料中的课程考试题）和心得，针对问题和研习者的需要，形成一本简易切用的《中国社会思想史》研习新范式的教科书呢？

武汉大学规划教材的申报成功使笔者的愿景落到了实处，成为可能。何为教材呢？王处辉教授回忆其南开大学前校长侯自新曾同他讲过"教材是'教'出来的，不是'编'出来的"③，笔者深以为然。

二、本书编撰框架

本书内容包括文献分析、概念界定、实证分析、范式探究、元本分类、抽绎要素，要素（问题）提示、案例展示、习作宣示、习练结合、范式应用、融会贯通。本书编撰框架见图 1-1。

三、本书研究的核心概念

（一）关于"元"的界定

本书的独特创新之处，是将体量庞大、内容庞杂的中国社会思想史知识，进行系统的层级分类，形成层次清晰、类别清楚的脉络，从而使中国社会思想史的知识演进切近人们的逻辑思维习惯，以便于逐步深入、不断深化对这一知识脉络的领会和掌握。其中，"元"是这一研习方法体系的基石和总纲。

何谓"元"？《说文解字》曰：元，始也，从一、从兀④。从汉字造字方式

---

① （宋）张载著，章锡琛点校：《张载集·张子语录·语录中》，中华书局 1978 年版，第 320 页。原文为"为天地立志，为生民立道，为去圣继绝学，为万世开太平"。冯友兰先生在《三松堂全集（第 4 卷）·新原人·自序》中，将此总结为"横渠四句"。

② （明）王守仁著，王晓昕赵平略点校：《王阳明集（上）·语录三》，中华书局 2016 年版，第 108 页。

③ 王处辉主编：《中国社会思想史》，中国人民大学出版社 2009 年版，第 1 页。

④ （汉）许慎撰，（清）段玉裁注：《说文解字注》，上海古籍出版社 1981 年版，第 1 页。

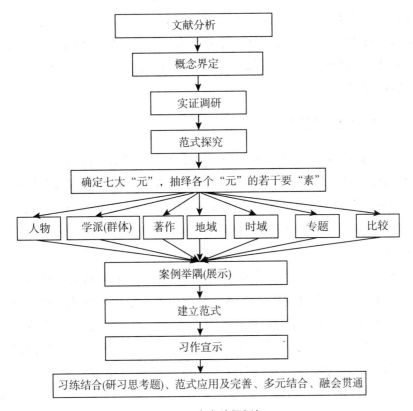

图 1-1　本书编撰框架

来看,"元"属于会意字,其甲骨文字形象人形,最上横笔指示人的头部,所以其本义是指"头"或"首"。由"头"或"首"引申为开始、起端之意,又可引申为根源、本根之意。在现代汉语中,"元"除了古典的开端、本根之意,也逐渐引申为指称类别的概念单位,如二元论、三元社会结构等。因此,综合各个义项与不同用法,"元"的现代意涵之一,是指那些具有根本性的类别或类型。

　　本书作为一项研习方法探究,首先根据中国社会思想史知识的凝聚方式和总体特征,将中国社会思想史研习法分为七大"元":人物社会思想研习法、学派社会思想研习法、著作社会思想研习法、地域社会思想研习法、时域社会思想研习法、专题社会思想研习法、综合比较社会思想研习法。这七种方法是中国社会思想史研习的最基础的切入技术方法,具有总纲和基始的元命题意义，所以我们称为中国社会思想史研习法的七"元"。

换言之，任何研习中国社会思想史的人士，如能熟练掌握这七种基础性的知识分类方法，可事半功倍地对体量庞大、内容庞杂的中国社会思想史知识有一个较为清晰的把握与认知，进而多元结合，举一反三，得以窥见中国社会思想史的全貌。

(二)关于"素"的界定

"素"，指构成事物的基本成分，一如要素、因素。在本书中，如果说"元"是构成中国社会思想史研习法体系的基本单位，那么"素"则是组成"元"的基本单位，是隶属于"元"的次级构成成分。在同一"元"之下，包含着多个不同性质的"素"，这些"素"既相互独立，又彼此关联，共同组合形成"元"的结构性特征。

不同的"元"所包含的"素"也是不同的，但是这种不同是从所指层面而言的，各个"元"的不同"素"在整体上有着类似的结构性功能，也就是连带的、缺一不可的作用。我们以著作研习法为例来说明何为"素"及其与"元"的关系。著作研习法属于"元"的层次，主要包括如下一些与著作相关的"素"：著作的时代背景，著作的成书过程及主编及编者(如可考的话)情况，著作表达的社会思想内容，著作所表达的社会思想源流，著作所表达的社会思想的历史意义、现实意义，著作所表达的社会思想的评价等。以上各个"素"，有的以一个词组表述，有的以一个短句表达，它们从不同面向展现了著作的总体特征及其社会思想内容，以及掌握这一"元"研习法的必要切入点和支撑点。

如果说人物社会思想研习法、学派社会思想研习法、著作社会思想研习法、地域社会思想研习法、时域社会思想研习法、专题社会思想研习法、综合比较社会思想研习法这七"元"方法是中国社会思想史研习法的主枝干，那么每一"元"所包含的多个要素是组成中国社会思想史研习法这一棵大树的众多旁枝分蘖。正是这些"素"或旁枝分蘖，才使中国社会思想史的知识内容充实、丰富起来，真正体现出中国社会思想史的本真面貌。

(三)关于"范式"的说明

"范"：陶冶用的模子和事物的榜样。王充："今夫陶冶者，初埏埴作器，必模范为形，故作之也。"①其最早指用竹子类的材料形成模子浇铸金器等，《礼记·礼运》"范金合土"②，陈澔集说"范字当从竹，以竹曰范，范金，为形范以铸金器也"③。"范"作动词有培育，示范之意。沈约"垂范后昆"④。"式"，既有式样，格式之意，"议权衡度量，颁于天下，其不依新式也者，悉追停之"⑤，也有榜样，模范之义。"秦人以急农兼天下，孝武以屯田定西域，此先世之良式也"⑥⑦。范式的英文为"Paradigm"，意为"模范"或"模型"，"范式"，是由美国科学哲学家托马斯·库恩(Thomas S. Kuhn)提出并在《科学革命的结构》(*The Structure of Scientific Revolutions*)(1962)中系统阐述的。库恩认为，范式就是一种公认的模型或模式。在科学实践活动中某些被公认的范例——包括定律、理论、应用以及仪器设备等为某种科学研究传统的出现提供了模型。把解决某类问题的方法总结归纳到理论高度、加以应用并被大家公认，就是模型和模式。"特定的科学共同体从事某一类科学活动所必须遵循的公认的'模式'，它包括共有的世界观、基本理论、范例、方法、手段、标准等与科学研究有关的所有东西。"⑧"范式"有三大特征，其一，在一定程度内具有公认性；其二，是一个由基本定律、理论、应用以及相关的仪器设备等构成的一个整体，它的存在给科学家提供了一个研究纲领；其三，为科学研究提供了可模仿的成功的先例。

四、本书研习新范式建构

以马克思主义、中国特色社会学理论体系为指导，将辩证唯物主义、历史唯物主义、中国特色社会主义等立场、观点、方法，贯穿于研习的整个过

①　(汉)王充著，张宗祥校注，郑绍昌标点：《论衡校注·物势》，上海古籍出版社2010年版，第70页。

②　胡平生、张萌译注：《礼记(上)》，中华书局2017年版，第423页。

③　(元)陈澔注，金晓东校点：《礼记》，上海古籍出版社2016年版，第252页。

④　(梁)沈约撰：《宋书卷三十九至卷一〇〇·谢灵运》，中华书局1999年版，第1177页。

⑤　(唐)李延寿撰：《北史卷一至卷四三·高祖武帝》，中华书局1999年版，第241页。

⑥　(唐)房玄龄等撰：《晋书卷一至卷三六·食货》，中华书局1999年版，第508页。

⑦　以上诠释，根据《辞海》"模""式"词条引申发挥。

⑧　[美]托马斯·库恩，金吾伦、胡新和译：《科学革命的结构》，北京大学出版社2003年版，第9页。

程，通过思维创新、研习方法创新，归结出元→要素→案例→习作相结合的新的研习范式。

第一，从体例创新入手，将《中国社会思想史》分为人物社会思想研习法、学派(群体)社会思想研习法、著作社会思想研习法、地域社会思想研习法、时域社会思想研习法、专题社会思想研习法、综合比较社会思想研习法等七大"元"。

第二，运用社会学理论和范畴，围绕特定的"元"，根据其内在逻辑，抽绎出每种"元"的基本要素和共同特质。

第三，借鉴 MBA 案例研究方式，针对每种"元"及其要素，选择典型案例，加以比照分析，形成案例与要素间的助，以形成每种"元"的基本研习范式，如图 1-2 所示：

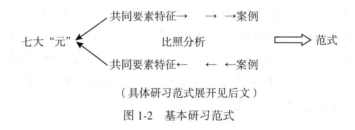

（具体研习范式展开见后文）

图 1-2　基本研习范式

第四，加强案例展示和习作宣示力度：第一，研习指导者将相关的中国社会思想的研究成果运用于教学实践中；第二，从研习者的练习或考试卷中选择有典型的习作加以展示分析。

第五，倡导研习者发挥主观能动性，根据要素的提示、案例展示和习作宣示，按照范式对案例以外的以往中国社会思想，或进行比照分析，或根据所列出的问题逐个思考、回答、练习；或将七大研习范式结合运用。鼓励研习者，把知识学习与个人的修为提升，将当前的社会治理、价值建构和社会学本土化有机结合，发挥志趣；举一反三，融会贯通，知行合一，在研习实践中验证研习范式。

第六，本书研究成果所形成的范式，经过某重点大学社会学系多年的教学改革实践，证明是一种切实可行的中国社会思想史研习形式，并可为文科其他专业的学生研习所借鉴。

第二章 范式之一
——人物社会思想研习方法

第一节 要　　素

【导语】

　　《孟子·万章》云："颂其诗，读其书，不知其人，可乎?"①人物社会思想研究范式是以单个的社会思想产生者为对象，为中心，为主线，其余为辅助的一种研习方法。人物社会思想研究范式近似纪传体，其方法通过论其世、知其人，超越时空与过往贤哲对话，探究他们的天下情怀、社会责任和治世之道。目前的《中国社会思想史》教材多用此体例。其方法为我们系统了解一个人物的思想及发展提供了方便。通过对当时历史、社会背景的了解使我们可以知道人物社会思想产生的起因、发生与发展；通过同时或历代其他人对人物社会思想评价的了解可使我们对人物社会思想的优点及不足有更为深刻全面的认识；通过古今对话可以明白人物社会思想在今日的可借鉴之处并用它更好地服务社会，促进社会学本土化；该研究方法甚至可用来指导人物传记写作。对人物—思想产生者的心路的把握既是重点，也是难点。马克斯·舍勒、曼哈姆等关于知识社会学方面的研究可以作为借鉴。但由于人物社会思想研究方法是对思想家逐个、单一进行研究，往往难以宏观和系统地理解中国社会思想，容易造成知识的点状化，不利思想的整体上把握；某些人物，如老子，生平记载甚少或者不详细，就不大好比照分析；由于人物社会思想研究方法关注的主要是知识化形态，对一些名不见经传的思想产生者更不易考察。

---

① （清）焦循撰，沈文倬点校：《孟子正义·万章下》，中华书局 2018 年版，第 780 页。

基本要素——

1. 人物的生平。人物出生的时间、地域和时代背景(重大历史事件,如战争、变革、动乱等);人物的家庭、流派、师承教育、社会关系和社会环境等。

2. 人物所处的时代提出了哪些问题和挑战?人物是怎样回应的?提出了哪些社会思想?有哪些著作?

3. 人物怎样建构、论证和表达他的社会思想?

4. 人物的社会思想是自己创新的,还是继承或发扬了哪一流派的思想?人物的社会思想对后来思想的启示作用。

5. 人物提出的社会思想在当时意义和对后来的影响。

6. 人物社会思想的借鉴意义和评价。

研习者在分析人物的社会思想时可对上述各要素进行回答或综合思考,从而一窥全豹。

附研习思考题

试用人物社会思想研究方法对你感兴趣的几个中国古代社会思想家的社会思想进行研习。

第二节　案例举隅一——荀子社会思想研习

一、关于荀子的基本情况

荀子(约公元前325①—前235年),名况,字卿,又称孙卿②,尊称荀子。

---

① 荀子的生卒年尚未定论。《辞海》认为荀子生卒年约前325—前238年("荀子"条目)。刘廷尧在《后圣荀子》提出荀子出生于赵武灵王十年(公元前313年),卒于楚幽王八年(前230年);《辞源》认为荀子生卒年约前313?—前238年("荀况"条目)。清代汪中《荀卿子年表》认为荀子生卒年约前298—前238年。梁涛在《荀子行年新考》中提出荀子约生于公元前336年;林桂榛在《荀子生卒年问题新证——以〈盐铁论〉两则记载为中心》中也认同荀子约生于公元前336年。

② 荀卿又称孙卿,一说避汉宣帝刘询的讳;一说"荀"与"孙"古音相近;一说赵国方言"荀"与齐国方言"孙"发音相近;一说荀卿和孙卿是"姬"姓的两氏并称(胡元仪)。

赵国人，荀子早前生活阅历多不可靠，《史记·孟子荀卿列传》称"年五十始来游学于齐"①，称为"稷下学宫"后期的优秀人物，时人相尊而号为"卿"。前后三度处列大夫康庄之位(三为祭酒)，后因人谗言而入楚，被春申君任用为兰陵令，后"春申君死而荀卿废"，以兰陵为家，著书立说。

荀子所处的时代，正值社会大剧变的战国末期。新生的地主阶级在各国获得社会地位并掌握政权，全国统一的趋势日益明显，诸侯割据的局面行将结束。荀子五十岁以前的时光，是"战国七雄"风云争霸的时期。秦国经过商鞅变法，富国强兵。其余的各国也相继变法，或兼并，或合纵，或连横②。华夏战火连绵。秦国在战争中日趋强大，齐国尚存雄风，逐渐形成了秦、齐两国为首分为两大阵营。公元前307年，赵武灵王实行"胡服骑射"③，赵国日趋强大。秦国与赵国等诸侯国之间发生了多次战争。战国后期，各诸侯国国事日衰，直至被秦国所兼并。其间，公元前296年，齐、韩、魏、赵、宋联合攻秦，攻破函谷关，秦国割地求和的函谷关之战；公元前287年，苏秦约赵、齐、楚、魏、韩五国攻秦，在秦国归还部分赵、魏土地求和后的成皋之战；公元前270年，赵将赵奢大败秦军的阏与之战；公元前260年，秦将白起在长平大败赵军并活埋战俘40多万人的长平之战；公元前247年，魏国公子信陵君率韩、魏、楚三国联军在邯郸城外大败秦军后，率领联军一路追到函谷关的邯郸之战；公元前241年，赵将庞援率赵、魏、卫、楚、韩五国联军大败秦军的寿陵之战。

荀子身处群雄割据大幕将闭之时，少时师从虞卿④学习《春秋》等儒家典

---

① (汉)司马迁撰，(宋)裴骃集解，(唐)司马贞索隐，(唐)张守节正义：《史记·孟子荀卿列传》，中华书局2014年版，第2348页。

② 合纵连横：简称纵横，战国时期纵横家所宣扬并推行的外交和军事政策。秦在西方，六国土地南北相连，故称合纵。与合纵政策针锋相对的是连横。苏秦游说六国诸侯，要六国联合起来西向抗秦，曾经联合"天下之士合纵，相聚于赵，而欲攻秦"。参见(汉)刘向编订，明洁辑评，明洁导读整理：《战国策·卷三·秦》，上海古籍出版社2008年版，第98页。

③ "今吾(赵武灵王)将胡服骑射以教百姓"。参见(汉)刘向编订，明洁辑评，明洁导读整理：《战国策·卷六·赵》，上海古籍出版社2008年版，第285页。

④ 虞卿，赵国邯郸(今河北邯郸)人，战国名士。虞卿善于战略谋划，在长平之战前主张联合楚、魏迫秦求和；邯郸解围后，力斥赵郝、楼缓的媚秦政策，坚持主张以赵为主联合齐、魏抵抗秦国。后因拯救魏相魏齐的缘故，抛弃高官厚禄离开赵国，终困于魏都大梁，于是发愤著书。著有《虞氏征传》《虞氏春秋》15篇。

籍，"有秀才"①。成年后，先后游历过齐国、秦国、楚国等诸侯国，向齐襄王、秦昭王、赵孝成王、齐王建、楚考列王等诸侯国君主推介过自己的治国之术，经历了长平之战、邯郸之围等，故其《臣道》篇极言平原信陵之功。楚考烈王时期，入楚为兰陵令，后在兰陵设坛，聚徒讲学，教授《诗经》《尚书》《礼记》《乐》《春秋》等五经，要求弟子身体力行"修身齐家治国平天下"，传授弟子如何治理国家社会的"帝王之术"②方法。法家代表人物韩非、李斯，儒家思想的陈嚣，以及张苍、毛享、浮丘伯等都是荀子弟子。

二、荀子所面对的时代挑战

每个时代的思想，都是对危机及社会秩序的巨大变迁造成的挑战的回应。荀子所处的时代，主要的社会危机是旧有的社会秩序已经失范，而新的社会秩序尚未建立起来。战国末期，一方面铁器使用日渐广泛，牛耕技术得到推广，社会生产力获得了极大发展，社会物质财富日趋丰富；周王室名存实亡，井田制退出历史舞台，各诸侯国经过多方面改革消解了封建领主制，封建地主制得到加强，新兴地主阶级势力日趋壮大，私有观念日趋深入人心。另一方面各诸侯国为了"一统天下"或生存发展，合纵连横，相互间年年征战，带来战乱频繁、经济凋敝、民不聊生、社会发展等方面问题。

古代中国面临社会抉择，社会各阶层、各学派、各流派争芳斗艳，其代表人物从本阶层利益和要求出发，对宇宙、对社会、对万事万物进行解释，提出了不同的社会主张，以及如何达到理想社会的方法，呈现百家争鸣。

荀子见证了赵国由强盛到衰落整个过程、齐国几度沉浮的历程、秦国崛起呈现一统天下的历史，也见证了周朝最后一个天子"周赧王"及西周君被秦废为平民，秦将"九鼎"③宝器置于咸阳，周不再称王的历史。为此，荀子吸取诸子百家的长处，荀子对先秦各学派进行了批判与总结，针对存在着如何使人脱离自然属性改造成符合社会需要的社会人，如何管理改造后的社会人，也就是说如何治理一个国家的问题，如何保障社会群体及其组成社会群体的社会人的行为良性运行和协调发展等问题，荀子从人本性恶出发，形成了"化

---

① （汉）应劭：《风俗通义·穷通》，上海古籍出版社 1990 年版，第 51 页。
② "年少时……从荀卿学帝王之术。"（汉）司马迁撰，（宋）裴骃集解，（唐）司马贞索隐，（唐）张守节正义：《史记·李斯列传》，中华书局 2017 年版，第 3083 页。
③ 九鼎：象征天子权力。

性起伪"①社会改造思想、"明分使群"②社会组织和秩序思想、"隆礼重法"③社会控制思想等一套颇具特色的社会思想体系。

《荀子》一书④。现存 32 篇，绝大部分为荀子本人所作。自汉以后，《荀子》一书长期被淹没，一直到唐代杨倞始为《荀子》作注。近人有王先谦的《荀子集解》，梁启雄的《荀子简释》，现在有中华书局出版的《荀子新注》。

三、荀子社会思想的具体内容

(一)"化性起伪"的社会改造思想

如何使人脱离自然属性改造成符合社会需要的社会人？实际上，这是一个人的社会化问题。荀子对于这个问题的回答是"化性起伪"。化性起伪是荀子人性理论的主要观念。通过"化性起伪"对人进行社会化的改造。

荀子认为，性是人与生俱来的本性或天性，"本始材朴"⑤，属于人的自然属性。人的本性是邪恶的，因此，需要用一定的方法改变人的邪恶本性。"化性"就是改变人的邪恶本性。伪，在这里不是虚假、不真实的意思，而是指可做的人为："可学而能、可事而成之在人者，谓之伪"⑥，也可以说是指通过人的思虑与学习、社会所造就而成："心虑而能为之动，谓之伪；虑积焉、能习焉，而后成，谓之伪。"⑦具有社会性的"伪"与具有自然的"性"是一对矛盾。起伪的意思是用诗、书、礼、乐、法等礼义法度熏陶、感化、塑造

---

① "故圣人化性而起伪，伪起而生礼义，礼义生而制法度。"参见(清)王先谦撰，沈啸寰、王星贤点校：《荀子集解·性恶篇》，中华书局 2020 年版，第 517~518 页。

② "故百技所成，所以养一人也。而能不能兼技，人不能兼官，离居不相待则穷，群而无分则争。穷者，患也；争者，祸也；救患除祸，则莫若明分使群矣。"参见(清)王先谦撰，沈啸寰、王星贤点校：《荀子集解·富国篇》，中华书局 2020 年版，第 208 页。

③ "隆礼至法则国有常"。参见(清)王先谦撰，沈啸寰、王星贤点校：《荀子集解·君道篇》，中华书局 2020 年版，第 282 页。

④ 《荀子》中的《大略》《宥坐》等最后 6 篇疑为弟子所记。

⑤ (清)王先谦撰，沈啸寰、王星贤点校：《荀子集解·礼论篇》，中华书局 2020 年版，第 432 页。

⑥ (清)王先谦撰，沈啸寰、王星贤点校：《荀子集解·性恶篇》，中华书局 2020 年版，第 515 页。

⑦ (清)王先谦撰，沈啸寰、王星贤点校：《荀子集解·正名篇》，中华书局 2020 年版，第 487 页。

人。化性起伪意思是改变人与生俱来的邪恶本性，提升后天文明的人为善良品德，意即"变化先天的本性，兴起后天的人为"。荀子的"化性起伪"社会改造思想主要体现在《性恶篇》等文章中。

荀子在《性恶篇》从人出生呈现的状态、古代圣明君王改造人性、对当时孟子"人之性善"①思想的批驳、对人本性与人为的辨析、人的邪恶本性需要教化、君子能改变自己的本性作出人为的努力制成礼义等方面归纳出"人之性恶明矣，其善者伪也"②结论。荀子从人本性出发，认为人"生而有好利焉……生而有疾恶焉……生而有耳目之欲"③，这种从人天性出发提出的"好利、疾恶、耳目之欲"等方面，其实质是人的动物本能。荀子将人的动物属性拟人化。人的动物本能"顺是"④，则必然出现"出于争夺，合于犯分乱理，而归于暴"⑤。由此，荀子提出了必须对人进行"师法之化、礼义之道"⑥的社会化，这样人才能达到"出于辞让，合于文理，而归于治⑦"的社会改造目的。荀子再从"古者圣王以人之性恶"⑧出发，论述了古代圣明君王建立礼义、制定法度，通过"化师法、积文学、道礼义"⑨等过程，社会化"偏险而不正、悖

---

① （清）王先谦撰，沈啸寰、王星贤点校：《荀子集解·性恶篇》，中华书局 2020 年版，第 515 页。

② 人的本性是邪恶的就很明显了，他们那些善良的行为则是人为的。参见（清）王先谦撰，沈啸寰、王星贤点校：《荀子集解·性恶篇》，中华书局 2020 年版，第 514 页。

③ （清）王先谦撰，沈啸寰、王星贤点校：《荀子集解·性恶篇》，中华书局 2020 年版，第 513 页。

④ （清）王先谦撰，沈啸寰、王星贤点校：《荀子集解·性恶篇》，中华书局 2020 年版，第 513 页。

⑤ （清）王先谦撰，沈啸寰、王星贤点校：《荀子集解·性恶篇》，中华书局 2020 年版，第 514 页。

⑥ （清）王先谦撰，沈啸寰、王星贤点校：《荀子集解·性恶篇》，中华书局 2020 年版，第 514 页。

⑦ （清）王先谦撰，沈啸寰、王星贤点校：《荀子集解·性恶篇》，中华书局 2020 年版，第 514 页。

⑧ （清）王先谦撰，沈啸寰、王星贤点校：《荀子集解·性恶篇》，中华书局 2020 年版，第 514 页。

⑨ （清）王先谦撰，沈啸寰、王星贤点校：《荀子集解·性恶篇》，中华书局 2020 年版，第 514 页。

乱而不治"①等方面性恶问题，以强制整治性情而端正行为，驯服感化性情而引导行为。由此，将"人之性恶"改造为善良行为。

针对孟子的"人之学者，其性善"。荀子指出，孟子还没有能够了解人的本性，而且也不明白人的先天本性和后天人为之间的区别的一种说法②，提出"凡性者，天之就也，不可学，不可事"③。礼义才是圣人创建的，是人们学了才会、努力从事才能做到的。人身上不可能学到、不可能人为造作的东西，叫作本性；人身上可以学会、可以通过努力从事而做到的，叫作人为。这就是先天本性和后天人为的区别。改造人的先天本性，在于"待圣王之治、礼义之化，然后皆出于治、合于善也"④。人们之所以要推崇圣人君子，是因为圣人君子能改变自己的本性，能作出人为的努力，人为的努力作出后就产生了礼义。⑤

在"人之性恶明矣，其善者伪也"⑥的结论基础上，荀子提出了"天非私曾、骞、孝己而外众人也……天非私齐、鲁之民而外秦人也"⑦人生而本性一样的观点，具有朴素的"人皆生而平等"⑧的启蒙思想；提出了普通人持之以恒积累善行也可以像圣人一样"通于神明，参于天地矣"⑨，彻底摒弃了奴隶制度的奴隶不是人、更不可以成为圣人的思想，具有普世平等观念；提出了

---

①　(清)王先谦撰，沈啸寰、王星贤点校：《荀子集解·性恶篇》，中华书局2020年版，第520页。

②　"是不及知人之性，而不察乎人之性、伪之分者也。"参见(清)王先谦撰，沈啸寰、王星贤点校：《荀子集解·性恶篇》，中华书局2020年版，第514~515页。

③　(清)王先谦撰，沈啸寰、王星贤点校：《荀子集解·性恶篇》，中华书局2020年版，第515页。

④　(清)王先谦撰，沈啸寰、王星贤点校：《荀子集解·性恶篇》，中华书局2020年版，第521页。

⑤　"凡所贵尧、禹、君子者，能化性，能起伪，伪起而生礼义。"参见(清)王先谦撰，沈啸寰、王星贤点校：《荀子集解·性恶篇》，中华书局2020年版，第522页。

⑥　(清)王先谦撰，沈啸寰、王星贤点校：《荀子集解·性恶篇》，中华书局2020年版，第522页。

⑦　(清)王先谦撰，沈啸寰、王星贤点校：《荀子集解·性恶篇》，中华书局2020年版，第522页。

⑧　美国《独立宣言》(1776年)中，其原文是"all men are created equal."参见[美]大卫·阿米蒂奇著，孙岳译：《独立宣言》，商务印书馆2020年版，第26页。

⑨　(清)王先谦撰，沈啸寰、王星贤点校：《荀子集解·性恶篇》，中华书局2020年版，第524页。

"故涂之人可以为禹，则然；涂之人能为禹，未必然也"①。普通人可以成为圣人与能够成为圣人之间的差别问题，具有朴素的近代社会学社会化思想；提出了圣人智慧、君子智慧、小人智慧、役夫智慧等不同，以及上等的勇敢、中等的勇敢、下等的勇敢等人的区别，具有朴素的近代社会学社会分层思想。

最后，形成了"夫人虽有性质美而心辩知，必将求贤师而事之，择良友而友之"②以达到化性起伪的目的。化性起伪的具体方法有学习与道德的积累③、环境的影响④与习俗的熏陶⑤、礼规的矫正等三个方面。荀子详细论述了人性"恶"，但更强调人能"伪"。圣人之所以异于常人，就因为圣人能"伪"⑥。

(二)"明分使群"的社会组织思想

通过"化性起伪"将人改造成符合社会需要的人。如何管理改造后的社会人？实际上，这是一个治理国家和社会治理的问题？荀子对于这个问题的回答是"明分使群"。通过"明分使群"对不同层次的人进行治理。"明分使群"是荀子社会组织思想的主要观念。

荀子在《性恶》篇中认为普通人与圣人本性一样，可以成为圣人，但不能够成为圣人，并且被分成圣人、君子、小人、役夫等不同层次的人。每一种层次的人都是社会的组成部分，也不能脱离社会，不然，要陷入困境，甚至

---

① （清）王先谦撰，沈啸寰、王星贤点校：《荀子集解·性恶篇》，中华书局 2020 年版，第 524 页。

② （清）王先谦撰，沈啸寰、王星贤点校：《荀子集解·性恶篇》，中华书局 2020 年版，第 531 页。

③ "人无师法，则隆性矣；有师法，则隆积矣。"参见（清）王先谦撰，沈啸寰、王星贤点校：《荀子集解·儒效篇》，中华书局 2020 年版，第 169 页。

④ "蓬生麻中，不扶而直；白沙在涅，与之俱黑。兰槐之根是为芷，其渐之滫，君子不近，庶人不服。其质非不美也，所渐者然也。故君子居必择乡，游必就士，所以防邪辟而近中正也。"参见（清）王先谦撰，沈啸寰、王星贤点校：《荀子集解·劝学篇》，中华书局 2020 年版，第 6~7 页。

⑤ "习俗移志，安久移质"，"注错习俗，所以化性也。"参见（清）王先谦撰，沈啸寰、王星贤点校：《荀子集解·儒效篇》，中华书局 2020 年版，第 170 页。

⑥ "故圣人之所以同于众，其不异于众者，性也；所以异而过众者，伪也。"参见（清）王先谦撰，沈啸寰、王星贤点校：《荀子集解·性恶篇》，中华书局 2020 年版，第 518 页；"凡所贵尧、禹、君子者，能化性，能起伪，伪起而生礼义；然则圣人之于礼义积伪也，亦犹陶埏而生之也。"参见（清）王先谦撰，沈啸寰、王星贤点校：《荀子集解·性恶篇》，中华书局 2020 年版，第 522 页。

没有出路。群居在一起的社会群体如果没有层次等级等方面的名分规定，将会产生争斗。陷于财物匮乏的困境，是一种忧患。争夺利益，是一种灾难。因此，要避免忧患与灾难，需要规定每个人的"名分"方面差别，使人们成为"名分"清楚的社会群体。"离居不相待则穷，群居而无分则争；穷者患也，争者祸也，救患除祸，则莫若明分使群矣。"①荀子认为，人世间事物无论以什么状态存在都对人类有用，这是客观存在的一条规律。人类的本性也一样，无论获取的方法怎样，在一起群居都有追求，无论有什么不同的智慧，都有欲望。"万物同宇而异体，无宜而有用为人，数也。人伦并处，同求而异道，同欲而异知，生也。"②明分使群是荀子社会组织思想的核心概念。"群"是社会的基本属性。在先秦诸子之中，荀子是第一个阐述人可以也能够"群"的思想家，这是荀子对中国社会思想的一个重大贡献。"群学"术语具有本土性。

　　"明分"是指人们能够明确自己的分工。这是儒家经典的传统思想。在齐景公问孔子如何治理国家时，孔子就提出，做君主的要有做君的样子，做臣子的要有做臣的样子，做父亲的要有做父亲的样子，做儿子的要有做儿子的样子，"齐景公问政于孔子，孔子对曰："君君、臣臣、父父、子子。③"孔子以君、臣、父、子论述了治理国家需要考虑社会上存在不同的角色，并进一步提出不同的社会角色应该扮演基于自己地位的角色。荀子不仅承继了儒家传统的"明分"思想。而且，从社会职业分工角度提出，农民要有做农民的样子，读书人要有做读书人的样子，工人要有做工人的样子，商人要有做商人的样子，"农农、士士、工工、商商"④。让社会形成不同的职业分工，从事各职业的人专注自己的本业，专司自己的职能，"农分田而耕，贾分货而贩，百工分事而劝，士大夫分职而听，建国诸侯之君分土而守，三公总方而议，

---

　　① （清）王先谦撰，沈啸寰、王星贤点校：《荀子集解·富国篇》，中华书局2020年版，第208页。

　　② （清）王先谦撰，沈啸寰、王星贤点校：《荀子集解·富国篇》，中华书局2020年版，第207页。

　　③ 程树德撰，程俊英、蒋见元点校：《论语集释·颜渊下》，中华书局2019年版，第1104页。

　　④ （清）王先谦撰，沈啸寰、王星贤点校：《荀子集解·王制篇》，中华书局2020年版，第193页。

则天子共己而止矣"①。社会上存在着职业的不同，每种职业按照本类职业规范行事，没有其他职业的想法，也不按其他职业的规范行事，如此，整个社会能够有序发展。并进一步认为，国君与大臣、父亲与儿子、长兄与弟弟、丈夫与妻子之间的关系始终存在区别，与上天大地、千秋万代存在不同是同样的道理，促使"明分"的礼仪是社会的最大根本，"君臣、父子、兄弟、夫妇，始则终，终则始，与天地同理，与万世同久，夫是之谓大本"②。礼仪是"明分"的依据。由此，才有丧葬祭祀的礼仪、诸侯定期朝见天子的礼仪、军队中的礼仪的不同，才有使人高贵或卑贱、将人处死或赦免、给人奖赏或处罚的分别。

马克思主义者认为，人与动植物的区别在于生产劳动。两千多年前的荀子已经发现，能否结合成群体是人与动植物的区别，这是荀子社会组织思想的核心，也是儒家思想的共同特征。荀子认为，水与火、草与木、禽与兽等不是没有生命，就是没有知觉，没有道义；但是人有生命、有知觉、有道义，所以人是天下最贵重的。人的力气比不上牛，奔跑的速度比不上，但是人役使牛和马为自己服务。人为什么能够这样呢？这是因为人能够组成群体社会，牛和马等不能组成群体社会，"水火有气而无生，草木有生而无知，禽兽有知而无义；人有气、有生、有知，亦且有义，故最为天下贵也。力不若牛，走不若马，而牛马为用，何也？曰：人能群，彼不能群也"③。而且，荀子还提出，人不能没有群体，人必须在社会群体中生活，否则不能生存下去，所谓"人之生，不能无群"④。

马克思主义者认为，社会关系是建立在生产实践基础上的，人们在生产劳动中结成人与人之间的相互关系。荀子认为，社会群体建立在"明分"基础上。正是因为有了等级名分，有不同的社会职业分工，因此人才结合成社会

---

① （清）王先谦撰，沈啸寰、王星贤点校：《荀子集解·王制篇》，中华书局 2020 年版，第 253 页。

② （清）王先谦撰，沈啸寰、王星贤点校：《荀子集解·王制篇》，中华书局 2020 年版，第 193 页。

③ （清）王先谦撰，沈啸寰、王星贤点校：《荀子集解·王制篇》，中华书局 2020 年版，第 194 页。

④ （清）王先谦撰，沈啸寰、王星贤点校：《荀子集解·富国篇》，中华书局 2020 年版，第 212 页。

群体，"人何以能群？曰：分。分何以能行？"①荀子进一步指出，社会分工对于社会群体具有极端重要意义，"群而无分则争，争则乱，乱则穷矣。故无分者，人之大害也；有分者，天下之本利也"②。群体如果没有"名分"方面的区别，必将出现争夺，有了争夺必将出现动乱，有了动乱必将陷入穷困的处境，因此，没有区分等级，必将出现灾难；如果区分了等级，必将出现符合人类的根本利益。

荀子认为，社会角色的区别首先意味着一种等级的差别，区分社会等级是"天下通义"，他甚至认为，"由士以上则必以礼乐节之，众庶百姓则必以法数制之"③。意思是士以上的阶层用礼、乐等方式进行规范，士以上的庶民百姓用法治进行统治，对不同层次的人给予不同的社会地位、不同的社会待遇。现代社会学对"阶级"或"阶层"的划分没有统一的标准。不同的社会学理论根据不同的研究目的有不同的划分标准和方法。马克思主义者认为，生产力和生产关系之间矛盾运动是推动人类社会存在、发展的根本动力，经济基础和上层建筑之间矛盾运动是推动人类社会存在、发展的直接动力，也是区分人类社会不同阶段的标准，两种矛盾运动推动着人类社会向前发展；生产力始终在生产力和生产关系矛盾运动中的决定作用，是推动整个社会存在和发展的最终决定力量；区分阶级或阶层的根本标志，是看阶级或阶层是否占有生产资料，是否占有其他阶级或阶层的劳动，从本质上讲，阶级或阶层就是基于对生产资料占有关系的不同而形成的不同社会集团或人群共同体。因此，可以说人们由于所处的地位不同和对生产资料关系的不同而分成的阶级或阶层。荀子认为，因为有道义，才能实行等级名分；又因为有等级名分，人才能结合成社会群体。"故义以分则和，和则一，一则多力，多力则强，强则胜物，故宫室可得而居也。故序四时，裁万物，兼利天下，无它故焉，得之分义也。故人生不能无群，群而无分则争，争则乱，乱则离，离则弱，弱则不

①　（清）王先谦撰，沈啸寰、王星贤点校：《荀子集解·王制篇》，中华书局 2020 年版，第 194 页。

②　（清）王先谦撰，沈啸寰、王星贤点校：《荀子集解·富国篇》，中华书局 2020 年版，第 212 页。

③　（清）王先谦撰，沈啸寰、王星贤点校：《荀子集解·富国篇》，中华书局 2020 年版，第 211 页。

能胜物，故宫室不可得而居也——不可少倾舍礼义之谓也。"①人们要安居乐业必须根据礼仪分成不同层次的群体，否则出现争斗、动乱、国家分裂、骨肉亲情分离、力量变得弱小。荀子将道义和礼仪作为区分阶级或阶层的根本标志。由此可见，荀子和马克思主义者在区分阶级或阶层时均注意到了人们所处的地位问题，但是荀子区分阶级或阶层的依据是道义和礼仪，而没有将对生产资料关系的不同作为区分阶级或阶层依据。

在荀子的社会组织思想中，"群"与"分"是构成社会的两大基本要素。其中，"分"是区分社会各阶层的关键所在；"群需要靠义"②加以保证规范；只有"明分才能使群"③。因此，可以说"兼足天下之道在明分"④。

(三)"隆礼重法"的社会控制思想

"明分使群"形成不同层次的社会群体，但是，如何保障社会群体及其组成社会群体的社会人的行为良性运行和协调发展？实际上，这是一个社会控制问题。荀子对于这个问题的回答是"隆礼重法"。荀子将礼治和法治作为王天下、霸诸侯的大略，"君人者，隆礼尊贤而王，重法爱民而霸，好利多诈而危。"⑤并提出"至道大形，隆礼至法则国有常"⑥。通过"隆礼重法"对不同社会群体进行调节、控制。

礼是什么？儒家认为，"礼，必本于大一，分而为天地，转而为阴阳，变

---

① （清）王先谦撰，沈啸寰、王星贤点校：《荀子集解·王制篇》，中华书局 2020 年版，第 194 页。

② "分何以能行？曰：义。故义以分则和，和则一，一则多力，多力则强，强则胜物。"参见（清）王先谦撰，沈啸寰、王星贤点校：《荀子集解·王制篇》，中华书局 2020 年版，第 194 页。

③ "分何以能行？曰：义。故义以分则和，和则一，一则多力，多力则强，强则胜物。"参见（清）王先谦撰，沈啸寰、王星贤点校：《荀子集解·王制篇》，中华书局 2020 年版，第 194 页。

④ （清）王先谦撰，沈啸寰、王星贤点校：《荀子集解·富国篇》，中华书局 2020 年版，第 216 页。

⑤ （清）王先谦撰，沈啸寰、王星贤点校：《荀子集解·大略篇》，中华书局 2020 年版，第 573 页。

⑥ （清）王先谦撰，沈啸寰、王星贤点校：《荀子集解·君道篇》，中华书局 2020 年版，第 282 页。

而为四时，列而为鬼神。……故礼义也者，人之大端也"①。礼是源点，分成天空与大地。天空与大地转变成阳与阴。阳从冬至到夏至，阴从夏至到冬至。阳与阴变成春、夏、秋、冬等四季，进而演化为鬼魂与神仙。因此，礼义是人的根本。荀子从"性恶"论出发，提出礼就是顺应人心的观点，"礼以顺人心为本，故亡于礼经而顺于人心者，皆礼也"②。即使《礼经》上没有关于顺应人心的规定，顺应人心也是礼的根本。什么样的顺应人心是礼？对贵人尊敬，对老人孝顺，对长者敬从，对幼者慈爱，对卑贱者给予恩惠等就是顺应人心，就是礼，"礼也者，贵者敬焉，老者孝焉，长者弟焉，幼者慈焉，贱者惠焉。"③在荀子思想里，礼不是高高在上的东西，而是人人都可以遵从的，"亲亲、故故、庸庸、劳劳，仁之杀也；贵贵、尊尊、贤贤、老老、长长，义之伦也。行之得其节，礼之序也。"④只要是这些奉行仁方面的等级差别、义方面的伦理常规之道能恰如其分，就是礼的秩序。

礼治是儒家倡导的一种社会治理方式或统治手段。从孔子开始就提倡各安其位，遵守礼制的礼治以巩固社会秩序有效地统治。可以说，是否提倡礼治是区别是否属于儒家的标志之一。由此，孔子提出"克己复礼"⑤，礼是治理国家的重要手段"礼之所兴，众之所治也；礼之所废，众之所乱也"⑥。用礼治理了国家，社会就会秩序井然；不用治理国家，社会就会出现混乱。荀子认为，礼是治理社会的最高准则，是使国家强大的根本措施，是威力得以扩展的有效办法，是功业名声得以成就的要领，天子诸侯只要遵行了它，就能取得天下；不遵行它，就会丢掉国家政权，"礼者、治辨之极也，强固之本

① （清）孙希旦撰，沈啸寰、王星贤点校：《礼记集解·礼运》，中华书局2019年版，第616~617页。

② （清）王先谦撰，沈啸寰、王星贤点校：《荀子集解·大略篇》，中华书局2020年版，第579页。

③ （清）王先谦撰，沈啸寰、王星贤点校：《荀子集解·大略篇》，中华书局2020年版，第579页。

④ （清）王先谦撰，沈啸寰、王星贤点校：《荀子集解·大略篇》，中华书局2020年版，第579~580页。

⑤ 程树德撰，程俊英、蒋见元点校：《论语集释·颜渊上》，中华书局2019年版，第1054页。

⑥ （清）孙希旦撰，沈啸寰、王星贤点校：《礼记集解·仲尼燕居》，中华书局2019年版，第1273页。

也，威行之道也，功名之总也，王公由之，所以得天下也，不由，所以陨社稷也"①。礼也是国家治理的规范。如果国家治理的政策不按照礼义推行，政策就不能推行，"礼者，政之挽也；为政不以礼，政不行矣"②。礼还是做人的行为规范。如果不用礼规范，必定导致天下大乱，"礼者，人之所履也，失所履，必颠蹶陷溺。所失微而其为乱大者，礼也"③。礼治施行需要"本末相顺，终始相应"④。礼是根本，财富、事物、高贵、贫贱、多数、少数等方面都是治理的工具，"以财物为用，以贵贱为文，以多少为异⑤"。因此，荀子提出，"隆礼贵义者其国治，简礼贱义者其国乱"⑥，国家的命运就在于实施礼治⑦。

礼与法不是对立的。在荀子的思想里，礼与法是统一的，不是相互对立的，甚至将礼法合起来作为一个词语来使用"学也者，礼法也"⑧。礼是纲目，法是分属，"礼者，法之大分，类之纲纪也"⑨。荀子将礼作为法的解释，把礼治与法治统一起来，使礼治与法治相互融通"礼义生而制法度"。治理国家的根本是礼与法，"治之经，礼与刑"⑩。法是什么？荀子认为，法是"王者之

① （清）王先谦撰，沈啸寰、王星贤点校：《荀子集解·议兵篇》，中华书局 2020 年版，第 332 页。

② （清）王先谦撰，沈啸寰、王星贤点校：《荀子集解·大略篇》，中华书局 2020 年版，第 581 页。

③ （清）王先谦撰，沈啸寰、王星贤点校：《荀子集解·大略篇》，中华书局 2020 年版，第 585 页。

④ （清）王先谦撰，沈啸寰、王星贤点校：《荀子集解·大略篇》，中华书局 2020 年版，第 588 页。

⑤ （清）王先谦撰，沈啸寰、王星贤点校：《荀子集解·大略篇》，中华书局 2020 年版，第 588 页。

⑥ （清）王先谦撰，沈啸寰、王星贤点校：《荀子集解·议兵篇》，中华书局 2020 年版，第 319 页。

⑦ "国之命在礼。"参见（清）王先谦撰，沈啸寰、王星贤点校：《荀子集解·天论篇》，中华书局 2020 年版，第 374 页。

⑧ （清）王先谦撰，沈啸寰、王星贤点校：《荀子集解·修身篇》，中华书局 2020 年版，第 39 页。

⑨ （清）王先谦撰，沈啸寰、王星贤点校：《荀子集解·劝学篇》，中华书局 2020 年版，第 14 页。

⑩ （清）王先谦撰，沈啸寰、王星贤点校：《荀子集解·成相篇》，中华书局 2020 年版，第 545 页。

法：等赋、政事、财万物，所以养万民也。田野什一，关市几而不征，山林泽梁，以时禁发而不税。相地而衰政。理道之远近而致贡。通流财物粟米，无有滞留，使相归移也，四海之内若一家。故近者不隐其能，远者不疾其劳，无幽闲隐僻之国，莫不趋使而安乐之。夫是之为人师。是王者之法也。"①

法还是治理国家的根本方法"法者，治之端也"②。如何制定法制呢？荀子认为，法制的制定应当是使国家安定、臣子德才兼备、百姓奉公守法、风俗纯朴美好的法令制度，而不是使国家混乱、臣子品德不好、百姓凶悍、风俗丑陋的法令制度，"无国而不有治法，无国而不有乱法。无国而不有贤士，无国而不有罢士；无国而不有愿民，无国而不有悍民；无国而不有美俗，无国而不有恶俗。两者并行而国在，上偏而国安，下偏而国危；上一而王，下一而亡。故其法治，其佐贤，其民愿，其俗美，而四者齐，夫是之谓上一……故百王之法不同，若是所归者一也"③。法治就是用法度使各级官吏畏惧法令，遵守法度的规定；用公正不偏的市场价格和所禁止事项管理商人，在关卡和市场只查问而不收税，使商人忠厚诚实，用时节、忠诚守信规范工匠行为，用农时、劳役、赋税等规范农民行为，用忠于职守规范士大夫行为等，这些就是大儒所说的全面治理、政令通行、风俗美好的景象。④

如何用法治维护社会的良好秩序呢？荀子认为，其一，用礼法来治理百

---

① （清）王先谦撰，沈啸寰、王星贤点校：《荀子集解·王制篇》，中华书局 2020 年版，第 189~190 页。

② （清）王先谦撰，沈啸寰、王星贤点校：《荀子集解·君道篇》，中华书局 2020 年版，第 272 页。

③ （清）王先谦撰，沈啸寰、王星贤点校：《荀子集解·王霸篇》，中华书局 2020 年版，第 259~261 页。

④ "儒者为之不然，必将曲辨：朝廷必将隆礼义而审贵贱，若是，则士大夫莫不敬节死制者矣。百官则将齐其制度，重其官秩，若是，则百吏莫不畏法而遵绳矣。关市几而不征，质律禁止而不偏，如是，则商贾莫不敦悫而无诈矣。百工将时斩伐，佻其期日，而利其巧任，如是，则百工莫不忠信而不楛矣。县鄙将轻田野之税，省刀布之敛，罕举力役，无夺农时，如是，农夫莫不朴力而寡能矣。士大夫务节死制，然而兵劲。百吏畏法循绳，然后国常不乱。商贾敦悫无诈，则商旅安，货通财，而国求给矣。百工忠信而不楛，则器用巧便而财不匮矣。农夫朴力而寡能，则上不失天时，下不失地利，中得人和，而百事不废。是之谓政令行，风俗美，以守则固，以征则强，居则有名，动则有功。此儒之所谓曲辨也。"参见（清）王先谦撰，沈啸寰、王星贤点校：《荀子集解·王霸篇》，中华书局 2020 年版，第 269~271 页。

姓，以政令法制来治理下层的老百姓；如果政令法制有丝毫不合理的地方则不能施行，即使是孤独鳏寡的人，也不能施行，"上莫不致爱其下而制之以礼。上之于下，如保赤子，政令制度，所以接下之人百姓，有不理者如豪末，则虽孤独鳏寡必不加焉"①。其二，对于暴恶的人实行严刑重罚，达到使人心生戒惧"严刑罚以戒其心"②，还有推行"杀人者死，伤人者刑"③的制度，让百姓更好地规范自身行为。其三，要想使社会公正，就必须按照同一标准衡量；要想使社会和谐，就必须按照统一规范实施；法制有规定的，按照法制处理；法制没有规定的，按照已有，推论处理，"故公平者，听之衡也；中和者，听之绳也。其有法者以法行，无法者以类举，听之尽也"④。其四，赏罚分明，能够使贤能的人不断涌现，没有才能的人悄然隐退，"赏行罚威，则贤者可得而进也，不肖者可得而退也，能不能可得而官也"⑤。其五，对待不法行为，要根据不法的情节、轻重区别对待，使刑罚与罪行相当，"师旅有制，刑法有等，莫不称罪"⑥，更不能罪及无辜，搞株连，"乱世则不然，刑罚怒罪，爵赏逾德，以族论罪，以世举贤。故一人有罪而三族皆夷，德虽如舜，不免刑均，是以族论罪也"⑦。治国的总方略就是规范言论和行为，统一治国的纲纪法度，把根本的原则告诉给汇聚而来的天下英雄豪杰，并进行教导，"若夫总方略，齐言行，壹统类，而群天下之英杰，而告之以大古，教之以至

---

① （清）王先谦撰，沈啸寰、王星贤点校：《荀子集解·王霸篇》，中华书局 2020 年版，第 261 页。

② （清）王先谦撰，沈啸寰、王星贤点校：《荀子集解·富国篇》，中华书局 2020 年版，第 221 页。

③ （清）王先谦撰，沈啸寰、王星贤点校：《荀子集解·正论篇》，中华书局 2020 年版，第 387 页。

④ （清）王先谦撰，沈啸寰、王星贤点校：《荀子集解·王制篇》，中华书局 2020 年版，第 179 页。

⑤ （清）王先谦撰，沈啸寰、王星贤点校：《荀子集解·富国篇》，中华书局 2020 年版，第 221 页。

⑥ （清）土先谦撰，沈啸寰、王星贤点校：《荀子集解·礼论篇》，中华书局 2020 年版，第 446 页。

⑦ （清）王先谦撰，沈啸寰、王星贤点校：《荀子集解·君子篇》，中华书局 2020 年版，第 534 页。

顺"①。荀子甚至认为,如果做到这些,墨翟、宋钘、慎到、田骈、惠施、邓析、子思、孟轲等十二个人创立的六种学说将销声匿迹。②

四、荀子怎样建构或表达他的社会思想

荀子基于"天人相分"和"制天命而用之"的朴素唯物论,从人本性恶出发,形成了"化性起伪"的社会改造思想,强调了后天社会化的作用和可为。从君王统治需要出发,在《王制》《富国》《王霸》等篇章中采取讨论和类比的方法论证了"明分使群"的社会组织思想,并指出了人与动物的最大区别是人既能"群',又能"分",动物则不能"分",发越了人的后天自觉。从君王统治方法、手段措施出发批判继承了儒家、法家等诸子百家思想。在《非十二》《大略》《君道》《议兵》《天论》《修身》《劝学》《性恶》《成相》《王制》《君道》《致士》《王霸》《富国》《正论》《礼论》《君子》等篇章中多角度、多层次、多领域表达了施行"隆礼重法"的社会控制思想。围绕如何使人脱离自然属性改造成符合社会需要的社会人? 如何进行国家和社会治理? 如何保障社会群体及其组成社会群体的社会人的行为良性运行和协调等问题分别进行了回应。其思想表达富含哲理,其思辨具有严谨的逻辑性。

五、荀子社会思想评价及现代价值

在先秦诸子中,荀子对社会治理的论述是独树一帜,极大地丰富了儒家的社会思想。荀子继承并重组了儒家的"使天下皆出于治"③内圣外王学。

荀子提出的"制天命而用之"朴素唯物论,客观观察、认识事物的方法与原则,以及"制名以指实"④逻辑思维,使先秦哲学思想达到新的高度,并将哲学思想用于解决社会问题。

---

① (清)王先谦撰,沈啸寰、王星贤点校:《荀子集解·非十二子篇》,中华书局2020年版,第112页。

② "六说者不能入也,十二子者不能亲也。"参见(清)王先谦撰,沈啸寰、王星贤点校:《荀子集解·非十二子篇》,中华书局2020年版,第113页。

③ (清)王先谦撰,沈啸寰、王星贤点校:《荀子集解·性恶篇》,中华书局2020年版,第520页。

④ (清)王先谦撰,沈啸寰、王星贤点校:《荀子集解·正名篇》,中华书局2020年版,第491页。

对人性的看法是荀子社会思想的出发点与基础，针对孟子"人皆有不忍人之心"①的主张，创造性地提出"人之性恶，其善者伪也"②观点，人的本性是恶，所谓善是虚假的。人之所以有善心，是后天的仁义礼智等培育的。由此，荀子从人的社会属性出发，系统阐述了社会伦理政治思想，表述了为君、治国之道。"性恶"论成为后世倡行严刑峻法的理论基石。

荀子发现了人能够过社会群体生活，水火、草木、禽兽等其他万物不能够过社会群体生活"人能群，彼不能群也"③。在此基础上提出了"明分使群"的社会组织思想。

荀子在性恶论、"明分使群"的基础上，继承了儒家传统的礼义教化人的思想，发扬了申、韩等法家以制度法令强制规范人行为的思想，把儒、法两家对立的政治主张结合起来，对儒家思想进行改造而提出了"隆礼重法"的社会控制思想。荀子的学生韩非和李斯承述"性恶"之说，倡导法治的社会思想，受秦始皇青睐，渗透到秦国治理国家内政各个方面。如此，给他自己带来了是否"醇儒"的诟病。荀子是第一个使用赋的名称和用问答体写赋的人，同屈原一起被称为"辞赋之祖"。

(一) 荀子提出的社会思想在当时社会和以后时代的意义与价值

1. 当时社会的意义与价值

荀子被著名的战国"四公子"之一的春申君任为兰陵令。在担任楚国兰陵令期间，荀子积极实践着自己的政治主张：对内"强本而节用"，大力发展农业，厉行节约，改革吏治；对外实行和平外交，与齐为善。其"化性起伪"，启发了人的主体自觉；其"名分使群"阐发了组织的机理与功能；其"隆礼重法"既丰富了儒家的学说，又兼及了法家的精神。

荀子在齐国齐襄王时代被聘请到稷下讲学，曾三次担任稷下学宫的祭酒。时人称赞荀子"最为老师"。

---

① (清)焦循撰，沈文倬点校：《孟子正义·公孙丑上》，中华书局2018年版，第251页。

② (清)王先谦撰，沈啸寰、王星贤点校：《荀子集解·性恶篇》，中华书局2020年版，第513页。

③ (清)王先谦撰，沈啸寰、王星贤点校：《荀子集解·王制篇》，中华书局2020年版，第194页。

2. 对后世的影响

荀子的人性和社会控制思想对门下影响深大。荀子的弟子韩非(约公元前280—前233年)是战国末期著名思想家、法家代表人物,著有《韩非子》一书,共五十五篇,十万余字。在先秦诸子散文中独树一帜,韩非极为重视唯物主义与效益主义思想,积极倡导君主专制主义理论,强调富国强兵的霸道思想。公元前234年,秦国拉开统一之战序幕时,韩国为求自保派使者韩非到了秦国,被同学李斯所杀。荀子听到这个消息,悲痛异常,为韩非被李斯所杀绝食。

荀子弟子李斯(约前284—前208年),"从荀卿学帝王之术"已成,遂辞别荀子西入秦,后成为秦朝丞相,著名的政治家、文学家和书法家。秦王采纳李斯的政灭诸侯、成帝业计谋。李斯离间关东六国君臣,协助秦始皇帝统一天下。秦统一天下后,与王绾、冯劫议定尊秦王政为皇帝,拆除郡县城墙,销毁民间的兵器;反对分封制,坚持郡县制;又主张焚烧民间收藏的《诗》《书》等百家语,禁止私学,以加强中央集权的统治。还参与制定了法律,统一车轨、文字、度量衡制度。

荀子弟子的张苍(前256—前152年)在西汉官至丞相,封北平侯。张苍在商贸、历法和算术等方面取得了较大成就,并将历法、算术等运用到国家治理上,推进了国家财富的集聚。张苍的门生贾谊承继了这方面的成就,并进一步发展,撰写了流传千古的《论积贮疏》《治安策》等代表作。

荀子弟子浮丘伯是秦汉时期的一位重要儒学人物,发挥了承前启后的作用。浮丘伯专注于《诗》,精通《诗》。楚元王刘交、申培公、白生、穆生等著名人物均是其弟子。

也因为荀子学兼儒法之治。或认为其不属"醇儒"。唐韩愈《读荀》云:"孟氏醇乎醇者也。荀与扬,大醇而小疵"。

(二)荀子社会思想的借鉴意义和评价

荀子思想对于社会学具有借鉴意义。从社会学角度看,荀子思想可以被称为儒家社会学。荀子认为,人一方面不能不过一种社会的生活,但另一方面由于人性本恶,若顺从人的自然属性,就不可避免要产生各种争端,使社会生活成为不可能。要解决这一矛盾,荀子提出组织社会的关键在于"分",即社会职责的分工与社会角色的定位,只有"明分"才能"使群"。而要使每个人在社会生活中各守其分，只能通过"礼"和"法"等社会规范加以保证。

荀子学说不完全因袭孔孟那样的儒家思想，是适应战国晚期社会发展的儒家思想。荀子吸纳了法家等社会思想的精华，并将法家思想与儒家思想结合起来。封建统治者利用荀子"霸王道杂之"[①]思想进行统治，维系了二千多年封建制度，有时阳用儒，阴用法，有时儒与法交替使用。

社会学界对荀子给予了高度评价。严复在《群学肄言》序言中说，之所以将斯宾塞的"Study of Sociology"翻译成"群学肄言"，就是因为荀子的"人能群，人能分"和"明分使群"的社会思想。费孝通在《略谈中国的社会学》一文中提到 20 世纪 30 年代布朗教授在中国讲学时就说过，中国的荀子发明了社会学，比西方早两千五百年。荀子在先秦诸子中具有独特的地位。荀子属于儒家，但是不同于孔孟思想自成一说。荀子批判继承了春秋战国的儒、法、道、墨等诸子百家思想。后世对荀子褒贬不一，或认为其非"醇儒"；或认为他"大醇小疵"。近代清末维新思想家谭嗣同在其著作《仁学》中则认为"二千年之学，荀学也，二千年之政，秦政也"。荀子尊崇孔子，高度赞扬礼制，但又抨击儒门的子思、孟子的修身养性观点。荀子的人性本恶，既要"隆礼"，还应"重法"等等，所有这些体现了他的价值自觉和文化自觉。

第三节 案例举隅二——墨子的社会思想研习

一、关于墨子的基本情况

墨子(约前 468—376 年)，名翟，先秦墨家学派的创始人。《史记·孟子荀卿传》后有附传，但仅二十四字："盖墨翟，宋之大夫，善守御，为节用。或曰并孔子时，或曰在其后。"[②]由于相关记载甚少，其出生地、生平游历很难考证，众说纷纭。比如其出生地，有人认为是鲁国，有人认为是宋国，也有人认为是楚国。但学界基本一致认为，墨子是手工业出身的士，精于机械制作，与名匠公输般(鲁班)齐名，两人曾斗智斗巧，不相上下。据《备城门》

---

① 《汉书·元帝纪》："汉家自有制度，本以霸王道杂之，奈何纯任德教，用周政乎?"参见纪连海评点：《汉书上册》，现代出版社 2018 年版，第 109 页。

② (汉)司马迁撰，韩兆琦译注：《史记·孟子荀卿列传》，中华书局 2013 年版，第 4988 页。

等诸篇记载，墨子还长于战略，善于制作兵器。可谓多技多能，百事兼通，"上无君上之事，下无耕农之难"①。墨子还是一个伟大的社会实践家，把自己的思想和践行结合起来，重实利，重效果，并在当时形成了声势浩大"墨者团体"。该群体提出"道不行不受其赏，义不听不处其朝"②，组织严密，身体力行，赴汤蹈火，死不旋踵。

墨子生于孔子之后，他所生活的时代，中原地区发生了韩赵魏三家分晋、田氏代齐、楚越崛起、秦国雄起，同时也见证了各小诸侯国朝不保夕的悲惨命运。墨子早年向儒家学派学习，"墨子学儒者之业，受孔子之术"③，最终，墨子感到儒家向周礼求解决方案的做法难行，进而创立自己的学派。墨子所处的时代，已是礼乐崩溃，人心不古，他想推行"兼爱"之法，从根本上化解社会矛盾，匡救时弊。梁启超曾经指出，"革除旧社会，改造新社会，就是墨子思想的总根源"④。

墨子出身虽非劳苦家庭，但他的一生却都在为劳苦大众请命。他的济世情怀，比孔子还热烈。一生栖戚惶惶，为阻止战争、建立秩序、增进大多数人的安生为己任。墨子的济世情怀使得墨家学派曾经一度非常显赫，"圣王不作，诸侯放恣，处士横议，杨朱、墨翟之言盈天下，天下之言，不归杨，则归墨"⑤。"世之显学，儒墨也。儒之所至，孔丘也；墨之所至，墨翟也。"⑥墨子死后，墨家分为三个流派，有相理氏之墨，有相夫氏之墨，有邓陵氏之墨。学派的首领成为"巨子"，墨家的"巨子"。秦汉以后，墨子的思想下沉至乡野民间，化入普通民众的日常思维之中。

二、墨子所处的社会背景及其思想渊源

墨子生活的年代正是春秋战国交错时期。这个时期，随着铁制农具的普遍使用，农业生产得到迅速发展，整个社会的生产力都出现突飞猛进的势头。

---

① 吴毓江撰，孙启治点校：《墨子校注·贵义》，中华书局 2006 年版，第 673 页。

② 王云五主编，余知古撰：《渚宫旧事附补遗》，商务印书馆 1936 年版，第 24 页。

③ 刘文典撰，冯逸、乔华点校：《淮南鸿烈集解·要略》，中华书局 2019 年版，第862 页。

④ 梁启超著：《墨子学案》，商务印书馆 1922 年版，第 5 页。

⑤ （清）焦循撰，沈文倬点校：《孟子正义·滕文公下》，中华书局 2018 年版，第 491页。

⑥ （清）王先慎撰，钟哲点校：《韩非子集解·显学》，中华书局 2021 年版，第 499 页。

在此过程中，率先富裕起来的较大诸侯国之间的兼并战争，之后是随着诸侯国内部区域发展不均衡造成大诸侯国不断解体，国内战事四起、战争频仍。时常发生"杀人盈城，杀人盈野"的惨状。动乱不是这个时代独有的特色，但当时所发生的动乱，确实与别的不同，动乱严重动摇了社会秩序的基础，构成了严重的规范的挑战。

这些挑战主要是如下几个方面：（1）春秋时期向戎"弭兵谈"已经难以力挽狂澜。如果说春秋时期的战争还讲规则，讲礼仪的话，战国的战争已经是杀红了眼。战乱中，伤害最大的还是平民百姓，墨子看到了当时"饥者不得食，寒者不得衣，劳者不得息"的苦况，提倡"兼爱"。从社会心理上对整个社会进行诊断，并提出问题的症结，即"凡天下祸篡怨恨，其所以起者，以不相爱生也。"①所以他主张"兼爱"，"兼爱"观念一旦确立，"非攻"就成为呼之欲出的止战方案了。且"兼相爱""交相利""兼爱"是前提。（2）思想纷纭，莫衷一是。在社会转型时期，这些社会思想家基本主张从两个方面展开：一是向前看，即着力恢复旧秩序，所谓"周虽旧邦，其命维新"，二是向后看，即着力建设新秩序新社会，即在推翻旧世界的基础上建设新世界。大多数思想家是在这两个方向之间游走。孔子和墨子基本代表了两端，对孔子及其儒家思想来说，他们针对社会转型带来的各种流弊，主要是加以矫正而不是革命，孔子说，"克己复礼为仁"，他为恢复社会秩序和调整社会结构开出的药方是"周礼"，也就是周公定下的礼制，因为孔子认为，社会秩序之所以混乱，是由于人心不古、道德沦丧。墨子为此强调"尚同"，"上同下不比"。（3）奢靡之风日盛。春秋战国时期，伴随着生产力的大发展，社会财富迅速增多，除去一部分消弭于战乱，其他大部分则被各诸侯国贵族阶层垄断起来，并肆意挥霍。随着权力与可支配的社会财富越发紧密，诸侯国尤其是大诸侯国国君权力欲望进一步被激发，这也成为战乱频仍的重要因素。因此，墨子特别主张节葬、节用等思想，反对奢靡浪费，而且特别注意经济组织的改造。

《墨子》一书大致记载了墨子及后期墨家学派的言论与思想。根据《汉书·艺文志》记载，《墨子》一书，汉代存有71篇。我们今天看到的墨子共53篇，其余均亦散佚。《墨子》53篇，大致可以分为经、辩、论、述、技5个门类。俞樾为墨学研究大家孙诒让的《墨子间诂》作序，有言"今观《尚贤》《尚同》《兼

---

① 吴毓江撰，孙启治点校：《墨子校注·兼爱中》，中华书局2006年版，第156页。

爱》《非攻》《节用》《节葬》《天志》《明鬼》《非乐》《非命》，皆分为上中下三篇，字句小异而大旨无殊；意者此乃相里相夫邓陵三家相传之本不同，后人合以成书，故一篇而有三乎？"①是很有见地的论述。

三、墨子社会思想的具体内容

(一)墨子论"兼爱"

前面已经说过，《墨子》一书核心在"兼爱"主张，"非攻"是"兼爱"的结果，"节用""节葬"也是"兼爱"的表现，"天志""明鬼"是借助宗教观念来推行"兼爱"主张，"非命"是因为墨子认为人们因为"信命"而不肯为他人付出。墨子认为各种社会冲突、社会矛盾和社会问题的根源在于人们之间"不相爱"，因此，在他看来，要重新建设社会秩序必须强调"兼爱"。这里的"兼爱"是强调爱无差等，爱一切人。这一点与孔子提倡的有等级有差别的爱是截然不同的。而随着儒家学说盛行两千余年，中国传统社会结构正是在这种有差等的观念中形成，呈现为"伦理本位"和"差序格局"特征。

墨子讲"兼爱"总是"兼相爱，交相利"同时出现。"兼相爱"和"交相利"实际上是两个层面的问题。"兼相爱"是观念和理论，"交相利"是行动和实践。也就是，"交相利"是解决如何兼相爱的问题的。从社会思想角度来看，"兼相爱"和托尔斯泰的利他主义相似，强调的是个体道德的自我完善，而道德的自我完善就是要抛弃利己主义而投身于利他行为中；"交相利"则与无政府主义理论家克鲁泡特金的"互助主义"接近，认为人类依靠互助本能就可维持基本的社会秩序和建立起和谐的社会生活。

我们来看《墨子》中关于"兼爱"的论述：

> 圣人以治天下为事者也，必知乱之所自起，焉能治之；不知乱之所自起，则不能治。譬之如医之攻人之疾者然：必知疾之所自起，焉能攻之；不知疾之所自起，则弗能攻。治乱者何独不然！必知乱之所自起，焉能治之；不知乱之所自起，则弗能治。圣人以治天下为事者也，不可不察乱之所自起。

---

① （清)孙诒让撰、孙启治点校：《墨子间诂上》，中华书局2001年版，俞序第1页。

当察乱何自起，起不相爱。臣子之不孝君父，所谓乱也。子自爱不爱父，故亏父而自利；弟自爱不爱兄，故亏兄而自利；臣自爱不爱君，故亏君而自利。此所谓乱也。虽父之不慈子，兄之不慈弟，君之不慈臣，此亦天下之所谓乱也。父自爱也不爱子，故亏子而自利；兄自爱也不爱弟，故亏弟而自利；君自爱也不爱臣，故亏臣而自利。是何也？皆起不相爱。虽至天下之为盗贼者亦然：盗爱其室不爱其异室，故窃异室以利其室；贼爱其身不爱人，故贼人以利其身。此何也？皆起不相爱。虽至大夫之相乱家、诸侯之相攻国者亦然。大夫各爱其家不爱异家，故乱异家以利其家；诸侯各爱其国不爱异国，故攻异国以利其国。天下之乱物，据此而已矣。察此何自起？皆起不相爱。①

墨子在这里叙述了人们种种不兼相爱的表现及其恶果，从父兄到君臣，由于人们自私自利，毫无相爱之心，所以造成家庭不和睦、社会不稳定、国与国之间常有战争。如何解决这个问题呢？墨子认为应该"交相利"：

……凡天下祸篡怨恨，其所以起者，以不相爱生也，是以仁者非之。既以非之，何以易之？子墨子言曰："以兼相爱、交相利之法易之。"然则兼相爱、交相利之法将奈何哉？子墨子言："视人之国若视其国，视人之家若视其家，视人之身若视其身。是故诸侯相爱则不野战，家主相爱则不相篡，人与人相爱则不相贼，君臣相爱则惠忠，父子相爱则慈孝，兄弟相爱则和调。天下之人皆相爱，强不执弱，众不劫寡，富不侮贫，贵不敖贱，诈不欺愚。凡天下祸篡怨恨可使毋起者，以相爱生也，是以仁者誉之。"②

子墨子曰：非人者必有以易之。若非人而无以易之，譬之犹以水救水，以火救火也，其说将必无可焉。是故子墨子曰：兼以易别。然即兼之可以易别之故，何也？曰：藉为人之国，若为其国，夫谁独举其国以攻人之国者哉？为彼者犹为己也。为人之都，若为其都，夫谁独举其都，以伐人之都者哉？为彼犹为己也。为人之家，若为其家，夫谁独举其家，

---

① 吴毓江撰，孙启治点校：《墨子校注·兼爱上》，中华书局 2006 年版，第 151 页。
② 吴毓江撰，孙启治点校：《墨子校注·兼爱中》，中华书局 2006 年版，第 156 页。

以乱人之家者哉？为彼犹为己也。然即国都不相攻伐，人家不相乱贼，此天下之害与？天下之利与？即必日天下之利也。姑尝本原若众利之所自生。此胡自生？此自恶人贼人生与？即必日非然也，必日从爱人利人生。分名乎天下，爱人而利人者，别与？兼与？即必日兼也。然即之交兼者，果生天下之大利者与？是故子墨子日：兼是也。①

　　梁启超先生认为，墨子主张的交相利，"最要紧一句话，是'兼以易别'"②。什么意思呢？就是说通过"兼"来改变"别"。为了指出当时君主臣子的诸多自私自利的表现和弊端，他分别冠以"别君""别士"称谓。与之相对应，他们"墨者"则都属于"兼士"。这个"别"有"分别心"的意思，就是说强调等级差异，强调以自己为中心去评判整个社会关系，分别出亲疏远近并差别对待。亦即所谓的"天下之本在国，国之本在家，家之本在身"③，这是孔子伦理观的立足点，所以提倡"修齐治平"，从自己出发直到"天下"，专门"以己度人"，因为爱自己，所以爱家人，因为爱自己的家，所以也爱别人的家，因为爱自己的国，所以也要爱别人的国……孔子讲的"爱"就是遵循这个逻辑推演出去，从而形成完整的"仁爱"思想体系。墨子在这一点上与孔子主张有根本不同。在墨子看来，只要是以"己"为判断标准，就会存在作为认知和比照对象的"他"存在。"己"与"他"之间势必存在差等，所谓"亲亲之杀，尊贤之等，礼之生也"④。墨子对此表示反对，他认为正是这种差别观念，成为一切社会问题和社会罪恶(比如欺诈、盗窃、篡夺、征战等)的根源。在墨子看来，因为有差别观念，所以在己与他之间发生利害冲突之时，损他而利己就几乎成为必然选择。墨子认为，只要存在己与他的分别心，孔子所讲的爱就是矛盾的，"爱人，待周爱人，而后为爱人；不爱人，不待周不爱人。不失周爱，因为不爱人矣"⑤。在墨子看来，"不周爱"，就是因为有差别心，而不能

　　①　吴毓江撰，孙启治点校：《墨子校注·兼爱下》，中华书局 2006 年版，第 172~173 页。
　　②　梁启超：《墨子学案》，商务印书馆 1922 年版，第 18 页。
　　③　(清)焦循撰，沈文倬点校：《孟子正义·离娄上》，中华书局 2018 年版，第 530 页。
　　④　王国轩译注：《大学·中庸》，中华书局 2007 年版，第 97 页。
　　⑤　吴毓江撰，孙启治点校：《墨子校注·小取》，中华书局 2006 年版，第 630 页。

做到真正的"兼爱",所以有"爱"与"不爱"两种情形,"本原别之所生,天下之大害"①。如果人们做到兼相爱,社会将是什么样子的呢?墨子说:

> 故视人之室若其室,谁窃?视人身若其身,谁贼?故盗贼亡有。犹有大夫之相乱家,诸侯之相攻国者乎?视人家若其家,谁乱?视人国若其国,谁攻?故大夫之相乱家,诸侯之相攻国者亡有。若使天下兼相爱,国与国不相攻,家与家不相乱,盗贼无有,君臣父子皆能孝慈,若此,则天下治。②

墨子这种兼爱思想及打算建设的兼爱社会,在当时就有人质疑其实践价值。"曰:即善矣,虽然,岂可用哉?子墨子曰:用而不可,虽我亦将非之;且焉有善而不可用者。"③对于质疑,墨子并不急着挣个耳红面赤,而是顺着指责者的思路说,如果不好用,连我都要批评它,但哪有好的东西不可用的呢?然后,他开始对质疑者循循善诱,分别从主张"兼"和主张"别"的两种观念推演开来,他以两个士人做例子,拿是否爱朋友的身体和双亲作为两种行为的比照,最后得出结论,持有"别"观念的士人,因为那是朋友(他)的身体和双亲,而选择可以不爱,言行一致,没毛病;持有"兼"观念的士人,则相反,因为朋友身体、双亲和自己身体、双亲无差别,所以都要一视同仁,都要爱,言行一致,也没毛病。那么毛病出在何处呢?墨子进一步指出,当有人需要外出时,父母双亲无人照顾,他会将其托付给谁呢?显然是持有"兼爱"的人。其后,质疑者又指出,这种逻辑只适合士人,对国家则不行。墨子继续遵循上述逻辑对国家行"兼爱"的可行性进行了论证。比如墨子举例说成汤曾经舍身为民求雨,说明兼爱并非不能实行等。那么古代社会到底是否真正存在过这样一个群体或一个组织呢?我们不得而知。

既然墨子主张兼爱,那么"非攻"就是必然的选择。"非攻"主要是针对国与国之间的战争。之所以墨子要单独提出"非攻"问题,是因为当时正值战国初期,各诸侯国之间征战频仍,许多学派从各自主张出发提出种种方案,这

---

① 吴毓江撰,孙启治点校:《墨子校注·兼爱下》,中华书局 2006 年版,第 173 页。
② 吴毓江撰,孙启治点校:《墨子校注·兼爱上》,中华书局 2006 年版,第 152 页。
③ 吴毓江撰,孙启治点校:《墨子校注·兼爱下》,中华书局 2006 年版,第 173 页。

些方案中很多是主张战争兼并的，比如商鞅等早期法家代表人物。这些主张普遍的学理依据是国家道德与个人道德不同，为了国家利益是可以不择手段的。墨子则对此提出质疑：

> 今有一人，入人园圃，窃其桃李，众闻则非之，上为政者得则罚之。此何也？以亏人自利也。至攘人犬豕鸡豚者，其不义，又甚入人园圃窃桃李。是何故也？以亏人愈多，其不仁兹甚，罪益厚。至入人栏厩、取人牛马者，其不仁义，又甚攘人犬豕鸡豚。此何故也？以其亏人愈多。苟亏人愈多，其不仁兹甚，罪益厚。至杀不辜人也，扡其衣裘、取戈剑者，其不义，又甚入人栏厩，取人牛马。此何故也？以其亏人愈多。苟亏人愈多，其不仁兹甚矣！罪益厚。当此天下之君子皆知而非之，谓之不义。今至大为攻国，则弗知非，从而誉之，谓之义。此可谓知义与不义之别乎？
>
> 杀一人，谓之不义，必有一死罪矣。若以此说往，杀十人，十重不义，必有十死罪矣；杀百人，百重不义，必有百死罪矣。当此天下之君子皆知而非之，谓之不义。今至大为不义攻国，则弗知非，从而誉之，谓之义。情不知其不义也，故书其言以遗后世；若知其不义也，夫奚说书其不义以遗后世哉？
>
> 今有人于此，少见黑曰黑，多见黑曰白，则以此人不知白黑之辩矣；少尝苦曰苦，多尝苦曰甘，则必以此人为不知甘苦之辩矣。今小为非，则知而非之；大为非攻国，则不知非，从而誉之，谓之义。此可谓知义与不义之辩乎？是以知天下之君子也，辩义与不义之乱也。①

墨子继续采用类比手法，层层递进，最终将其他学派思想的矛盾之处以最易懂的方式呈现出来。在此段论述中，墨子对偏狭的爱国主义进行了讽刺和批判，他认为不顾其他国家国民生死安危的爱国主义是虚伪的，是不义的。如前所述，当时并非只有墨家学说持有止战思想，春秋后期即有了向戎弭兵的故事。但总体来说，较早系统阐述止战思想的是墨子。

---

① 吴毓江撰，孙启治点校：《墨子校注·非攻上》，中华书局 2006 年版，第 195～196 页。

另外，必须指出，墨子的止战思想并非鼓励消极应战，而是首先呼吁不要战争，如果战争不可避免地发生了，则强调"非攻"，即不要主动进攻，同时还要积极布局防御，并不是消极抵抗、坐以待毙。事实是，墨子及其学派都以善守城著称，有个成语叫墨守成规就是来自此，前面提过的《墨攻》中的墨者革离，等都是言明墨子学派善守城。为了应对守城重任，墨子及其门徒经常研习兵法，特别擅长推演之术（大体上相当于现在的沙盘）。墨家很多科学技术也正是应守城而发明出来。关于墨家守城的事情，可以参考《墨子·备城门》以下 11 篇都是这方面内容，兹不赘述。墨家特别善于守城，是真正的实践派，这也是他们和其他学派空谈弥兵的根本区别。

（二）墨子论"利"及其经济社会学思想

如前所述，墨子主张"兼相爱"是理论骨架，而"交相利"则是切入点。儒家学说自孟子后，就不大言"利"，"何必曰利？亦有仁义而已"①。后来董仲舒提出"正其谊不谋其利，明其道不计其功"②。还有"不因果报勤修德，岂为功名始读书"等说法，都是极力避免谈利，仿佛谈利就不是君子所为。实际上，这种思想与现实生活是相背离的，这也是两千多年来，历代统治者都遵循"外儒内法"的原因。其实，作为儒家学说创始人的孔子是言利的，比如他曾说"利者义之和"，只不过他更强调"义"作为道德标准罢了。

墨子的主张与此正相反，他认为要想真正实现"兼相爱"就必须承认"交相利"。墨子说，"爱利万民"③"兼而爱之，从而利之"④"众利之所生何自生？从爱人利人生"⑤"爱人者，人亦从而爱之；利人者，人亦从而利之"⑥"天必欲人之相爱相利"⑦"若见爱利国者必以告，亦犹爱利国者也"⑧，诸如此类，非常之多。不过，我们需要注意，墨子这里所谓的"利"，绝不是褊狭的利己

---

① （清）焦循撰，沈文倬点校：《孟子正义·离娄上》，中华书局 2018 年版，第 39 页。

② 辜鸿铭著：《乱世奇文》，上海三联书店 2019 年版，第 351 页。

③ 吴毓江撰，孙启治点校：《墨子校注·尚贤中》，中华书局 2006 年版，第 77 页。

④ 吴毓江撰，孙启治点校：《墨子校注·尚贤中》，中华书局 2006 年版，第 77 页。

⑤ 吴毓江撰，孙启治点校：《墨子校注·兼爱上》，中华书局 2006 年版，第 173 页。

⑥ 吴毓江撰，孙启治点校：《墨子校注·兼爱中》，中华书局 2006 年版，第 156 页。

⑦ 吴毓江撰，孙启治点校：《墨子校注·法仪》，中华书局 2006 年版，第 29 页。

⑧ 吴毓江撰，孙启治点校：《墨子校注·尚同下》，中华书局 2006 年版，第 137 页。

主义之利，事实正相反，他和主张利己主义的杨朱是两个极端；另外，墨子的兼爱是以利作为保障的，他说"忠信相连，又示之以利，是以终身不厌"①。

如果说墨子言利反映的是一种政治经济学观念，那么他所提倡的"节用""节葬""非乐"等则都属于经济社会学范畴。

第一，看墨子的消费观。墨子讲消费，遵循"以自苦为极"②准则，"凡足以奉给民用则止"③。因此，墨子从饮食（温饱即可）、服饰（身体舒适、肌肤暖和）、宫室（地基高足以避湿，符合男女有别的礼节就可以了）、舟车（制造车船，方便运输）、蓄私（不能）等五个方面进行了阐述，并指出，"凡此五者，圣人之所俭节也，小人之所淫佚也。俭节则昌，淫佚则亡，此五者不可不节"④。明代著名学者李贽（李卓吾）先生评论《辞过》时说"此正生财之要，节用爱人之大道。简而易操，约而易成者，恨未有以告之"⑤。

第二，来说墨子的生产观。墨子认为生产是需要耗时耗力的行为，因此必须考虑产出问题。他说："诸加费不加利于民者，弗为。"⑥"凡费财劳力不加利者，不为也。"⑦"仁之事者，必务求兴天下之利，除天下之害，将以为法乎天下。利人乎，即为；不利人乎，即止。"⑧在《辞过》一节中，他前面指出衣食住行的消费标准，其后就阐述种种"不经济"的行为并进行批评，比如着衣，他认为够暖和就行了，再多费力费料搞装饰就不经济了。在这种经济学逻辑中，墨子衍生出"非乐"思想。"非乐"，简单来说，就是不主张有音乐这种东西，他认为这是"加费而不利于民"的事情。

> 是故子墨子之所以非乐者，非以大钟、鸣鼓、琴瑟、竽笙之声，以为不乐也；非以刻镂、华文章之色，以为不美也；非以犓豢煎炙之味，以为不甘也；非以高台、厚榭、邃野之居，以为不安也。虽身知其安也，

---

① 吴毓江撰，孙启治点校：《墨子校注·节用中》，中华书局2006年版，第249页。
② 郭庆藩撰，王孝鱼点校：《庄子集解·天下》，中华书局2019年版，第1071页。
③ 吴毓江撰，孙启治点校：《墨子校注·节用中》，中华书局2006年版，第249页。
④ 吴毓江撰，孙启治点校：《墨子校注·辞过》，中华书局2006年版，第47页。
⑤ （战国）墨翟原著；刘凯主编：《墨子诠解第2册》，线装书局2016年版，第437页。
⑥ 吴毓江撰，孙启治点校：《墨子校注·节用中》，中华书局2006年版，第251页。
⑦ 吴毓江撰，孙启治点校：《墨子校注·辞过》，中华书局2006年版，第45页。
⑧ 吴毓江撰，孙启治点校：《墨子校注·非乐上》，中华书局2006年版，第373页。

口知其甘也，目知其美也，耳知其乐也，然上考之不中圣王之事，下度之不中万民之利，是故子墨子曰：为乐非也。今王公大人，虽无造为乐器，以为事乎国家，非直掊潦水，折壤坦而为之也，将必厚措敛乎万民，以为大钟、鸣鼓、琴瑟、竽笙之声。古者圣王亦尝厚措敛乎万民，以为舟车，既以成矣，曰：吾将恶许用之？曰：舟用之水，车用之陆，君子息其足焉，小人休其肩背焉。故万民出财赍而予之，不敢以为戚恨者，何也？以其反中民之利也。然则乐器反中民之利亦若此，即我弗敢非也。然则当用乐器譬之若圣王之为舟车也，即我弗敢非也。①

是故子墨子曰：今天下士君子，请将欲求兴天下之利，除天下之害，当在乐之为物，将不可不禁而止也。②

墨子这种"非乐"主张，可谓将物质意义上的"重利主义"表露得淋漓尽致。他认为音乐尽管也是美的，但不像衣食住行那些器物能够给人带来持续的实惠，"上考之不中圣王之事，下度之不中万民之利"，是属于享受的范畴，是享乐主义的表现，一些人的享乐势必会对其他人造成剥夺。另外，墨子的"实用主义"态度也表现得非常明显，他判断一件事情是否可为，很重要的标准是看其有没有用，而他这个"用"仅限于基本生活（甚至是生存）保障，其他的一概不行，一概没有意义。

子墨子曰问于儒者："何故为乐？"曰："乐以为乐也。"子墨子曰："子未我应也。今我问曰：'何故为室？'曰：'冬避寒焉，夏避暑焉，室以为男女之别也。'则子告我为室之故矣。今我问曰：'何故为乐？'曰：'乐以为乐也。'是犹曰：'何故为室？'曰：'室以为室也。'"③

这段话表明，墨子对于任何事情都要问个所以然，而且是有用没用，为什么要做这件事，如果这些问题弄不清楚，就算是所有人都说好，他也要反

---

① 吴毓江撰，孙启治点校：《墨子校注·非乐上》，中华书局 2006 年版，第 373 ~ 374 页。

② 吴毓江撰，孙启治点校：《墨子校注·非乐上》，中华书局 2006 年版，第 376 ~ 377 页。

③ 吴毓江撰，孙启治点校：《墨子校注·公孟》，中华书局 2006 年版，第 691 页。

对。这与孔子特别强调"礼乐"主张是截然不同的。孔子正是认为通过礼乐熏陶，可以培养人们高尚的道德情操，从而建设和谐的社会秩序。现在看来，墨子非乐的主张确实有些苛刻，甚至有些极端。不能说精神层面的提升对于建设和谐的社会生活就没有任何意义。对于墨子的"非乐"主张，当时就有个名为程繁的儒者诘难：

> 程繁问于子墨子曰："夫子曰：'圣王不为乐。'昔诸侯倦于听治，息于钟鼓之乐；士大夫倦于听治，息于竽瑟之乐；农夫春耕、夏耘、秋敛、冬藏，息于聆缶之乐。今夫子曰：'圣王不为乐'，此譬之犹马驾而不税，弓张而不弛，无乃非有血气者之所不能至邪！"①（对此墨子的反驳是，圣王虽然也有音乐，但很少，约相当于没有）

第三是墨子的劳动力观。墨子认为，"赖其力者生，不赖其力者不生"②，强调了"多劳多得"和"不劳不得"的经济思想，主张人人都要"竭股肱之力，亶其思虑之智"，以为维持生计而奋斗。另外，他还特别强调了"分事"，就是各人要做好自己分内的事，主张进行明确的社会分工。墨子说，"各从事其所能"③"量其力所能至而从事焉"④。对此，墨子还以筑墙为例进行深入分析。

> 子硕问于子墨子曰："为义孰为大务?"子墨子曰："譬若筑墙然，能筑者筑，能实壤者实壤，能欣者欣，然后墙成也。为义犹是也，能谈辩者谈辩，能说书者说书，能从事者从事，然后义事成也。"⑤

第四，墨子的时间观。墨子说"以时生财，财不足则反之时"⑥。这和后来说的"时间就是金钱"的口号是有相通之处的。他反对音乐也是认为人们听

---

① 吴毓江撰，孙启治点校：《墨子校注·三辩》，中华书局 2006 年版，第 59~60 页。
② 吴毓江撰，孙启治点校：《墨子校注·非乐上》，中华书局 2006 年版，第 375 页。
③ 吴毓江撰，孙启治点校：《墨子校注·节用中》，中华书局 2006 年版，第 249 页。
④ 吴毓江撰，孙启治点校：《墨子校注·公孟》，中华书局 2006 年版，第 693 页。
⑤ 吴毓江撰，孙启治点校：《墨子校注·耕柱》，中华书局 2006 年版，第 641~642 页。
⑥ 吴毓江撰，孙启治点校：《墨子校注·七患》，中华书局 2006 年版，第 35 页。

音乐耽误了干正事(王公大臣没时间去治理国家，农夫没时间去种地；妇女没时间去耕织)，所以断定音乐是"废国家之从事"①。他反对久葬(儒家主张守丧三年)也是这个原因，他说"君死丧之三年，父母死丧之三年，妻与后子死者，五皆丧之三年。然后伯父、叔父、兄弟、孽子其，族人五月，姑姊甥舅皆有月数，则毁瘠必有制矣"②人生短短几十年，光去守丧了，别的什么都干不了了。何况，人们为遵从礼制，守丧时还要把自己搞得很狼狈，"耳目不聪明，手足不劲强"③，"百姓冬不仞寒，夏不仞暑，作疾病死者，不可胜计也。"④这种行为极大地削弱了社会劳动力。

第五，墨子的人口论。墨子认为"欲民之众而恶其寡"⑤。其后两千多年时间里，增加所辖区域内人口数量是大多数贤明统治者的追求。这一点和英国学者马尔萨斯的"人口论"正好相反，马氏是怕人多，而墨子是怕人少。根据一些史学家的研究，直到清乾隆年间，中国古代人口才真正开始以多"为患"。先秦时期，尤其是墨子所处的战国时代，尽管社会生产力得到极大发展，但由于连年征战，人民死伤无数，所以总的来说是"人少为患"。所以梁惠王曾对孟子发牢骚："寡人之民不加多"⑥。对此，墨子提供的主要方案是：(1)提倡早婚，通过种种政策规定提升结婚率，"丈夫年二十，毋敢不处家；女子年十五，毋敢不事人"。⑦ (2)反对蓄私，"宫无拘女，故天下无寡夫，内无拘女，外无寡夫，故天下之民众。当今之君，其蓄私也，大国拘女累千，小国累百，是以天下之男多寡无妻，女多拘无夫，男女失时，故民少。君实欲民之众而恶其寡，当蓄私不可不节"。⑧ (3)反对久葬，因为根据儒家礼制服丧期间，禁止男女同房，会影响生育率，"此其为败男女之交多矣。以此求众，譬犹使人负剑而求其寿也，众之说无可得焉。是故求以众人民，而既以

---

① 吴毓江撰，孙启治点校：《墨子校注·非乐上》，中华书局 2006 年版，第 376 页。
② 吴毓江撰，孙启治点校：《墨子校注·节葬下》，中华书局 2006 年版，第 259 页。
③ 吴毓江撰，孙启治点校：《墨子校注·节葬下》，中华书局 2006 年版，第 259 页。
④ 吴毓江撰，孙启治点校：《墨子校注·节葬下》，中华书局 2006 年版，第 259~260 页。
⑤ 吴毓江撰，孙启治点校：《墨子校注·辞过》，中华书局 2006 年版，第 47 页。
⑥ (清)焦循撰，沈文倬点校：《孟子正义·梁惠王上》，中华书局 2018 年版，第 56 页。
⑦ 吴毓江撰，孙启治点校：《墨子校注·节用上》，中华书局 2006 年版，第 243 页。
⑧ 吴毓江撰，孙启治点校：《墨子校注·辞过》，中华书局 2006 年版，第 47 页。

不可矣"①。(4)反对战争，一方面战争会造成大量人员伤亡，另一方面，"大人惟毋兴师，以攻伐邻国，久者终年，速者数月，男女久不相见，此所以寡人之道也"②。(回到现实，我们现在也面临着劳动力不足的难题，如何解决这个难题？前段时间有个外国人常住条例在网上讨论得非常激烈，实际上，吸引外来人口补足本国人口不足的做法，早在战国时期墨子时代就已经出现，只不过不是墨子的主张，而是商鞅，"今以草茅之地，徕三晋之民而使之事本，此其损敌也，与战胜同实"③。

第六，墨子论分配。墨子说"有余力以相劳，有余财以相分"④。这句话的意思是，自己干完分内事后，还有余力，就要去帮助别人；自己的钱财，能够维持自己和家庭基本生存需要之外，还有富余，就要拿去分给别人。关于"余财相分"，墨子在很多地方都提过，比如《天志》《辞过》《兼爱》等诸篇都有。这实际上仍是"交相利"思想的表现和延伸。这一点和孔子的儒家思想有相通之处，孔子说"货恶其弃于地也，不必藏于己；力恶其不出于身也，不必为己"⑤。这些都是同出一理，即在分配问题上基本要实现"按需所分"，建立一种财富均衡意义上的互助型社会。

墨子从利的角度论非攻。墨子主张非攻，孔子其实也主张非攻。但二人有个关键的区别，即儒家论非攻是从符不符合"义"的角度，所以孟子说"春秋无义战"⑥，而墨子在讨论战争的"义"与"不义"之外，还要讨论"利"与"不利"的问题，而且他特别重视"利"的问题。"言利"是墨子止战说辞的重要手段，(也就是言明利害，而不是单纯的道德说教，你这样不对，不符合道义之类的)他曾专门论述过攻战的不利：

　　　　子墨子谓鲁阳文君曰："大国之攻小国，譬犹童子之为马也。童子之

---

① 吴毓江撰，孙启治点校：《墨子校注·节葬下》，中华书局 2006 年版，第 260 页。
② 吴毓江撰，孙启治点校：《墨子校注·节用上》，中华书局 2006 年版，第 243 页。
③ (战国)商鞅等著，章诗同注：《商君书·徕民》，上海人民出版社 1974 年版，第51 页。
④ 吴毓江撰，孙启治点校：《墨子校注·尚同上》，中华书局 2006 年版，第 107 页。
⑤ (清)孙希旦撰，沈啸寰、王星贤点校：《礼记集解·礼运》，中华书局 2019 年版，第 582 页。
⑥ (清)焦循撰，沈文倬点校：《孟子正义·梁惠王上》，中华书局 2018 年版，第1029 页。

为马，足用而劳。今大国之攻小国也，攻者，农夫不得耕，妇人不得织，以守为事；攻人者，亦农夫不得耕，妇人不得织，以攻为事。故大国之攻小国也，譬犹童子之为马也。"①

这段话其实说得很明白，就是战争对于攻占双方都没什么好处，所以他认为最好不要战争，什么事都可以好好地商量，能动嘴就不要轻易动手。另外，墨子还指出，"利"和"义"是一回事(这一点和孔子说的也不同，孔子认为，"利者，义之和也"②，说的是真正的利是建立在道义基础上)，撇开利谈义是虚伪的，除了利之外，不存在"义"。

墨子还特别主张：(1)两害相权取其轻，两利相权取其重。并对此进行论证："断指以存腕，利之中取大，害之中取小也。害之中取小也，非取害也，取利也。"③进而，墨子认为攻国是害大于利，不应该做。

国家发政，夺民之用，废民之利，若此甚众。然而何为为之？曰："我贪伐胜之名，及得之利，故为之。"子墨子言曰："计其所自胜，无所可用也；计其所得，反不如所丧者之多。④

(2)凡事对大多数人有利就是有利，反之就是不利。并对此进行论证：

饰攻战者言曰："南则荆、吴之王，北则齐、晋之君，始封于天下之时，其土城之方，未至有数百里也；人徒之众，未至有数十万人也。以攻战之故，土地之博，至有数千里也；人徒之众，至有数百万人。故当攻战而不可为也。"子墨子言曰："虽四五国则得利焉，犹谓之非行道也。譬若医之药人之有病者然，今有医于此，和合其祝药之于天下之有病者

---

① 吴毓江撰，孙启治点校：《墨子校注·耕柱》，中华书局2006年版，第643~644页。

② 朱熹注：《周易本义》，上海古籍出版社1987年版，第2页。

③ 吴毓江撰，孙启治点校：《墨子校注·大取》，中华书局2006年版，第597页。

④ 吴毓江撰，孙启治点校：《墨子校注·非攻中》，中华书局2006年版，第199~200页。

*而药之。万人食此，若医四五人得利焉，犹谓之非行药也。"*①

墨子认为，为谋一己之私，让更多人吃亏，是不可取的，但相反，为大多数人的利益，自己吃亏也就是损己利人，则是非常值得提倡的，墨子说"杀己以存天下，是杀己以利天下"②，这与英国功利主义代表边沁的观点是基本一致的，都是提倡以达到最大的善为目的。后世南宋时期叶适、陈亮等也都持有相似观点，都属于功利主义的思想。

(三) 墨子的社会思想

"天志""明鬼""非命"是墨子推行"兼爱"主张的宗教手段，也是墨家学说宗教思想的集中体现。墨子所处的时代，随着生产力的大发展，人的价值重新被发现，从春秋后期的老子、孔子开始，已经对强调鬼神的原始宗教和信仰进行批评，比如老子着重阐明"道法自然"，孔子则"不语怪力乱神""未能事人，焉能事鬼?"在这种情况下，墨子倡导一种与原始宗教截然不同的新宗教观，就不足为奇了。

墨子主张天志，他所谓的天和他以前的"天"是完全不同的。在西周及以前，天是一切的主宰，是自然神，而墨子的天是一位"人格神"，即天像人类一样，有思想、有情感、能赏善罚恶。因此，天志就是天的意志。

子墨子言曰："我有天志，譬若轮人之有规，匠人之有矩，轮匠执其规、矩，以度天下之方圜，曰：'中者是也，不中者非也。'"③

故子墨子之有天之意也，上将以度天下之王公大人为刑政也，下将以量天下之万民为文学、出言谈也。观其行，顺天之意，谓之善意行；反天之意，谓之不善意行。④

在这两段叙述中，墨子阐明"依天意"行事的必要性，那么天意到底是什

---

① 吴毓江撰，孙启治点校：《墨子校注·非攻中》，中华书局 2006 年版，第 200 页。

② 吴毓江撰，孙启治点校：《墨子校注·大取》，中华书局 2006 年版，第 597 页。

③ 吴毓江撰，孙启治点校：《墨子校注·天志上》，中华书局 2006 年版，第 290 页。

④ 吴毓江撰，孙启治点校：《墨子校注·天志中》，中华书局 2006 年版，第 301 页。

么呢？墨子说："天欲人之相爱相利，不欲人之相恶相贼"①。墨子是如何知道天意就是这样的呢？他说："天之有天下也，无以为异乎国君之有四境之内也。今国君夫岂欲其臣民之相为不利哉？"②"譬之若楚、越之君：今是楚王食于楚之四境之内，故爱楚之人；越王食于越，故爱越之人。今天兼天下而食焉，我以此知其兼爱天下之人也。"③当已经确定天意就是要"兼相爱"之后，那么墨子进一步论证，"顺天意者，兼相爱交相利，必得赏；反天意者，别相爱，交相贼，必得罚"④。讲到这里，我们就可以明确了，墨子讲的天志，实际上是实现兼相爱的手段。

天志之外，墨子还强调"明鬼"。他所强调的"鬼"，实际上是借助外力来实施社会道德的裁决，亦即民间常说的"举头三尺有神明"。墨子说：

> 若以为不然，是以吏治官府之不絜廉，男女之为无别者，鬼神见之。民之为淫暴寇乱盗贼，以兵刃、毒药、水火退无罪人乎道路，夺人车马、衣裘以自利者，有鬼神见之。是以吏治官府不敢不絜廉，见善不敢不赏，见暴不敢不罪。⑤

在《明鬼下》中，别人问墨子世界上是否有鬼神？墨子并未从理论上对其进行阐述，而是列举了一些书籍上记载的见鬼的故事，然后就以否定论态度论证，强调要是没有鬼神，官吏将如何不廉洁、男女生活将如何混乱、盗贼如何肆无忌惮等。正如梁启超先生所说，"墨子的明鬼的宗旨，握要处就在此，所以他引证许多鬼的故事，讲的都是报仇作祟，叫人害怕。至于鬼神有无的问题，他并不在学理上求答案，乃在极粗浅的经验论求答案，实在没有什么价值"⑥。

在墨子的宗教思想中，除"天志""明鬼"外，还有一个"非命"。这个"非命"指的是不承认命定论，不相信"人的命，天注定，胡思乱想没有用"。可以

---

① 吴毓江撰，孙启治点校：《墨子校注·法仪》，中华书局2006年版，第29页。
② 吴毓江撰，孙启治点校：《墨子校注·天志中》，中华书局2006年版，第298页。
③ 吴毓江撰，孙启治点校：《墨子校注·天志下》，中华书局2006年版，第313页。
④ 吴毓江撰，孙启治点校：《墨子校注·天志上》，中华书局2006年版，第289页。
⑤ 吴毓江撰，孙启治点校：《墨子校注·明鬼下》，中华书局2006年版，第336页。
⑥ 梁启超著：《墨子学案》，商务印书馆1922年版，第51页。

说，这一点是专门针对儒家思想而言的。对于儒家来说，命是个非常重要的思想维度，所谓天命所归。

> 力(力量)谓命(命运)曰："若之功奚若我哉？"命曰："汝奚功于物而欲比朕？"力曰："寿夭、穷达、贵贱、贫富，我力之所能也。"命曰："彭祖之智不出尧舜之上，而寿八百；颜渊之才不出众人之下，而寿四八。仲尼之德不出诸侯之下，而困于陈蔡；殷纣之行不出三仁(微子、箕子、比干)之上，而居君位。季札无爵于吴，田恒专有齐国。夷齐(伯夷、叔齐)饿于首阳，季氏富于展禽(柳下惠)。若是汝力之所能，奈何寿彼而夭此，穷圣而达逆，贱贤而贵愚，贫善而富恶邪？"力曰："若如若言，我固无功于物，而物若此邪，此则若之所制邪？"命曰："既谓之命，奈何有制之者邪？朕直而推之，曲而任之。自寿自夭，自穷自达，自贵自贱，自富自贫，朕岂能识之哉？朕岂能识之哉？"①

在这段关于"力"与"命"的讨论中，我们不难发现，实际上对于儒家思想来说，"命"是胜于"力"的，而且他们对待"命"的态度是"直而推之，曲而任之"。墨子言"非命"正是意识到这种观点，实际上是让人们安于自己的身份、地位，不提倡人们为改变自己的身份、地位而努力，因为这种努力是徒劳的，"人不与天斗"。墨子认为，人的命运是掌握在自己手中的，他说：

> 今也王公大人之所以蚤朝晏退，听狱治政，终朝均分而不敢怠倦者，何也？曰：彼以为强必治，不强必乱；强必宁，不强必危。故不敢怠倦。今也卿大夫之所以竭股肱之力，殚其思虑之知，内治官府，外敛关市、山林、泽梁之利，以实官府而不敢怠倦者，何也？曰：彼以为强必贵，不强必贱；强必荣，不强必辱。故不敢怠倦。今也农夫之所以蚤出暮入，强乎耕稼树艺，多聚叔粟而不敢怠倦者，何也？曰：彼以为强必富，不强必贫；强必饱，不强必饥。故不敢怠倦。今也妇人之所以夙兴夜寐，强乎纺绩织纴，多治麻统葛绪，捆布，而不敢怠倦者，何也？曰：彼以

---

① （晋）张湛注，（唐）卢重玄解，（唐）殷敬顺，（宋）陈景元释文，陈明校点：《列子·力命》，上海古籍出版社2014年版，第167页。

为强必富，不强必贫；强必暖，不强必寒。故不敢怠倦。今虽毋在乎王公大人，蒉若信有命而致行之，则必怠乎听狱治政矣，卿大夫必怠乎治官府矣，农夫必怠乎耕稼树艺矣，妇人必怠乎纺绩织纴矣。王公大人怠乎听狱治政，卿大夫怠乎治官府，则我以为天下必乱矣；农夫怠乎耕稼树艺，妇人怠乎纺绩织纴，则我以为天下衣食之财，将必不足矣。①

在墨子看来，只要言有命，那就是认为人没有自由意志，人所能获得的一切都是命中注定的，这样人们就没有一切向善或行道德之事的动力了，而这对于极力提倡"兼爱"的墨家来说是绝对不能容忍的。另外，由于墨子主张没有差等和差别的爱，所以他也不认为人的身份地位是固定不变的，任何人都可以凭借自己的努力获得身份地位。这一点，在秦朝末年陈胜吴广起义中高呼"王侯将相宁有种乎?"可得一证。正因为如此，墨子才主张"尚贤""尚同"，而且他认为"尚贤""尚同"是完全可以实现的。

(四)墨子的社会治理思想

墨子的社会治理思想主要表现在"尚贤""尚同"中。唐代魏征编辑的《群书治要》中辑录了《墨子》的《所染》《法仪》《七患》《贵义》《尚贤》《非命》诸篇，分别从事业成败、国家兴亡、崇尚贤能、节省财用、自立自强等方面着手，以期望有助于唐代君王能够励精图治、富国强兵。从魏徵辑录的篇章来看，对于社会治理而言，墨子的核心思想是"尚贤"，即推崇贤能政治。

墨子的"尚贤"思想是提醒统治者应该礼贤下士，墨子说，"是故国有贤良之士众，则国家之治厚；贤良之士寡，则国家之治薄。故大人之务，将在于众贤而已"②。

墨子的"尚同"思想实际上是针对民众而言的，指的是要向上看齐，主张人们的意志要统一于上级，强调社会秩序的形成。墨子认为，如果人们不能将意志向上统一于上级，那么就只能散乱无序，和禽兽没什么差别。

---

① 吴毓江撰，孙启治点校：《墨子校注·非命下》，中华书局 2006 年版，第 417~418 页。

② 吴毓江撰，孙启治点校：《墨子校注·尚贤上》，中华书局 2006 年版，第 65 页。

子墨子言曰：古者民始生，未有刑政之时，盖其语，人异义。是以一人则一义，二人则二义，十人则十义。其人兹众，其所谓义者亦兹众。是以人是其义，以非人之义，故交相非也。是以内者父子兄弟作怨恶离散，不能相和合；天下之百姓，皆以水火毒药相亏害。至有余力，不能以相劳；腐朽余财，不以相分；隐匿良道，不以相教。天下之乱。若禽兽然。①

那么应该如何做到"尚同"呢？墨子面临的问题是，他必须先回答等级秩序是如何形成的，也就是国家的科层制是如何形成的。他说：

夫明虖天下之所以乱者，生于无政长，是故选天下之贤可者，立以为天子。天子立，以其力为未足，又选择天下之贤可者，置立之以为三公。天子、三公既以立，以天下为博大，远国异土之民，是非利害之辩，不可一二而明知，故画分万国，立诸侯国君。诸侯国君既已立，以其力为未足，又选择其国之贤可者，置立之以为正长。②

这里要注意，墨子的这种思想主张，实际上和欧洲理性启蒙运动期间霍布斯、洛克、卢梭等人提倡的"契约论"很相似。墨子在这段话中，实际上已经强调了人民意志的问题，他认为是人民选择了君主，之后建立了国家，换言之，国家是人民意志的结果。《经上》说："君，臣萌通约也"。③ 说的就是这个意思。国家与人民之间是一种契约关系，君主的权力来自人民的赋予。应该说，这种思想在战国时期出现是非常难能可贵的。不过，当墨子确定了国家如何形成之后，却未能像欧洲理性启蒙运动中的思想家一样，更进一步提倡"法的精神"，思考如何限制君权的问题，而是陷入一种专制主义观念。墨子说："国君发政国之百姓，言曰："闻善而不善，必以告天子。天子之所是，皆是之；天子之所非，皆非之。去若不善言，学天子之善言；去若不善行，学天子之善行。"④

---

① 吴毓江撰，孙启治点校：《墨子校注·尚同上》，中华书局2006年版，第107页。
② 吴毓江撰，孙启治点校：《墨子校注·尚同上》，中华书局2006年版，第107页。
③ 吴毓江撰，孙启治点校：《墨子校注·经上》，中华书局2006年版，第465页。
④ 吴毓江撰，孙启治点校：《墨子校注·尚同上》，中华书局2006年版，第108页。

尽管墨子主张一旦契约建立，人民就要抛弃自由意志，从而遵循"上"的意志，即"尚同"。但他和霍布斯还是存在很大区别，最显著的是，霍布斯在《利维坦》中强调了君权的世袭制，而墨子并不如此主张，他认为君主应该由贤能之士来担任，这里就涉及"贤人政治"或"贤能政治"问题。他说的"自贵且智者为政乎愚且贱者则治，自愚贱者为政乎贵且智者则乱"①就是这个意思。

四、墨子怎样建构和表达他的社会思想

问题意识、崇尚实行是墨子的思想表达的行动逻辑。墨子以问题意识为导向，其社会治理思想多有针对性："凡入国，必择务而从事焉，国家昏乱，则语之尚贤、尚同；国家贫，则语之节用、节葬；国家喜音湛湎，则语之非乐、非命；国家淫僻无礼，则语之尊天、事鬼；国家务夺侵凌，即语之兼爱、非攻"。借天、鬼立言，是墨子加强他的话语分量的策略。"天志""天意"实则为墨志，墨意，"明鬼"，落脚也为墨家的鬼。

墨子的社会改革主张既有局部之策，更有根本方略。"兼爱"之法是墨学的精髓，是墨子社会思想的最大特色。梁启超在《墨子学案》中提出，墨学所标纲领，虽说十条，其实只从一个基本观念出来，就是"兼爱"。他认为，"非攻"是从"兼爱"衍生出来的。② 张舜徽则阐明"墨家的宗旨，兼爱乃其根本，而尚贤、尚同、节用、节葬、非乐、非命、尊天、事鬼、非攻诸端，皆其枝叶"，"可知其标举之十端，乃因病制宜，对症下药之良方，而非施之同时同地，齐举兼行，拘泥不变之成法也"③。

把"爱"和"利"结合起来是墨子社会思想的第二大特色。"兼以易别"，"以兼相爱交相利之法易之"，墨子既讲"兼相爱"，又倡导"交相利"。爱无等差是墨子社会思想的又一特色。其社会思想向往人人都过上一种无差别的生活，具有平民色彩与民生意识。

五、墨家学说的评价及后世发展

如前所述，进入战国以后，周代贵族社会制度几乎破坏殆尽，尤其是贵

---

① 吴毓江撰，孙启治点校：《墨子校注·尚贤中》，中华书局 2006 年版，第 73 页。
② 梁启超：《墨子学案》，商务印书馆 1922 年版，第 51 页。
③ 张舜徽：《汉书艺文志通释》，湖北教育出版社 1990 年版，第 172~173 页。

族社会行将灭亡，在这种新的历史条件下，对儒家学说所倡导的恢复周礼进行反思和改造，成为当时社会智识阶层的重要任务。从这个角度来看，墨子所提倡的社会思想，相较于儒家思想，更符合当时社会历史发展状况。总体来说，墨子的社会主张大部分具有时代进步意义。

第一，墨家学派明确提出了兼爱、尚贤的平民政治理论，把孔子提出的爱人和举贤思想推向了一个更新的高度，从而在理论上彻底打破了贵族阶级以亲亲为原则的血缘贵贱论。

第二，墨家学派明确提出了尚同和如何成为天子的问题，把孔子"为东周"的梦想提到了改朝换代的高度，为建立一个取代周王朝的新的统一的中央集权王朝提供了舆论基础。

第三，墨家学派明确提出一种功利主义的政治哲学，这比儒家的道德政治更为符合统治者选拔人才的心理和任用人才的原则。

第四，墨家还具体提出了非攻、节用、节葬、非乐等政治主张，对当时统治者贪得无厌的掠夺战争和穷奢极侈的享乐生活进行了广泛而尖锐的批判。

不过，墨子的部分社会主张也遭到了严厉批判。庄子曾批评墨子说，"未败墨子道，虽然，歌而非歌，哭而非哭，乐而非乐，是果类乎？其生也勤，其死也薄，其道大觳；使人忧，使人悲，其行难为也，恐其不可以为圣人之道，反天下之心，天下不堪。墨子虽独能任，奈天下何！离于天下，其去王也远矣！"①我们必须了解，庄子是极其推崇墨子的，比如他说"虽然，墨子真天下之好也，将求之不得也，虽枯槁不舍也，才士也夫！"②这段批评，实际上并不是全盘否定，而是带有一种惋惜的态度，他认为墨子初衷是好的，重利主张、实用主义也都是好的，但思想太过褊狭，很多观点也太过极端，尤其是对待生活的态度，太过苛刻，以至于除墨者之外，其他人根本没办法实施；而且过度强调节俭，从长远看是有害于社会生产力进步的，因为墨子极端反对享乐主义，这就势必造成物质和财富生产缺乏动力。

孟子曾骂墨子是禽兽，"杨氏为我，是无君也；墨氏兼爱，是无父也；无君无父，是禽兽也"③。在孟子看来，墨子提倡兼爱，提倡基于温饱的生存主

---

① 郭庆藩撰，王孝鱼点校：《庄子集解·天下》，中华书局2019年版，第1069页。

② 郭庆藩撰，王孝鱼点校：《庄子集解·天下》，中华书局2019年版，第1075页。

③ （清）焦循撰，沈文倬点校：《孟子正义·滕文公下》，中华书局2018年版，第491页。

义，提倡无差等、无差别的爱，实际上是对社会人伦的僭越，是与禽兽无异的行径。

当然，还有其他许多同时代或后世学者对墨子的思想主张进行过深刻批评。不过，也有替墨子鸣不平者，比如韩愈《读墨子》：

> 儒讥墨以上同、兼爱、上贤。明鬼。而孔子畏大人，居是邦不非其大夫，《春秋》讥专臣，不上同哉？孔子泛爱亲仁，以博施济众为圣，不兼爱哉？孔子贤贤，以四科(德行、言语、政事、文学)进弟子，疾殁世而名不称，不上贤哉？孔子祭如在，讥祭如不祭者，曰："我祭则受福。"不明鬼哉？儒墨同是尧、舜，同非桀、纣，同修身正心以治天下国家，奚不相悦如是哉？余以为辩生于末学，各务售其师之说，非二师之道本然也。孔子必用墨子，墨子必用孔子，不相用，不足为孔、墨。①

对于秦汉以后，墨家学说逐渐退出历史舞台，以至几乎失落思想世界长达两千年时间的原因，方授楚先生认为有以下四个原因：

其一，墨学自身存在矛盾，比如兼相爱，比如关于攻与诛的差别；再有就是辩论中的诡辩，"杀盗非杀人""杀狗非杀犬"等。

其二，理想过高。墨子贱人身份，因此其学说也以贱人为立场，认为日常生活、工作、享用、娱乐等都以贱人生活为标准。

其三，组织破坏。墨家为组织严密的团体，因此一经分裂，危害甚大。

其四，拥秦之嫌疑。

尽管墨子及其社会思想在秦汉以后逐渐消失，再没有产生独立学说或类似的派别，但其部分关于社会思想的表述仍然深刻地影响到了其后地各个流派。侯外庐先生认为，"中国农民战争地口号应溯源于战国末年墨侠一派下层宗教团体所提出地一条公法，即《吕氏春秋》所载，杀人者死，伤人者刑，墨者之法也"。②

实际上，尽管墨子遭到了荀子等人的讥讽，但其不少观念对其他学派也

---

① 韩愈：《中国古代名家诗文集·韩愈集·读墨子》，黑龙江人民出版社2005年版，第174~175页。

② 侯外庐：《中国封建社会前后期的农民战争及其纲领口号的发展》，《历史研究》1959年第4期。

有深刻影响。比如《荀子·儒效》："略法先王而足乱世术，缪学杂举，不知法后王而一制度，不知隆礼义而杀《诗书》。其衣冠行伪，已同于世俗矣；然而不知恶。其言议谈说，已无异于墨子矣；然而明不能别。"①

近代以来，较早且影响较为深远地重新发现墨子的是梁启超，他在《新民丛报》上呼吁："杨学遂亡中国，今欲救亡，厥为学墨"。其后经学大师孙诒让编纂《墨子闲诂》，后来更多思想史学者关注墨家，使得墨学在清末民初成为一种显学。墨学的突然兴起，可能与以农民小生产者为阶级基础的民粹主义思想有关。

---

① （清）王先谦撰，沈啸寰、王星贤点校：《荀子集解·儒效篇》，中华书局 2020 年版，第 164～165 页。

第三章 范式之二
——学派(群体)社会思想研习方法

第一节 要 素

【导语】

关于学派的解释,工具书大致有三种:一是《辞海》。它认为:学派乃"一门学问中由于学说师承不同而形成的派别"。二是《现代汉语词典》。它的释义是:"同一学科中由于学说、观点不同而形成的派别"。三是《牛津英语大辞典》。它对学派的解释是:"在哲学、科学、艺术等某个理论的或实践的知识领域内,由于受教于同一专门大师,具有相同师承关系,或因原理方法和风格上的普遍相似而联系在一起的学者群体,他们遵循共同的教义、原理或规训,甚至规范的话语"。

美国学者戴安娜·克兰认为"一个学派,是以其门徒不加批判地接受领袖人物的思想体系为特征的。它拒绝外部的影响,拒绝承认外部工作的正确性"①。

学派(群体)的形成既有背景,亦有条件。时人或因他们思想上具有某种一致性,或因他们出生、生活地缘(地域)交叠,或因他们血缘、业缘(师徒),学缘、趣缘关联等,往往便将其联系在一起,称为"某某学派""某某群体"。

---

① [美]戴安娜·克兰,刘甜珊等译:《无形学术》,华夏出版社 1988 年版,第 81 页。

学派(群体)形成要满足以下几个要素：一是有相同的学说、学术观点或生活理念、信念；二是有核心、领袖人物或共同关注的话题；三是有一定的规范；四是有一定规模的群体；五是具有相对的排他性。

但古今中外，同一个学派也有分歧之处。如古希腊的亚里士多德从 17 岁起，就跟随老师柏拉图达 20 余年，对老师十分敬佩。但由于其在哲学思想上柏拉图存在着严重的分歧，一些人便指责他背叛了老师，亚里士多德坦荡地回应"吾爱吾师，吾更爱真理！"

《论语·述而》则曰："三人行，必有我师焉。择其善者而从之，其不善者而改之。"[1]同样不要因为孟子云"尽信书，则不如无书"[2]（《孟子·尽心下》），就认为孟子是"离经叛道"。

进行学派研究较之人物的个案研究则能更能整体地把握社会思想体系，感受到集体智慧；群体比学派更普遍、更常见。对群体社会思想的考察，有助于发掘历代社会生活中乃至文本中的民间社会思想。当前，群体社会思想的研习，有着很大的待开发的空间。

基本要素——

1. 学派(群体)体系的构成、主要人物(特别是领军人物)及著作。

2. 学派(群体)的主要社会思想。

3. 学派社会思想的成因。

4. 学派(群体)间社会思想的同异与流变。

5. 学派(群体)社会思想的影响。

附研习思考题

试用学派社会思想研究方法研习思孟学派社会思想、稷下学派社会思想。

---

[1]　程树德撰，程俊英、蒋见元点校：《论语集释·述而下》，中华书局 2019 年版，第 621 页。

[2]　(清)焦循撰，沈文倬点校：《孟子正义·尽心下》，中华书局 2018 年版，第 1034 页。

第二节 案例举隅——陆王心学学派社会思想研习

儒家的思孟学派强调人的主观能动性。子思讲主观能动性能"参天地之化育"、孟子讲"尽心""放心""反身而诚",并且认为不该因为所处环境的变迁而动摇意志。"富贵不能淫、贫贱不能移、威武不能屈"。南宋时,陆九渊及其发挥思孟学派重视人的主观能动性的学说,创立"南宋陆学",即心学。至明朝中叶,天下士风厌旧喜新,大谈心性的社会思潮兴起,王守仁等继承和发展了这一学术传统并开创阳明心学。思想史上将"南宋陆学"与"阳明心学"合称为"陆王心学"。心学是从儒学中分化出来的一个重要学派,其在南宋时与程朱理学、叶适、陈亮功利主义学说鼎足而立,在明代与理学分庭抗礼,是宋明之间的显学,对中国民众的思想影响深远。

一、陆王心学学派体系的构成、主要人物及著作

南宋陆学系统创自陆氏兄弟(陆九渊、陆九龄、陆九韶),门人主要有杨简、袁燮、舒璘、沈焕、傅子云等,杨简有门人钱时,其后薪火相传。至于宣德、弘治年间,陈献章倡导自得之学,肯定了陆九渊的心学路线,陈献章的学说由其弟子湛若水影响了王守仁。南宋陆学的心学思想较为简易直截,从陆九渊到王守仁之间的思想家,或发挥心学思想,或攻击心学思想,客观上促进了陆王心学体系的成熟与完善。王守仁是心学的集大成者,其学说有自我体贴发明的成分,但也不是凭空而来。王守仁死后,其心学思想体系风靡一时。《明儒学案》中,王门学者有浙中、江右、南中、楚中、北方、闽粤六个学派,六十六人被专案介绍。其中对阳明心学有重要贡献的有王艮、王畿、罗近溪、何心隐、李贽、刘宗周等。

陆九渊(1139—1193),字子静,西抚州金溪人。因为讲学于江西贵溪象山,又称陆象山。南宋孝宗乾道八年(1172)进士,归故里讲学。孝宗淳熙二年(1175)与朱熹会于信州鹅湖寺,与朱熹论辩。淳熙十四年(1187)登贵溪应天山讲学,"居山五年,来见者逾千人"(年谱),其著作后人汇集为《象山先生全集》。《宋史》卷四百三十四有传。

杨简(1141—1225),浙江慈溪人。字敬仲,师从陆九渊学,后兴学养士,文风益振。居官至敷文阁直学士,中大夫,居官期间勤俭爱民,有官声。著

有《甲稿》《乙稿》《冠记》《昏记》《己易》《启弊》等书。《宋史》卷四零七有传，朱熹说："子静（陆九渊）之门，如杨简辈，躬行皆有可观"①。

陈献章（1428—1500），广东新会白沙村人，又称白沙先生。子公甫，号石斋。陈献章人生较为曲折，自幼警悟绝人，科举、仕途都不如意，退而隐居施教，静养求心。其学说肯定了陆九渊"求心"的路线，其学以静为主，倡导"自得"之学，时人谓其学有"鸢飞鱼跃"之乐。重要的学生有湛水若。《明史》卷二百八十三有传。黄宗羲认为，陈献章"学宗自然，而要归于自得，自得故资深逢源，与鸢鱼同一活泼，而还以握造化之枢机，可谓独开门户"②，有人劝其著述，不答，著作有《白沙子全集》，陈献章是陆王心学的中介人。

湛若水（1466—1560），广东增城人，字元明，师从陈献章学习，授翰林院编修，当时王守仁在吏部讲心学，若水与相应和。后各立宗旨，其学以随处体验天理为宗，主要学生有江西永丰的吕怀、江西德安的何迁、江西婺源的洪垣，浙江吴兴的唐枢。《明史》卷二百八十三有传。

王守仁（1472—1529），浙江余姚人，字伯安，因在阳明洞筑室，也称阳明先生，官至南京兵部尚书，王守仁是在政治与军事上都很有创建的人。王守仁早期追随程朱理学，希望通过格物的方式获得人生的智慧，没有成功。后来由于朝廷政治争端，被贬谪贵州，"居夷处困"而"龙场悟道"，开创了中国思想的新局面，死后谥文成，王守人著作被其门人辑成《王文成公全书》三十八卷。王守仁是堪与孔、孟、程、朱齐名并称的大儒，心学的集大成者。

王艮（1483—1541），江苏泰州人，字汝止，号心斋，世称心斋先生，有《王心斋先生遗集》。出身煮盐灶户，初名银，王守仁遂改名为艮。七岁受书于乡塾，十一岁辍学，参加煮盐劳动，自学成才，常常携带《论语》《大学》等书于袖中，随时取阅和证悟，后有人说其学问与王守仁近似，至江西找王守仁理论，终乃叹服，下拜为其弟子。王守仁死后，往来于江浙等地四处讲学，创立"泰州学派"，弟子除了士子之外，还有佣工、樵夫这样的平民百姓，对王守仁思想传播影响甚大。袁承业编《明儒王心斋先生遗集》后附《王心斋先生弟子师承表》一卷，分五传列五百多后学姓名，每人都有简要介绍。黄宗羲

① （宋）陆九渊撰，钟哲点校：《陆九渊集·年谱》，中华书局1980年版，第483页。
② （清）黄宗羲撰，沈芝盈点校：《明儒学案·陈白沙献章》，中华书局1985年版，第4页。

《明儒学案》称"阳明先生之学,有泰州、龙溪而风行天下,亦因泰州、龙溪而渐失其传"①。

王畿(1498—1583),字汝中,号龙溪,山阴人,少年中举,洒脱不拘,后授业于王守仁,嘉靖五年(1526)进士,王守仁出兵镇压广西叛乱,与钱德洪主讲书院,王守仁死后,由他经济丧事,持心丧三年。后授南京兵部主事,受武英殿大学士夏言排斥,在吴、楚、闽、越间讲学,一直到八十多岁逝世。王畿善于讲授,学生很多。《明史·卷二八三》有传。与钱德洪为阳明心学浙派代表。

钱德洪(1496—1574),名宽,德洪乃其字,号情山先生,王守仁高第弟子。余姚人,王守仁自尚书归故里,跟随王守仁学习,守仁死,持心丧三年。嘉靖十一年进士,官至刑部郎中,因宠臣郭勋事得罪嘉靖皇帝,被斥为民。游学四方,弟子很多。《明史·卷二八三》有传。

颜均(明代中期),字山农,江西吉安人。开始跟随王守仁弟子刘师泉学习,无所得,后从徐波石学习,一般认为是阳明心学泰州学派的继承人。其思想认为率性而为,纯任自然,便是道义。身上有游侠气,好急人之难,老师徐波石出任云南左布政使,被元江少数民族所杀,山农找到他的尸骨回故乡安葬。黄宗羲《明儒学案·泰州学派》有传。

罗汝芳(1515—1588),字惟德,号近溪。江西南城泗石溪人,明中后期著名哲学家、诗人。嘉靖进士,历任太湖知县、宁国知府、云南屯田副使,官至参政。他一生深入下层,宣讲哲理,教化士民,任职宁国知府时,有兄弟争产业,诉讼到衙门,汝芳对之劝解、至于泣下,争产兄弟受其感化啊,亦哭泣,于是和解,以发人"良知"和济人急难闻名于世。师从颜均学习,颜均下狱当死,近溪变卖产业解救,又到监狱中供养,六年不在职位。《明史·卷二八三》有传。

何心隐(1517—1579),江西吉州永丰人。本名梁汝元,字潜柱,号夫山。跟颜山农学王艮之学,对《大学》《中庸》中的思想进行实践意义探索,在其家乡创慈善团体"聚和堂",参与反对奸相严嵩的斗争,反对张居正禁书院,禁讲学的政策,后因言论获罪,死于狱中。著作有《爨桐集》,中华书局以《何心

---

① (清)黄宗羲撰,沈芝盈点校:《明儒学案·泰州学案》,中华书局1985年版,第703页。

隐集》出版其著作。

李贽(1527—1602)，泉州晋江人。号卓吾，别号温陵居士，曾做过云南姚安知府等地方官，后入鸡足山阅龙藏不出，致仕归。提倡性灵之学，为王学左派。著有《藏书》等，当权者以毁圣叛道，下狱，自割喉死。袁中道有《李温陵传》。

刘宗周(1578—1645)，浙江山阴(今绍兴)人。字起东，号念台，因讲学于山阴城被戢山，又被称为戢山先生。黄宗羲《明儒学案》中有《戢山学案》，崇祯时为工部左侍郎，左都御史等职，"清执敢言，廷臣莫及"①。南明弘光正月，南京陷，不食二十余日死。刘宗周早年"不喜象山、阳明之学"，中年转向陆王之学，晚年认为良知之学往往滑向禅学，力主慎独之学。刘宗周是阳明心学的殿军。代表著作主要有《刘子全书》，弟子中像黄宗羲、陈确、张履祥等"学不愧师门者三十五人，再传弟子一人"②。

二、陆王学派的主要社会思想

(一)人同此心、心同此理——社会结构观

在中国社会思想史中。社会关系常常被理解为是以自己为中心，不断扩大的人伦关系。而自身的主宰，在孔子为仁、在孟子为义、在程朱为天理，在陆王为心。陆王心学将"心"作为包容并赋予天地万物、人类物质生产与科技发明、道德伦理、社会制度、典章法律意义的本体，在此基础上构建了自然系统和谐的宇宙观、个人系统和谐的宇宙观和社群系统和谐的宇宙观。

陆九渊认为，天地万物是心的显现和派生物，心即理。"宇宙即是吾心，吾心便是宇宙"③，人的方寸之间包罗宇宙万象，整个世界的现实，只是内心的现实"万物森然于方寸之间，满心而发，充塞宇宙，无非此理"④。人类唯一能获得的伟大智慧，是内心自我圆满的智慧，个人如果能主宰自己的内心，

---

① (清)黄宗羲撰，沈芝盈点校：《明儒学案·戢山学案》，中华书局1985年版，第1512页。

② 吴光主编：《刘宗周全集·子刘子祠堂配享碑》，浙江古籍出版社2007年版，第647页。

③ (宋)陆九渊撰，钟哲点校：《陆九渊集·年谱》，中华书局1980年版，第483页。

④ (宋)陆九渊撰，钟哲点校：《陆九渊集·语录》，中华书局1980年版，第423页。

自我决断与自我圆满，便是圣人境地。"此理本天所以与我，非由外铄，明得此理，即是主宰，真能为主，则外物不能移，邪说不能惑"①。

陆九渊指出自我决断与自我圆满的强大内心是每个人都具有的。"人皆有是心，心皆有是理"②，也便人人都能体悟人伦社会的最高价值。推而广之，"四海之内，心同理同"。陆九渊将个人心灵的感知经验与社会生活的深层结构关联起来思考，得出"人同此心，心同此理"的结论，个人的也是社会的，个人处于社会生活中的周遭，也是他人的周遭，这种周遭可以通过人心的这种同质性地加以认识，这便是社会认同的基础。"心只是一个心，某之心，吾友之心，上而千百载圣贤之心，下而千百载复有一圣贤，其心亦只如此，心之体甚大，若能尽我之心，便与天同。"③正是因为这种同质，人与人之间可以相互理解，我群与他群之间可以相互沟通，凡夫可以超越限阈达到圣人的境地。所谓"东海有圣人出焉，此心同也，此理同也。西海有圣人出焉，此心同也，此理同也。至南海、北海有圣人出焉，此心同也，此理同也。千百世之上至千百世之下有圣人出，此心此理，亦无不同也"④。在这个意义上，人的生命情感通乎天地万物而没有隔限。"宇宙内事乃己分内事，己分内事乃宇宙内事。"⑤这样，人的主体性与义务范围都被扩充至无比高大，所有的生活事务、所有的宇宙世间事务，都是个人所应承担的义务范围。

陆九渊将社会制度、伦理道德看作人人具有的本心。"人皆有是心，心皆有是理，心即理也"⑥。他将自己的世界观、方法论加以综合，认为心学的主旨在于明理、立心、做人。而明理其实是明我固有之"此心此理"，人日常生活所依据的社会伦理价值的根子，也从心中得来。个人固有之心被唤醒，便能爆发出国家社会建设的强大力量，"道未有外乎其心者，自可欲之善至于大

① (宋)陆九渊撰，钟哲点校：《陆九渊集·与曾宅之》，中华书局1980年版，第4页。

② (宋)陆九渊撰，钟哲点校：《陆九渊集·与李宰》，中华书局1980年版，第149页。

③ (宋)陆九渊撰，钟哲点校：《陆九渊集·语录下》，中华书局1980年版，第444页。

④ (宋)陆九渊撰，钟哲点校：《陆九渊集·年谱》，中华书局1980年版，第483页。

⑤ (宋)陆九渊撰，钟哲点校：《陆九渊集·年谱》，中华书局1980年版，第483页。

⑥ (宋)陆九渊撰，钟哲点校：《陆九渊集·与李宰》，中华书局1980年版，第149页。

而化之之圣，圣而不可知之神，皆吾心也。心之所为，犹之能生之物得黄钟大吕之气，能养之至于必达，使瓦石有所不能压，重屋有所不能蔽，则自有诸己至于大而化之者，敬其本也"①，又说："黄极之建，彝伦之叙，反是则非，终古不易。是极是彝，根乎人心，而塞乎天地"②。

杨简发挥了陆九渊关于心学本体的思想。他的著作《慈湖遗书》中记载了他关于本心的思想渊源，在与陆九渊的讨论本心问题的时候，他正做富阳主簿，在谈话中还出去处理了一桩诉讼案，返回时，陆九渊说，你在断案的时候，知道判别是否，这个就是你的本心。杨简问道："就只这些?"陆九渊大声回答："那你还要什么?"杨简由此觉悟。③ 陆九渊的回答很简单，很有力量。日常起居、日常生活、日常交往、日常工作构成了人间社会最基础和最本质的形式，在此之外，不存在一个事外的道理，日用应酬，在无滞妨碍之上。杨简后来认为"心无始末，无所不通"④，宇宙一切事物及其运行原则都包含于个人的主体性之中，认为"天地，我之天地；变化，我之变化，非他物也"⑤，是个人的自私自利使自己和世界对立起来，"私者裂之，私者小也"⑥。因此，人心能无私共通，社会就能够良性运行与协调发展。他在做温州知府时，"尽扫喜顺恶逆之私情，善政尽举，弊政尽除，民怨自销，祸乱不作"⑦。

王守仁在陆九渊心外无物的基础上，提出世界于人的意义，是人心作用和结果，无心外之物，心外无事，亦无心外之理，万物的存在仅系于"心"知其存在。王守仁认为世界的灵动与美好，是因为人心的灵明"天没有我的灵

---

① (宋)陆九渊撰，钟哲点校:《陆九渊集·敬斋记》，中华书局 1980 年版，第 228 页。

② (宋)陆九渊撰，钟哲点校:《陆九渊集·杂说》，中华书局 1980 年版，第 269 页。

③ (清)黄宗羲撰，(清)全祖望补修，陈金生、梁运华点校:《宋元学案·慈湖学案》，中华书局 1986 年版，第 2466 页。

④ (宋)杨简著，董平校点:《杨简全集·慈湖先生遗书》，浙江大学出版社 2016 年版，第 1911 页。

⑤ (清)黄宗羲撰，(清)全祖望补修，陈金生、梁运华点校:《宋元学案·慈湖学案》，中华书局 1986 年版，第 2467 页。

⑥ (清)黄宗羲撰，(清)全祖望补修，陈金生、梁运华点校:《宋元学案·慈湖学案》，中华书局 1986 年版，第 2467 页

⑦ (元)脱脱等撰:《宋史》，中华书局 1985 年版，第 12291 页。

明，谁去仰他高，地没我的灵明，谁去俯他深"①，他所说的"灵明"其实就是人的主体精神，心有感动，物有所应，事物的美好才能"呈现"出来。"你未看此花时，此花与汝心同归于寂。你来看此花时，则此花颜色一时明白起来，便知此花不在你的心外。"②花的美丽与绚烂，乃是因为人这个认识主体心的感知，正是因为心的感知认知，世界便明亮和灵动了起来，简单地说，万物之理与心的感知为同一事实。因此，心是天地万物的主宰，"心者，天地万物之主"，天地万物与个体统一于"心"。自然的普遍规律与人伦道德的基本精神是统一的，都是心的放大，"天地万物本吾一体"，"天地既开，庶物露生，人亦耳目有所睹闻，众窍既辟，此即良心妙用发生之时"，良心与外在物妙合而凝，便是世界的美好。因此，在王守仁看来，世界呈现在人们的日常生活之中，而不是外在的，世界不在你我之外，而是你我共世界之中。历史也不在你我之前，而是在人的一天之中呈现。"夜气清明时，无视无听，无思无作，淡然平怀，就是羲皇世界。平旦时，神清气朗，雍雍穆穆，就是尧、舜世界。日中以前，礼仪交会，气象秩然，就是三代世界。日中以后，神气渐昏，往来杂扰，就是春秋战国世界。渐渐昏夜，万物寝息，景象寂寥，就是人消物尽世界"③。

换句话说，社会伦理价值的发端在心，是心的主要内容，"吾心之良知，即所谓天理也"④，离开心谈"忠、孝、仁、义"，皆不着边际，不得要领，因此，"圣人之学，心学也⑤。"心以天地万物为一体，因此，人与人的关系也应该做到一体之仁。"视天下犹一家，中国犹一人焉"⑥，因此，"视天下之人，

---

① (明)王守仁著，王晓昕、赵平略点校：《王文成公全书·传习录下》，中华书局2015年版，第133页。

② (明)王守仁著，王晓昕、赵平略点校：《王文成公全书·传习录下》，中华书局2015年版，第133页。

③ (明)王守仁著，王晓昕、赵平略点校：《王文成公全书·传习录下》，中华书局2015年版，第143页。

④ (明)王守仁著，王晓昕、赵平略点校：《王文成公全书·传习录中》，中华书局2015年版，第55~56页。

⑤ (明)王守仁著，王晓昕、赵平略点校：《王文成公全书·象山文集序》，中华书局2015年版，第296页。

⑥ (明)王守仁著，王晓昕、赵平略点校：《王文成公全书·大学问》，中华书局2015年版，第1113页。

无外内远近，凡有血气，皆其昆弟赤子之亲，莫不欲安全而教养之，以遂其万物一体之念"①。就是凡是人类，社会都有义务保证他们的基本需求，给予他们安全的庇护，同时保证他们接受应有的教育。

此心与天地万物为一体，人人都能使此心纯乎天理，以纯乎天理的人心推及整个世界，人人都相互信任，每个人的行动都让人心悦诚服，社会治理的成本很低，民众对社会的认同和归属感很强。"尧、舜、三王之圣，言而民莫不信者，致其良知而言之也；行而民莫不说者，致其真知而行之也。是以其民熙熙皞皞，杀之不怨，利之不庸，施及蛮貊，而凡有血气者莫不尊亲；为其良知之同也。"②换句话说，平常百姓之心原本和圣人没什么不同，人人都有成为圣人的条件，社会分工与社会分层便不是身份与社会地位高低贵贱的划分，只是依凭个人才智的不同，在不同的职业上尽力尽用而已。王守仁用精金比喻圣人，用分量比喻圣人才力的大小，尧舜万镒，孔子九千镒，有学生认为不妥，孔子的才力应该与尧舜相同。王守仁回答说，之所以谓之圣人，是只看"精一"的功夫，不看数量的多寡。人们往往只在数量上较量，互相比较，最终都流入了功利。"若除去了比较分两的心，各人尽着自己的力量精神，只在此心纯天理上用工，即人人自有，个个圆成，便能大以成大，小以成小，不假外慕，无不具足。此便是实实落落、明善诚身的事"③。在这里，阳明心学认为，一个人，与他前后左右的世界不可分离，也不可区别，世界是自己的一体之仁。

泰州学派将人心的主体性推向极致，王艮认为本体不会丧失，"良知之体，与鸢飞鱼跃一样活泼泼地"④，"现现成成，自自在在"⑤，有人请教如何求本心，"先生(王艮)呼之，即应，先生曰：'尔心现在，更何求乎?'"王艮

---

① （明）王守仁著，王晓昕、赵平略点校：《王文成公全书·答顾东桥书》，中华书局2015年版，第67页。

② （明）王守仁著，王晓昕、赵平略点校：《王文成公全书·答聂文蔚》，中华书局2015年版，第99页。

③ （明）王守仁著，王晓昕、赵平略点校：《王文成公全书·传习录上》，中华书局2015年版，第39页。

④ （明）王艮撰，陈祝生等点校：《王心斋全集》，江苏教育出版社2001年版，第11页。

⑤ （明）王艮撰，陈祝生等点校：《王心斋全集》，江苏教育出版社2001年版，第38页。

认为个人的主体性是自在的，鲜活的，委屈个人的主体性去做不愿意的事情，便是人的欲望使然，与天理不符合。"天理者，天然有之理也，才欲安排如何，便是人欲。"①

王学殿军刘宗周亦认为"只此一心，散为万化，万化复归一心"②，东林党人能为被阉党残酷镇压后，刘宗周认为"今日急务当以收拾人心为本"③，在蕺山讲学时，特别让学生"收敛身心，使根柢凝定，为人道之基"④。

(二)本体功夫合而为一——社会行动论

物我关系的问题与人我关系的问题是宋明理学的核心问题，问题争论的焦点是格物。在《大学》之中，格物是人生自我修养与自我实现其他阶段的开始。其他阶段依次是诚意、正心、修身、齐家、治国、平天下，这是儒家"修己以安天下"环环相扣的"八条目"。但因为格物本身是中国思想史中内涵很深且歧义较多的概念，秦汉以来，训诂资料不多，唐宋之后，各家意见不统一，遂至"格物之说，古今聚讼有七十二家"⑤如司马光认为格物就是防御物，"捍也，御也，能捍御万物然后能至道矣"⑥。朱熹认为格物是通过系统而循序渐进的方式获得认识，再将这些认识运用到人伦社会生活，人自然能达到圣人的境界。

格物认识的差异，导致了程朱理学与陆王心学的分歧。这种分歧在朱熹与陆九渊"鹅湖之会"时已很分明。陆九渊认为自己从心上求取进德的修为是"简易功夫"，而批评朱熹格物穷理的认识方式是"支离破事业"⑦。陆九渊认为朱熹的即物求理的方式过于繁琐，主张反身即求，求诸本心。因此其认识

---

① (明)王艮撰，陈祝生等点校：《王心斋全集》，江苏教育出版社 2001 年版，第 11 页。

② (明)黄宗羲著：《黄宗羲全集》，浙江古籍出版社 2012 年版，第 241 页。

③ (明)黄宗羲著：《黄宗羲全集》，浙江古籍出版社 2012 年版，第 204 页。

④ (明)刘宗周著，吴光主编，吴光点校，钟彩钧审校：《刘宗周全集》，浙江古籍出版社 2012 年版，第 284 页。

⑤ (明)刘宗周著，吴光主编，陈剩勇、蒋秋华审校：《刘宗周全集·经术下·大学杂言》，浙江古籍出版社 2012 年版，第 618 页。

⑥ (宋)黎靖德编；杨绳其、周娴君校点：《朱子语类》，岳麓书社 1997 年版，第 373 页。

⑦ (宋)陆九渊撰，钟哲点校：《陆九渊集·语录上》，中华书局 1980 年版，第 427 页。

论为专务虚静涵养精神。就是通过维持内心澄明、干净以求得人生意义的达成。

陆王心学认为，道德实践才是格物的根本目的。作为本心固有道德观念和认知能力："人心至灵，此理至明，人皆有是心，心皆有是理"①，体验自己的本心，不断自觉地实践他所看到的理，是人生最重要的意义与价值。本体功夫是陆王心学中最有社会思想内涵的范畴之一，本意是养成人伦社会生活中"廓然大公"的心体，在日常生活事务中做个有良知的人。陆王心学本体着眼点是理想自我的构建；功夫是将个体发展为一个充满热情和创造力的灵魂；落脚点是日常生活中的做事与学问，因此，陆王心学本体功夫是思想与生活统一的学说。

首先，陆九渊认为有一条简易直接的认识途径，那便是"切己自反"②，发明本心。"此心之灵，此理之明，岂外铄哉"③"物理"不在本心之外，不在事物之中。格物穷理，只能是"疲精神于此，是以担子越重"④。认识事物的方法，一方面是主"静"，静不是不作为，而是一种将人情物理逐渐纯净化的方式，"直截是雕出心肝"⑤。在理不离心的前提下，陆九渊认为只要能够发明本心，便尽了认识之能事，所谓发明本心，就是保持个人内心清明、至善。对于如何发明本心，陆九渊赞同张载先立乎其大的说法，主张"须是放教规模广大"⑥，就是要确立本心处于至善的状态。为了达到这一点，陆九渊认为无事能够闭目静养，用力操存，也有利于本心发明。其次，陆九渊认为，物欲与自以为是的意见都是蒙蔽个人本心的东西，因此保持个人内心清明、至善，必须剥落物欲与偏见，保持本心清明。"人心有病，须是剥落，剥落得一番即

---

① （宋）陆九渊撰，钟哲点校：《陆九渊集·杂说》，中华书局1980年版，第273页。
② （宋）陆九渊撰，钟哲点校：《陆九渊集·语录上》，中华书局1980年版，第400页。
③ （宋）陆九渊撰，钟哲点校：《陆九渊集·与詹子南》，中华书局1980年版，第96页。
④ （宋）陆九渊撰，钟哲点校：《陆九渊集·语录下》，中华书局1980年版，第441页。
⑤ （宋）陆九渊撰，钟哲点校：《陆九渊集·语录下》，中华书局1980年版，第466页。
⑥ （宋）陆九渊撰，钟哲点校：《陆九渊集·语录下》，中华书局1980年版，第439页。

一番清明，后随起来又剥落，又清明，须是剥落得净尽方是"①。他反对穷经学理的求知方法，认为儒家的真理不在六经②的字义之中，如果能树立本心的主体意义，则"六经皆我脚注"③。陆九渊主张在静中体验自己的本心，只要"收拾精神"，便是"自作主宰"④，而收拾精神，需要涵养的功夫。"既知自立，此心无事时，需要涵养，不可便去理会事"⑤。所谓的涵养，便是内心宁静的体验。

杨简认为"人心自明，人心自灵"⑥、交错万变，而虚明自然，生活中能"不起意"，就能自然无所不照。他在出知温州时，"不入县庭，但移文罢妓籍，访贤人，崇孝养而已，架锣戟门，令投牒者自鸣，鸣即引入，剖解无时……小人至庭下者，言人人同，乃行黜，务以德化感人"⑦，取到非常好的社会治理效果。舒璘⑧认为，生活的好坏，来自内心的感受，"蔽床疏席，总是佳趣，栉风沐雨，反为美景"⑨，要从单调微薄的日常中发现美好与真理。

陈献章自言"吾年二十七，始从吴聘君学、于圣贤之书无所不讲，然未知入处。比归白沙，专求用力之方，亦卒未有得，于是舍繁求约，静坐久之，然后见吾心之体隐然呈露，日用应酬随吾所欲，如马之卸勒也"⑩，就是在发明本心与本性自觉地基础上，从心所欲而"自得"。

王守仁认为人情是人的喜怒哀乐，事变是人们日常生活中经历了和经历

---

① （宋）陆九渊撰，钟哲点校：《陆九渊集·语录下》，中华书局 1980 年版，第 458 页。

② 《诗经》《尚书》《周礼》《易经》《乐经》《春秋》六部儒家经典。

③ （宋）陆九渊撰，钟哲点校：《陆九渊集·语录上》，中华书局 1980 年版，第 395 页。

④ （宋）陆九渊撰，钟哲点校：《陆九渊集·语录下》，中华书局 1980 年版，第 455 页。

⑤ （宋）陆九渊撰，钟哲点校：《陆九渊集·语录下》，中华书局 1980 年版，第 454 页。

⑥ （清）黄宗羲撰，（清）全祖望补修，陈金生、梁运华点校：《宋元学案·慈湖学案》，中华书局 1986 年版，第 2474 页。

⑦ （清）黄宗羲撰，（清）全祖望补修，陈金生、梁运华点校：《宋元学案·慈湖学案》，中华书局 1986 年版，第 2467 页。

⑧ 陆九渊学生，甬上四先生之一。

⑨ （元）脱脱等撰：《宋史第三十五册》，中华书局 1985 年版，第 12339 页。

⑩ 王蘧常主编：《中国历代思想家传记汇诠》，复旦大学出版社 1993 年版，第 475 页。

着的视听言动以及富贵、贫贱、患难、死生等事物,事变最终落实于人情,人情又统摄于一心。因此处理人情事变的关键是正心诚意,处理好公私关系。"须是廓然大公,方是心之本体"①只有在廓然大公的心体上,人与人之间的区别之心才能够恰到好处地处理。"至亲与路人同是爱的,如箪食豆羹,得则生,不得则死,不能两全,宁救至亲,不救路人,心又忍得?这是道理活该如此,及至吾身与至亲,更不得分别彼此厚薄。盖以仁民爱物,皆从此出,此处可忍,更无所不忍矣"②。因此,所谓本体功夫,便是要在公与私之间寻找到一条"心安理得"的道路,而这条道路应该是即知即行的。"吾辈今日用功,只是要为善之心真切。此心真切,见善即迁,有过即改,力是真切工夫。如此则人欲日消,天理日明。若只管求光景,说效验,却是助长外驰病痛,不是工夫"③。

王守仁年 18 岁时,"过广信谒娄一斋谅,语格物之学,先生甚喜,意为圣人必学而可至也,后遍读考亭遗书,思诸儒谓众物有表里精粗,一草一木,皆具至理"④,是遵循朱熹格物致知的路数。其后,反思用功读书、考察事物之理,但收获甚微,认为应循序渐进地获取知识,但最终感到"物理吾心终判为二"⑤,一直到被谪贵州龙场驿悟道,才确定"至善自在吾心","不假外求"的格物功夫。认为内心经验是圣学的核心。人的知识不能从外物上获得,相反,外物的德性与用途皆取决于人的"良知",良知是人的本能认识,"人的良知,就是草木瓦石的良知,若草木瓦石无人的良知,不可以为草木瓦石矣。岂惟草木瓦石为然,天地无人之良知,亦不可为天地矣,盖天地万物与人原是一体,其发窍之最精处,是人心一点灵明"⑥。

①　(明)王守仁著,王晓昕、赵平略点校:《王文成公全书·传习录上》,中华书局 2015 年版,第 37 页。

②　(明)王守仁著,王晓昕、赵平略点校:《王文成公全书·传习录下》,中华书局 2015 年版,第 134 页。

③　(明)王守仁著,王晓昕、赵平略点校:《王文成公全书·传习录上》,中华书局 2015 年版,第 34 页。

④　(明)王守仁著:《阳明先生集要三编黔南今本上》,西南交通大学出版社 2019 年版,第 31 页。

⑤　(清)黄宗羲撰,沈芝盈点校:《明儒学案·姚江学案》,中华书局 1985 年版,第 181 页。

⑥　(明)王守仁著,王晓昕、赵平略点校:《王文成公全书·传习录下》,中华书局 2015 年版,第 133 页。

王守仁创立了知行合一的学说。"知行合一"就是要一方面对于那些不合乎社会规范,不合乎"天理""道"的行为要消灭、杜绝,即使是没有表现为行为的动机、私心杂念之类的"人欲"也要克制和根除;另一方面要"致良知",把心中的"理"发扬光大。知之,必行之,知行合一,从而"为善去恶"。在与他的第一个得意弟子徐爱①的多次交谈中,他对"知行合一"理论有深入的讨论。这些讨论首先认为知行在本体上的同一,知是意义的形成和确立,行是意义的发生和实践。有什么样的思想就有什么样的行为方式,也就是有什么社会行动,"知行合一",通过"行"来加深对知的认知和肯定,来发现偏差,用王守仁自己的话来说,叫"在事上磨"。有一个下属官员,因久听讲王守仁之学,曰:"此学甚好,只是簿书讼狱繁难,不得为学。"先生闻之,曰:"我何尝教尔离了簿书讼狱,悬空去讲学,尔既有官司之事,便从官司的事上为学,才是真格物。如问一词讼,不可因其应对无状,起个怒心;不可因他言语圆转,生个喜心;不可恶其嘱托,加以治之;不可因其请求,屈意从之;不可因自己事务烦冗,随意苟且断之;不可因旁人潜毁罗织,随人意思处之;这许多意思皆私,只尔自知,须精细省察克治,唯恐此心有一毫偏倚,杜人是非,这便是格物致知。簿书讼狱之间,无非实学。若离了事物为学,却是着空。"②

王守仁"知行合一"的理论,一方面讲究即时有善、即时体行的观念,另一方面强调将人好色、好货、好名等私欲掐死在萌芽状态。虽然说出了一种具有普遍意义的修身之道,但从实践上讲,善念善行与善果难免存在不一致的情况,实践中好心办坏事的情况也不少,同时,省察克治之功在强调守住根本的同时也消去了人积极做事的本事,正整日以天下自任而无任何一处用其力。孙中山先生后来提出知难行易的观点,批评了把极容易做的事,视为畏途,不去实行,求一点实际的结果,把极难知的事,看到太容易,不去探求的思想。另外,"知行合一"的认识论放在"知道"的层面理解容易滑向两个

---

① 徐爱(1488—1518),字曰仁,号横山,余姚马堰人,王阳明妹夫,也是王阳明第一位学生,王阳明曰:"曰仁,吾之颜渊也",官至南京兵部郎中,《明儒学案》有传。参见(清)黄宗羲撰,沈芝盈点校:《明儒学案·浙中工门学案一》,中华书局1985年版,第221页。

② (明)王守仁著,王晓昕、赵平略点校:《王文成公全书·传习录下》,中华书局2015年版,第117~118页。

极端,一个是更进一步消解了宋儒那里已经摇摇欲坠的客观认知的认识系统,将德性之知推向了至高无上的地位,否定了知识学习与积累对于行动的重要性。中国儒学自理学家要求静坐而致道,已近于禅,而凿空事功、物理的探求,一切本诸心的发明,极端的移情代替了客观规律认知的究竟。另一方面,很容易滑向知与行不分的本能。

良知是王守仁社会学说的中心信条。徐爱死后,王守仁便很少谈"知行合一"。晚年便专体致良知之教,以代替有理论思辨色彩的"知行合一"理论。良知统摄知行,格物致知,当自求诸心,不当求诸事物。王守仁提出对宋儒格物致知认识论的新解释:"所谓格物致知者,致吾心之良知于事事物物也,吾心之良知即所谓天理也,致吾心良知之天理于事事物物,则事事物物皆得其理矣,致吾心之良知者,致知也,事事物物皆得其理者,格物也,是合心与理而为一者也"①。即良知周流于人与自然之间,实现了人与自然、人与他人、人与物的相互感通,并因此确立了人在天地间的尊严与崇高。

王守仁对"良知"有诸多解释,核心内容大致有以下几方面:其一,良知是一种能力,就是知是、知非之心。② 在他晚年总结学术思想的"四句教"中,也说"知善知恶是良知",而且它是一种先天的能力,是"不虑而知,不学而能"的。这实际上是对孟子性善论的诠释或引申;其二,良知的内容是"天理"和"道"。他说:"吾心之良知,即所谓天理也"③,又说"夫良知即是道",这里他又把"良知"与程朱的"天理"画上了等号;其三,良知是社会规范的内化。他说:"集义,只是致良知,心得其宜为义,致良知则心得其宜矣"④;其四,良知是不分圣愚,人人共有的。即他所谓"良知之在人心,无间于圣愚,天下古今之所同也"⑤,"良知之在人心,不但圣贤,虽常人亦无不如此"⑥。社会中的任何成员都有良知,所不同的是"常人多为物欲牵蔽,不能

---

① (明)王守仁著,王晓昕、赵平略点校:《王文成公全书·答顾东桥书》,中华书局2015年版,第67页。

② "是非之心,知也,是非之心人皆有之,即所谓良知也。"参见(明)王守仁著,王晓昕、赵平略点校:《王文成公全书·与陆原静》,中华书局2015年版,第229页。

③ (明)王守仁著,王晓昕、赵平略点校:《王文成公全书·答顾东桥书》,中华书局2015年版,第58页。

④ (明)王阳明撰:《传习录注疏》,上海古籍出版社2015年版,第171页。

⑤ (明)王阳明撰:《传习录注疏》,上海古籍出版社2015年版,第159页。

⑥ (明)王阳明撰:《传习录注疏》,上海古籍出版社2015年版,第140~141页。

循得良知"①而已。

王守仁认为良知即是天理,是本体,"致良知"是功夫,所谓致良知,正是要"致吾心之良知于事事物物"②。良知发动处,便是行,因此知与行是合而为一的,不能分为两截,"知是行的主意,行是知的工夫,知是行之始,行是知之成"③。又说:"知之真切笃实处,即是行;行之明觉精查处,即是知,知行功夫本不可离"④,"真知即所以为行,不行不足谓之知"⑤,就是说知道是为了行动过程中方向与方法的正确。"致良知"的过程就是"知行合一"的过程。"知"一定要落在行动上,不"行"不能谓之"真知"。"行"和"知"是不能分开的,需要立即知道,立即付诸行动。知而不行,不是真知,即知即行,便是良知良能。王阳明在本体功夫上肯定良知与致良知的统一性。良知是本体,致良知是功夫,但如果分做两段,便不得要领。另外,王守仁将良知之说与"省察克治"之功相结合,"我今说个知行合一,正要人晓得一念发动处便是行了,发动处有不善,就将这不善的念克倒了,需要彻根彻底,不使得那一念潜伏在胸中,此是我立言宗旨。"⑥这里,王守仁强调道德修养要与日常生活的行动联系起来,做到"知孝行孝""知悌行悌"的践行。从日常生活的纷繁琐碎(在事上磨炼)中消解出日常的诗情与生活的意义。

王艮在王守仁致良知思想的基础上,提出良知为自然天则的观点,认为良知自然而致,百姓亦无异于圣人。王艮重新解释了"格物"的意义。他认为,格的本意是方格,所谓致良知就是将万事万物纳入人的框架。"格,絜度也,絜度于本末之间,而知本乱而未治者否矣,此格物也,物格,知本也,知本,

① (明)王阳明撰:《传习录注疏》,上海古籍出版社2015年版,第141页。

② (清)黄宗羲撰,沈芝盈点校:《明儒学案·陈白沙献章》,中华书局1985年版,第5页。

③ (明)王守仁著,王晓昕、赵平略点校:《王文成公全书·传习录上》,中华书局2015年版,第5页。

④ (明)王守仁著,王晓昕、赵平略点校:《王文成公全书·答顾东桥书》,中华书局2015年版,第52页。

⑤ (明)王守仁著,王晓昕、赵平略点校:《王文成公全书·答顾东桥书》,中华书局2015年版,第52页。

⑥ (明)王守仁著,王晓昕、赵平略点校:《王文成公全书·传习录下》,中华书局2015年版,第120页。

知之至也。"①人是社会实践的主体，要获得格物的结果，必须保证行为的正确并与事物互动。"吾身是个矩，天下国家是个方，矩则知方之不正，由矩之不正也。是以只去正矩，却不在方上求，矩正则方正矣，方正则成格矣。"②根据心学的思想，心正即身正，身正即社会国家亦正，人之所以愤懑不平，牢骚满腹，不是社会国家有问题，而是人心有问题，换句话说，解决社会国家的问题，也要从收拾人心开始。

柳诒徵先生曾对陆王心学的本体功夫给予高度评价说："使后之学者，咸准阳明之学而行，无知愚贤不肖，行事一本良心，则举世可以无一坏人，而政治风俗，亦无一不可臻于尽善尽美之域"③。

(三)人伦明于上，小人亲于下——社会建设论

人人在伦理关系上各得其宜，相安相保，养生送死而无憾是儒家社会建设的理论的核心思想。梁漱溟先生认为，中国以伦理组织社会，理解中国的社会结构与社会关系，不可不以人伦为关键，"因情而有义，实为人类社会凝结和合之所托"④。

陆王心学在社会构建思路上没有超出"以伦理组织社会"的努力，将社会构建在人的相互关系中，排定彼此的角色定位，指明相互应该具有的情与义，强调政教风化，在日常生活中"推而广之""即知即行"。陆九渊提出"道势相合"的社会建设思想，"德之宜为诸侯者为诸侯，宜为大夫者为大夫，宜为士者为士，此之谓士与道合……势与道合则是治世，势与道离则是乱世"⑤。依据个人的德性给予相应的社会地位，行使相应的权利，社会就井然有序，否则，社会就会动乱。在社会结构延续性的基础上，陆九渊认为应发明本心，自作主宰，使社会中的每一个人都实现文化的自觉："彝伦在人，维天所命，

---

① (明)王艮撰，陈祝生等点校：《王心斋全集》，江苏教育出版社 2001 年版，第 34 页。

② (明)王艮撰，陈祝生等点校：《王心斋全集》，江苏教育出版社 2001 年版，第 10 页。

③ 柳诒徵主编：《中国文化史》，东方出版中心 1988 年版，第 616 页。

④ 梁漱溟：《中国文化要义》，上海人民出版社 2011 年版，第 87 页。

⑤ (宋)陆九渊撰，钟哲点校：《陆九渊集·语录上》，中华书局 1980 年版，第 412 页。

良知之端，行于爱敬，扩而充之，圣人之所以为圣哲也。"①又说"良心之在人心，虽或有所陷溺，亦未始泯然而尽亡也，下愚不肖之人，所以自绝于仁人君子之域者，亦特其自弃而不求耳，诚能返而求之，则是否善恶将有所甚明，而好恶趋舍将有不待强而自决者也。"②就是说身处社会下层的人，如果能致其良知使其感动，人人反身而求，社会就是不用暴力机器强制百姓，也能良性运行与协调发展。陆九渊自己常说："吾与人言，多就血脉上感动他，故人听之者易"③，从血脉上感动，就是从伦理教化的角度教人体认本心。《象山先生行状》中说，陆九渊能知人心术之微："言中其情，或至汗下。有怀于中而不能自晓者，为之条析其故，悉如其心，亦有相去千里，素无雅故，闻其概而尽得其为人"④，观察人的内心活动，可以知道人的所思所想，这是很深刻的。

王守仁的社会建设思想是从《大学》的阐释中引申出来的。通过对古本《大学》的研究，他认为，朱熹所改定的"在新民"应为"在亲民"⑤，"'君子贤其贤而亲其亲，小人乐其乐而利其利'⑥、'如保赤子'、'民之所好好之，民之所恶恶之'⑦，皆是'亲'字意，亲民犹孟子'亲亲仁民之谓'，亲之即仁之也，百姓不亲，舜使契为司徒，敬敷五教，所以亲之也……又如孔子言'修己以安百姓'，'修己'便是'明明德'，'安百姓'便是亲民，说亲民便是兼教养意"⑧这则与徐爱的对话中，不仅指出了朱熹改定《大学》文本的偏颇，还道出了"亲民"的真正含义。所谓的"兼教养意"就是使民众知礼好礼，获得一种普遍性的文化品格，促成社会和谐有序。

---

①　(宋)陆九渊撰，钟哲点校：《陆九渊集·武陵具学记》，中华书局 1980 年版，第 238 页。

②　(宋)陆九渊撰，钟哲点校：《陆九渊集·求则得之》，中华书局 1980 年版，第 377 页。

③　(宋)陆九渊撰，钟哲点校：《陆九渊集·语录上》，中华书局 1980 年版，第 401 页。

④　(宋)陆九渊撰，钟哲点校：《陆九渊集·象山先生行状》，中华书局 1980 年版，第 389 页。

⑤　王国轩译注：《大学·中庸》，中华书局 2007 年版，第 3 页。

⑥　王国轩译注：《大学·中庸》，中华书局 2007 年版，第 13 页。

⑦　王国轩译注：《大学·中庸》，中华书局 2007 年版，第 31 页。

⑧　(明)王守仁著，王晓昕、赵平略点校：《王文成公全书·传习录上》，中华书局 2015 年版，第 2 页。

　　《大学问》是王守仁思想体系的纲领，也是他最后的著作。其中"天地万物一体之仁"的思想，集中体现了王守仁社会构建理论。"大人者，以天地万物为一体者也，其视天下犹一家，中国犹一人焉。若夫见形骸而分尔我者，小人矣。大人之能以天地万物为一体也，非意之也，其心之仁本若是，其以天地万物而为一也。"①"亲民者，达其天地万物一体之用也。故明德必在于亲民，而亲民乃所以明其明德也。是故亲吾之父，以及人之父，以及天下人之父，而后吾之仁实与吾之父、人之父与天下人之父为一体矣；实与之为一体，而后孝之明德始明矣………君臣也，夫妇也，朋友也，以及山川鬼神鸟兽草木也，莫不实有以亲之，以达吾一体之仁，然后吾之明德始无不明，而真能与天地万物为一体矣。"②在王守仁看来，由自我到家庭、社会、国家和天下构成了一个互相关联、互相促进的整体图景。而这个图景的出发点和归宿，都在"一体之仁"上面。这种"一体之仁"是以亲情关系为基础发展出去的，父子、君臣、兄弟、夫妇、朋友这些人伦关系才是"天则自然"，妥帖地处理这些关系是"顺其天则自然"，社会最终被构建为以亲情而不是以敌意为基础的共同体，"必由此而后天下治"③在王守仁看来，社会秩序是建立在人类良知之上的，通过推己及人的方式确定人在社会生活中的主体性和理解文化的多样性，是体认真理的正确途径。"此心无私欲之蔽，即是天理，不许外面添一分，此纯乎天理之心，发之事父便是孝，发乎事君便是忠，发之交友治民便是信与仁，只在此心去欲，存天理上用功便是。"④王守仁认为良知良能是圣人与愚夫所共有的，圣人与愚妇的区分，在能不能致良知，"良知良能，愚夫愚妇与圣人同。但唯圣人能致其良知，而愚夫愚妇不能致，此圣愚之所由分"⑤。

---

　　①　（明）王守仁著，王晓昕、赵平略点校：《王文成公全书·大学问》，中华书局2015年版，第1113页。

　　②　（明）王守仁著，王晓昕、赵平略点校：《王文成公全书·大学问》，中华书局2015年版，第1114页。

　　③　（明）王守仁著，王晓昕、赵平略点校：《王文成公全书·答聂文蔚》，中华书局2015年版，第99页。

　　④　（明）王守仁著，王晓昕、赵平略点校：《王文成公全书·传习录上》，中华书局2015年版，第3页。

　　⑤　（明）王守仁著，王晓昕、赵平略点校：《王文成公全书·答顾东桥书》，中华书局2015年版，第61页。

教化是整合社会人心、规范社会行动、实践社会理想的重要手段。陆王心学倡导的教化，实质是道德-政治教育。教育以德教为主，重点是启发人们内在的"良心、良知"，使社会"返朴还淳"。陆王心学认为，社会之所以陷入功能紊乱。根本心的原因在于"虚文盛而实行衰"。"天下所以不治，只因文盛实衰。人出己见，新奇相高，以炫俗取誉，徒以乱天下之聪明，涂天下之耳目，使天下靡然争务修饰文辞，以求知于世，而不复知有敦本尚实，返朴还淳之行，是皆著述者有以启之"①。

教育是王守仁一生关注的中心问题，用他自己的话说，是圣学，王守仁认为，教育能够改善人与人的关系，促成整个社会秩序的美满和谐。"下至闾井田野，农工商贾之贱，莫不皆有是学，而唯以其德行为务"②。在社会行动中，王守仁每到一处，都倡导他的"知行合一"，甚至专门编订《南赣乡约》，以指导基层乡村社会治理实践，使人们做到从思想、理念、心理到行为方式都与统治阶级所制定的社会规范(即天理)相统一。

泰州学派将社会治理看作是"熔铸天下"的事业。王艮写了《王道论》来阐发他的社会建设思想，认为"天民随命，大人造命"③。真正有志向的君子会创造条件进行社会建设。社会之所以治理不好，是因为百姓不得其养，"饥寒切身，而欲民之不为非，不可得也"④，"刑因恶而用，恶因无教养而生，苟养之有道，教之有方，则衣食足而礼仪兴，民自无恶矣"，因此，社会建设要重视教育的作用"师道立，则善人多，善人多，则朝廷正，而天下治矣"⑤，"先德行而后文艺，明伦之教也，又为比闾族党州乡之法以联属之，使之相亲、相睦、相爱、相劝，以同归于善，故凡民之有德行才艺者，必见于人伦

---

① (明)王守仁著，王晓昕、赵平略点校：《王文成公全书·传习录上》，中华书局2015年版，第10页。

② (明)王守仁著，王晓昕、赵平略点校：《王文成公全书·答顾东桥书》，中华书局2015年版，第61页。

③ (明)王艮撰，陈祝生等点校：《王心斋全集》，江苏教育出版社2001年版，第80页。

④ (明)工艮撰，陈祝生等点校：《王心斋全集》，江苏教育出版社2001年版，第64页。

⑤ (明)王艮撰，陈祝生等点校：《王心斋全集》，江苏教育出版社2001年版，第46页。

日用之间"①。这样就可以"精神命脉，上下流通，日新月异，以至愚妇愚夫皆知所以为学，而不至人人君子，比屋可封未之有也"②。进而提出"百姓日用即是道"的真理标准，认为百姓的日常生活需要是合理的，应该肯定百姓的需求"圣人之道，无异于'百姓日用'，凡有异者，皆谓之异端"③。到了李贽，进一步肯定了"穿衣吃饭，即是人伦物理，除却穿衣吃饭，无论物矣"的思想。

王一庵(王艮族弟)认为，熔铸天下首先应该在政治上实现君相相得，"熔铸天下，必君相同德同心，方可整顿，此孟子所以不得行其志者也，若使得宰制一邑而熔铸一邑，理亦有之，但恐监司挚其手足，与迁转之速而不能尔，然皆是田制之偏，赋役之重，刑统滥于罚赎，学校弊于文辞，凡此皆关大政，熔铸夫岂易？然古人之学，不袭时位，吾将以兴起斯文为己任，使师道立而善人多，朝廷正而天下治，此吾所以熔铸天下之一大炉冶，而非时位所能限也"④。

罗近溪是晚明心学中的代表人物，属淮南学派。其学术"以在日用常行间做功夫为宗旨"，认为当下日常平淡处即是道，要求"临事而敬、临事而惧"，强调中庸之学的戒慎恐惧，主张在日常生活中体现良知的作用。他认为社会的发展的动力在于周易所讲的生生不息之则，社会建设也必然从人伦关系开始："由一身之孝悌慈而观之一家，一家之中，未尝有一人不孝弟慈者。由一家之孝悌慈而观之一国，一国之中，未尝有一人而不孝弟慈者；由一国之孝悌慈而观之天下，天下之大，亦未尝有一人而不孝弟慈者……乃叹孔门《学》《庸》，全从《周易》'生生'一语化得出来。盖天命不已，方是生而又生，生而又生，方是父母而己身，己身而子，子而又孙，以至曾而且玄也。故父母兄弟子孙，是替天命生生不已，显现个肤皮；天生生不已，是替孝父母、弟兄

①　(明)王艮撰，陈祝生等点校：《王心斋全集》，江苏教育出版社2001年版，第64~65页。

②　(明)王艮撰，陈祝生等点校：《王心斋全集》，江苏教育出版社2001年版，第65页。

③　(明)王艮撰，陈祝生等点校：《王心斋全集》，江苏教育出版社2001年版，第10页。

④　(明)王艮撰，陈祝生等点校：《王心斋全集》，江苏教育出版社2001年版，第159页。

长、慈子孙通透个骨髓。直竖起来，便成上下今古，横亘将去，便作家国天下。"①中国社会正是在伦理关系的组织之上生生不息，不断发展的，生生不息构成了中国社会的过去和现在，是中国社会的动力所在。

(四)破山中贼与破心中贼——社会控制论

按照儒家"修己安人"的观点，社会是由共同心理结构和价值观念的人群组成的命运共同体，这是孔子以下的儒学者所共同的思想。几千年来，对庶民社会进行社会控制与社会治理的最好办法是对人心的控制。宋明以来，社会控制的实践中愈加重视社会人心的控制与疏导。明太祖朱元璋"明礼定律"的社会控制思想中，本身包含着与陆王心学社会控制思想相一致的内容。朱元璋说："威人以法，不若感人以心，敦信义而励廉耻，此化民之本也"②。

王守仁认识到自己所生活的明王朝已经"波频风靡，为日已久，何异于病革临绝之时"③，他在镇压宁王和广西瑶、壮等少数民族武装力量中，意识到"民虽革面，未知革心"④，"破山中贼易，破心中贼难"⑤，在此基础上提出了社会控制的思想。

王守仁心学最大的特点就是"心外无物"，一个通过不断"致良知""知行合一"而达到"内心强大"的人，他对世界的掌控是无与伦比的，至少，他对自己的个人的世界的掌控能力，是一般人望尘莫及的。从某种意义来说，掌握了心，就掌握了世界，"扫荡心腹之寇，以收廓清平定之功，此诚大丈夫不世之伟绩"⑥。因此，在博弈中，反其道而行之，还可以通过对"心"的干扰，达到"攻心为上"的目的。在我国古代的兵法中，有一种战略就是"激将法"，使

---

① (清)黄宗羲撰，沈芝盈点校:《明儒学案·泰州学案》，中华书局 1985 年版，第 782~783 页。

② 《钞本明实录第 1 册·卷四十四》，线装书局 2005 年版，第 236 页。

③ (明)王守仁著，王晓昕、赵平略点校:《王文成公全书·答储柴虚》，中华书局 2015 年版，第 966 页。

④ (明)王守仁著，王晓昕、赵平略点校:《王文成公全书·年谱一》，中华书局 2015 年版，第 1420 页。

⑤ (明)王守仁著，王晓昕、赵平略点校:《王文成公全书·与杨仕德薛尚书谦书》，中华书局 2015 年版，第 205 页。

⑥ (明)王守仁著，王晓昕、赵平略点校:《王文成公全书·年谱一》，中华书局 2015 年版，第 1420 页。

你的情绪失常、心态失稳，从而影响你正常的思维能力。从王守仁剿匪和平反的几次经历，他没有复杂的战术，都是通过伪造证据，制造假象，传假信息，使敌人上当，按自己预期的方向发展，最后达到自己的目的。王守仁平定宁王朱宸濠的过程便很好地运用了攻心的方法。从宁王起兵到失败，王守仁一共只用了40多天，开始王守仁用假情报迷惑了宁王，让宁王减慢了进军速度，给各地争取了布防时间，待宁王出潘阳，下九江，直趋安庆，窥伺南京时，王守仁乘机直取宁王大后方南昌，宁王还兵时，王守仁在鄱阳湖痛击宁王。王守仁在战前令人制作很多准死牌，上书一行小字："宸濠叛逆，罪不容诛，胁从人等，有手持此板，弃暗投明，既往不咎"。关键时刻，将免死牌投入湖中，第二天，宁王军中将士人手一块免死牌，军心大乱，宁王由是打败。

王守仁认为人们的思想理念和心理是行为的中枢和指导，要想控制人们的行为，首先要控制人们的思想。在多次镇压农民起义的过程中，他意识到镇压农民起义容易，但只有消除人民心中的不满与反抗念头，才能真正收到社会治理功效，才是长治久安的伟绩所在。在此基础上，王守仁将知行的依赖关系加以放大，提出"一念发动处，便是行了"①的观点。在"心"中下功夫，一切不合"天理"的行为就会荡然消逝，符合人心的社会规范自然能建立起来。"见父自然知孝，见兄自然知悌，见孺子入井自然知恻隐。此便是良知不假外求。"②他否认心外有理，有事，有物，提倡从自己内心中去寻找"理"，认为"理"全在人"心"，也就是说"天理""人欲""良知"都根植于心中。心在理先，心外无理，心即天理。良知的体现，就是天理的体现。也就是说，凡是不被私欲所蔽的思想理念与社会的规范是完全一致的。

良知是每个人的"自家准则"，人人都有其良心存在。即便沦落为贼为寇，也有弃恶从善的恻隐之心。反过来说，兢兢业业、小心谨慎之人也存在滑向邪恶的可能性。因此"致良知"自然就是要控制人们的思想与理念。进行思想控制的观点早在韩非子那里即已提出，后来统治者也在不断地操作实施。但真正地把它理论化，则是由王守仁完成的。王守仁认为，自然和社会的和谐

①　(明)王守仁著，王晓昕、赵平略点校：《王文成公全书·传习录下》，中华书局2015年版，第120页。

②　(明)王守仁著，王晓昕、赵平略点校：《王文成公全书·传习录上》，中华书局2015年版，第8页。

发展，不是由于自然和社会本身的运动，而是"实理流行"的体现，而"理也者，心之条理也"①，因此，社会的良性运行与协调发展，"只在此心去人欲存天理上用工便是"②、"圣人述六经，只是要正人心，只是要存天理，去人欲"③。减少各种欲望对内心的束缚，拂除各种灰尘对内心的蒙蔽，回归"本真"。"事上磨练"就是践行自己的"良知"，使自己的行事和自己的认识协调和谐。磨练，就是通过艰苦卓绝的劳动，开显良知的过程。"集义"，通过"集义"来"事上磨练"，反复地辨别各种社会行为是否当行，把社会规范和行为标准内化于心，外化于行。

陆王心学认为，社会建设的艰难，在于人心被"私欲""闻见之知"的遮蔽，要建立人伦明于上，小人亲于下的社会，首先要扫清蒙蔽本心、桎梏本心的障碍物。陆九渊认为，"愚不肖者不及焉，则蔽于物欲而失其本心；贤者智者过之，则蔽于意见而失其本心。"④小人是利益驱动的。"人伦明于上，小民亲于下，家齐国治而天下平矣"⑤为了达到家齐国治而天下平的社会治理目标，陆王心学认为应把握好以下几个方面。

首先，所有违反现行社会规范的言行都是"人欲"，人欲是造成社会混乱的罪魁祸首，是必须要清除的东西。一个社会如过于执着地追求"人欲"的满足，"好色则一心在好色上，好货利则一心在好货利上"⑥，就是"逐物"，人就被异化为物的奴隶。更为重要的，那些不符合社会规范的思想，本身蕴含着刺伤现行社会规范的可能，应从人欲未萌之先和方萌之际下功夫。王守仁说，真正的"作圣之功"，是要人心没有一点私欲，纯是一片天理，要做到这一点，如果不把私欲防于未萌之先，而克于萌发之际是万万不能的。要想真

---

①　(明)王守仁著，王晓昕、赵平略点校：《王文成公全书·书诸阳卷》，中华书局2015年版，第336页。

②　(明)王守仁著，王晓昕、赵平略点校：《王文成公全书·传习录上》，中华书局2015年版，第3页。

③　(明)王守仁著，王晓昕、赵平略点校：《王文成公全书·传习录上》，中华书局2015年版，第11页。

④　(宋)陆九渊撰，钟哲点校：《陆九渊集·与赵监》，中华书局1980年版，第9页。

⑤　(明)王守仁著，王晓昕、赵平略点校：《王文成公全书·万松书院记》，中华书局2015年版，第308页。

⑥　(明)王守仁著，王晓昕、赵平略点校：《王文成公全书·传习录上》，中华书局2015年版，第14页。

正的防克于方萌之际，其一是必须按《中庸》《大学》中所讲，要"戒慎恐惧"，"致知格物"，"君子慎独"，时刻警惕，时时处处防微杜渐；其二是要以灭私欲，追求天理为最高志向。一旦有了这个志向，对于任何有助于"去人欲而存天理"的方法，都会如饥似渴。此志常在心头，一有私欲马上就会察觉①，只要立下这个志向，就不会有怠心、忽心、懆心、妒心、忿心、贪心、傲心、吝心等违反良知与天理的思想萌生了。自己立下宏志，一心一意地要存天理，久而久之，天理良知自然就能在心中凝聚。只有在自己心中结下"天理"这个"圣胎"，使自己身心与社会规范融为一体，才能明德、亲民、止于至善，才能使自己成为与天地万物一体的、符合社会要求的人。

其次，人们满足欲望的行为是受其满足欲望的思想支配的。他举例说，"人必有欲食之心，然后知食"；"必有欲行之心，然后知路"。② 如果一个人根本没有做劫盗的行为，那就是因为他本来就不存在去劫盗的思想和念头。如果人们本来就不存在"货色名利"等种种思想和念头的话，人欲就可以被消灭了。换言之，灭人欲当从消灭好色、好利、好名等"闲思杂虑"开始。其实，这也是王守仁灭人欲于未萌之先思想的进一步深化。人们的思想是行为的指导，有什么样的思想就有什么样的行为方式。③ 王守仁认为，有思想理念才有社会规范，有孝敬父母的思想，才有孝敬父母的规范和行为；有忠于君主的思想，才有忠于君主的规范和行为。思想在社会规范、行为之先，社会规范与行为是由人们的思想理念而形成。人们的孝亲、忠君等至善之心，就是天理。

再后，王守仁认为个人修养的过程就是不断克制自己私欲的过程。他有一位朋友自叹在私意萌发时，虽然心里知道，却不能把它消解掉，他对那位朋友说，当你萌发私意时能心里明白有私意萌发，这是你的命根子，如果你

---

① "此志常立……一有私欲，即便知觉，自然容住不得矣，故一毫私欲之萌，只责此志不立。"参见(明)王守仁著，王晓昕、赵平略点校：《王文成公全书·示弟立志说》，中华书局2015年版，第315页。

② (明)王守仁著，王晓昕、赵平略点校：《王文成公全书·答顾东桥书》，中华书局2015年版，第51页。

③ "懆于其心者其动妄；荡于其心者其视浮；歉于其心者其气馁；忽于其心者其貌惰；傲于其心者其色矜。……心端则体正；心静则容肃；心平则气静；心专则视审；心通故时而理；心纯故让而恰；心宏故胜而不张，负而不弛。"参见(明)王守仁著，王晓昕、赵平略点校：《王文成公全书·观德亭记》，中华书局2015年版，第298页。

能立即消磨它、克制它，就是你的"立命功夫"了。"防于未萌之先，而克于方萌之际，此正《中庸》戒慎恐惧、《大学》格致格物之功，舍此之外，别无功矣。"①所以，修身就是克己的功夫，"若不用克己功夫，终日只是说话而已，天理终不自见，私欲亦终不自见"②。那些明知天理而不肯存，明知人欲而不肯去的人，"只管闲讲，何益之有?"③

(五)满街都是圣人——理想社会论

陆王心学于社会思想的最大建树，是道出人心所同然，启发人的灵性，提醒人的价值与潜能。陆王心学普遍认为，人的生活世界是人类自己活生生地创造出来的，"风雨雷电、日月星辰、禽兽草木、山川土石"都是由于"灵明"的点染，"灵根才动彩霞飞④"，人间的社会不是客观不以人的意志为转移的铁板一块，更不是理学公式、象数构建起来的符号体系，而是"活泼泼"的自然生机，是鸢飞鱼跃的美好与永恒。人类共生于天地之间"人同此心、心同此理"，"生民之困苦荼毒，孰非疾痛之切于吾身者乎?"⑤这是因为良知存在于人的心里，本来就没有贤不肖的区别，人之为善，不需要外在的强力推动。只要充分发挥人固有的德性，每个人都做自我决断和自作主张的大英雄，便"人皆可以为尧舜"，最后达到"满街都是圣人"的大同社会。

通过学习，任何人都有成为圣人的可能性，是宋儒的发明，但是宋儒的圣人形象，依然是一副板着面孔、高高在上的形象。到了王守仁和泰州学派，圣人已不是不食人间烟火的理想人格，而是平常百姓亦可臻及的状态。《传习录》中记载了这样一个故事，董萝石出游归来向王守仁说："今日见一异事，"阳明问曰："什么异事?"萝石回答："见满街都是圣人"。阳明说："此亦常常

① (明)王守仁著，王晓昕、赵平略点校:《王文成公全书·答陆元静书》，中华书局2015年版，第82页。

② (明)王守仁著，王晓昕、赵平略点校:《王文成公全书·传习录上》，中华书局2015年版，第26页。

③ (明)王守仁著:《阳明先生集要三编黔南今本上》，西南交通大学出版社2019年版，第89页。

④ (明)王艮撰，陈祝生等点校:《王心斋全集》，江苏教育出版社2001年版，第57页。

⑤ (明)王阳明撰:《传习录注疏》，上海古籍出版社2015年版，第159页。

事，何足为异？①"王守仁说满街都是圣人亦常事，一方面包含着境由心造的认识论意义，另一方面，是对平民社会日常生活严正性的认可，凡夫愚妇身上也有圣人的德性，甚至认为，思想理论如不能与百姓日常生活相一致，便是异端之学："与愚夫愚妇同的，是谓同德。与愚夫愚妇异的，是谓异端"②，这是一种影响深远的平民社会思想，王夫之称这种思想"破块启蒙、璨璨皆有"，从民众非己莫属的日常、日新、日化中寻求生命的尊贵与尊严。王守仁的理想社会是人人亲和，风俗淳厚的社会。"举德而任，使之终身居其职而不易。用之者惟知同心一德，以共安天下之民，视才之称否，而不以崇卑为轻重，劳逸为美恶。效用者亦唯知同心一德，以共安天下之民，苟当其能，则终身处于烦剧而不以为劳，安于卑琐而不以为贱。当时之时，天下之人熙熙皋皋，皆相视如一家之亲。其才质之下者，则安其农、工、商、贾、之分，各勤其业以相生相养，而无有乎希高慕外之心。其才能之异，若皋、夔、稷、契者，则出而各效其能。若一家之务，或营其衣食，或通其有无，或备其器用，集谋并力，以求遂其仰事俯育之愿，唯恐当其事者之惑怠而重己之累也。故稷勤其稼而不耻其不知教，视契之善教即己之善教也；夔司其乐而不耻于不明礼，视夷之通礼即己之通礼也。盖其心学纯明，而有以全其万物一体之仁，故其精神流贯，志气通达，而无有乎人己之分，物我之间。譬之一人之身，目视、耳听、手持、足行，以济一身之用，目不耻其无聪，而耳之所涉，目必营焉；足不耻其无执，而手之所探，足必前焉。盖其元气充周，血脉条畅，是以痒疴呼吸，感触神应，有不言而喻之妙。此圣人之学所以至易至简，易知易从，学易能而才易成者，正以大端惟在复心体之同然，而知识技能非所与论也"③。

王艮说："圣人之道无异于百姓日用，大凡与此异者皆是异端"④，"百姓

① （明）王守仁著，王晓昕、赵平略点校：《王文成公全书·传习录下》，中华书局2015年版，第144页。

② （明）王守仁著，王晓昕、赵平略点校：《王文成公全书·传习录下》，中华书局2015年版，第132页。

③ （明）王守仁著，王晓昕、赵平略点校：《王文成公全书·答顾东桥书》，中华书局2015年版，第68页。

④ （明）王艮撰，陈祝生等点校：《王心斋全集》，江苏教育出版社2001年版，第90页。

日用条理处,即是圣人的条理处"①,把立足点踩在百姓非己莫属的日常生活上,这样,他所说的本体自然、平常、快乐、活泼等特性,也就不仅仅是内心的体悟,而是感性而真切的生命体验,这些经验、事件和发生在身边的关系以及家庭的规范制度,可以推广到他人或更大的人事上去,进而教养百姓以收小康之实。"夫养之以道而民生遂,教之有方而民行兴,率此道也,以往而悠久不变,则仁渐义磨,沦肤浃髓,道德可一,风俗可同,刑措不用,而三代之治可几矣②"王艮及后学罗近溪所主张的"为我""爱人""尊身立本""安身保身"的人道理想,本身包含着对建立在人类自然情感基础上的一般人伦关系的关怀。另外,把儒家的成德之教引入百姓的平民生活,使得陆王心学在中国历史上不仅仅是一种探讨社会构建的学说,而是真正指导了中国的社会构建。

陆王心学的理想社会,大致说来有如下特点:第一,同心一德,熙熙皞皞的社会。每个人都得其位育之道,劳动主要是为了自身价值的实现,"终身处于烦剧而不以为劳,安于卑琐而不以为贱"③,身处社会之中的人充满快乐和宽欣,每个人都能自我实现与自我圆满。第二,社会分工带来的是自身才能的展现,而不是社会分层的差异与社会矛盾。像稷、契等大德大能,"效其能而成其德",业务上益精其能,才质不高的人,也能够在农、工、商、贾等行业获得一个属于自己的社会位置,安所遂生,快乐生活,每个人都是自我决断和自作主张的大英雄,这与中国思想文化发展中强调文化自觉的思想是一脉相承的。

三、陆王心学社会思想的成因

陆王的心学社会思想的形成,有社会经济的成因,也有文化传统的成因。从社会经济来看,明朝中后期,我国封建社会由发展烂熟而趋于衰落,在江浙地区出现了资本主义的萌芽,棉纺织、丝织、造船、医药等领域技术取得了较大突破,商品经济前所未有地发展,城市中出现了市民运动反对封建主的斗争,社会结构从封闭走向开放,社会流动进一步强化。以歙县为例,"寻

---

① 龚杰著:《王艮评传》,南京大学出版社 2001 年版,第 70 页。
② (明)王艮撰,陈祝生等点校:《王心斋全集》,江苏教育出版社 2001 年版,第 66 页。
③ (明)王阳明撰:《传习录注疏》,上海古籍出版社 2015 年版,第 114 页。

至正德末、嘉靖初，则稍异矣，商贾既多，土田不重。操赍交接，起落无常；能者方成，拙者乃毁；东西家已富、西家既贫，高下失均，锱铢共竞；互相凌夺，各自张皇。于是诈伪萌矣、讦争起矣，纷华染矣，奢汰臻矣"①。商品经济发展带来社会结构变动，社会转型使得程朱学派的官方思想逐渐失去了一统天下的局面，有宋一代，圣人依然是不可企及的理想人格，思想家从平民中产生的绝少。但到了有明一代，社会平民化的色彩越来越浓厚，王艮的学生中有樵夫、农夫，晚明李二曲著《观感录》一篇，述晚明真儒起于贱业者，盐丁、樵夫、胥吏、窑匠、商贾、农夫、戍卒、网巾匠都不乏其人。②

从社会来看，宋代以后，民族矛盾、阶级矛盾和统治阶级内部的矛盾斗争十分激烈，封建伦理教条在民众日常生活的严正性方面的价值大打折扣，提出文化理想，并引导全社会贯彻新的文化理想，成为知识分子的首要任务。在打败了多次农民起义和贵族叛乱后，认为破心中贼与破山中贼同样重要，因此积极寻求破心中贼的办法。反求诸己，王守仁建立了影响力强大的心学。王学殿军刘宗周认为，整顿世道，建立新的价值准则，要从收拾人心开始。

从文化传统来看，程朱理学认为"人心之所有者不过明觉，而理为天地万物之所公共，故必穷尽天地万物之理，然后吾心之明觉与之浑合而无间"表面上是一种弥合内外的认识论方式，反对"闻见之知"，其实是以知识为知，"全靠外来闻见以填补其灵明者也"③，"以知识为知，则轻浮而不实"④。道学先生，坐而论道，大多因循守旧，文化上的创建日少。更重要的，知识是社会的公共资源，学者汲汲于场屋(科举考试)之得失"唯官资崇卑，禄廩厚薄是计，岂能齐心力于国事民隐，以无负于任使之者哉?"⑤需要有更直接、更有力量的理论产生，以解决程朱理学繁琐、劳而少功的特点。陆王心学认为"此

① (清)顾炎武撰，黄坤等校点：《天下郡国利病书2》，上海古籍出版社2012年版，第1025页。

② 李敖主编：《顾炎武集·二曲集·唱经堂才子书》，天津古籍出版社2016年版，第167页。

③ (清)黄宗羲著，沈芝盈点校：《明儒学案·姚江学案》，中华书局1985年版，第182页。

④ (清)黄宗羲著，沈芝盈点校：《明儒学案·姚江学案》，中华书局1985年版，第182页。

⑤ (宋)陆九渊撰，钟哲点校：《陆九渊集·白鹿洞书院论语讲义》，中华书局1980年版，第276页。

心之灵、充塞宇宙"，"本心清明，斯道简易"，要求学问与社会行动都回归到恻隐知非的本心(陆九渊)或知善知恶的良心，知行合一，这是符合程朱之后很多学者的共识的。到了明代，以八股取士，一般读书人，除了永乐皇帝钦定的《性理大全》，几乎一本书不读，这也是心学异军突起的原因。

四、陆王学派社会思想的同异与流变

陆王心学、影响巨大，体系庞杂，师承繁复学派思想有些有鲜明的师承关系，如吴与弼与王阳明，有些则没有。有些则是朋友关系，如王守仁与湛若水；有些是世交加师承关系，如泰州学派王艮的儿子东崖，师事钱绪山与王畿，随后又发扬了泰州学派的精神；有些是未在学派师承中而心向往之，并有所建树的，如聂豹，"以(王守仁)弟子自处"，再如李卓吾，是对王畿、罗近溪非常仰慕而成为王学左派。也唯有此，造就了心学在明朝中后期以来风起云涌的态势。学派内部的分系也就因此而很复杂。上述诸多情况，使得研究学派社会思想的同异与流变比较困难。且分为南宋陆学和阳明心学两个体系分述之。

南宋陆学创自陆九渊，其传以舒璘、沈焕、杨简和袁燮"甬上四先生"为首，四人之中，杨简和袁燮并称，在陆学体系中最重要，《宋元学案》称"慈湖与先生同师，造道亦同"[1]是说两人师承陆九渊，都通过神秘体验的方式得到真理。慈湖有学生钱时，能继承弘扬陆学心体之道。但因为通过神秘经验的方式体认真理的方法论很难让人理解，陆九渊的时候，社会对其人格与实践都比较赞同，至杨简，人们更多称道其实践，而对其思想误解较深。当时的陈纯(北溪)曾批评说："浙间年来象山学甚旺，由其门人有杨袁贵显，居要津唱之，不读书、不穷理，专做打坐功夫。"[2]

明代心学从吴与弼开始，强调"身心须有个安处"，至陈献章倡导自得之学，"以勿忘勿助为体验之则，远之则为曾点，近之则为尧夫"，主张从纷繁琐碎的日常世界中开创"和乐洒脱"的生活理路。其实是在宋儒"戒慎与恐惧"的执道心理间开出圆满境界。阳明心学的宗旨，正是要从日用行为极平实处

---

① （清）黄宗羲撰，（清）全祖望补修，陈金生、梁运华点校：《宋元学案·慈湖学案》，中华书局1986年版，第2526页。

② （清）黄宗羲撰，（清）全祖望补修，陈金生、梁运华点校：《宋元学案·慈湖学案》，中华书局1986年版，第2478页。

陶养理想人格，所谓"知行合一"，就是强调道德原则与主体实践直接关联，正如陈来先生所言"从知行合一的角度看，真理必须是一种与我们切己相关的实践方式和存在态度。①"这是阳明心学的枢纽所在，也是理解王阳明之后学派社会思想流变的根本。

阳明后学中，有在朝廷做官的，如邹守益、欧阳德；有在野的，如钱德洪、罗近溪、王艮、王畿，都是气象非凡的人物，将心学发扬光大。黄宗羲《明儒学案》，以王阳明学案为中坚，分浙中、江右、泰州、南中、楚中、北方、粤闽七个地区王门学派讨论，认为以浙中、江右、泰州影响最大，其中江右学派得真传。"姚江之学，唯江右得其传，东廓、念庵、双峰、双江其选也，再传而为塘南、思默，皆能推原阳明未尽之旨，是时越中流弊错出，挟师说以杜学者之口，而江右独能破之，阳明之道赖以不坠"②。黄宗羲所取，乃中庸之道，牟宗三先生则指出，聂双江等江右王门诸君对王阳明学术根本无法把握，所做的只是修修补补的工作，认为王畿和罗近溪才是王学调适上遂者，至于罗念庵等则不得其门而入。牟先生的批评无疑具有实际意义，但就实际社会思想影响而言，泰州学派影响最巨。黄宗羲自己也说："泰州之后，其人多能赤手以搏龙蛇"，"必如泰州然后阳明学乃真有关系于社会于国家"③，《龙溪小刻》中谓"阳明，中兴之至人也，当其时，得道者不能悉数之。独淮南一派，其传为波石、山农数公者，波石之后为赵大州，大州之后为邓太湖，山农之后为罗近溪、为何心隐，心隐之后为钱怀苏、为程后台，皆灼灼光显，不愧父祖之传也"。

需要指出的是，阳明学派的分派分系，并不是一种严格的学术区分，而是掺杂了师弟授受关系和地域流传状况，很大程度上并非义理的分歧。④ 从义理上讲，高昂人的主体性，追求人格完善，关怀人的潜能与价值始终成为这一学派最显著的特征，这种精神一直绵延到了清代前期一些知识分子身上。

---

① 陈来：《理解与诠释：陈来自选集》，首都师范大学出版社 2015 年版，第 299 页。

② （清）黄宗羲著，沈芝盈点校：《明儒学案·江右王门学案一》，中华书局 1985 年版，第 333 页。

③ 梁启超著，彭树欣整理：《梁启超修身三书节本明儒学案下》，上海古籍出版社 2018 年版，第 519 页。

④ 龚鹏程先生论文《罗近溪与晚明王学的发展》曾论及这个问题，细节可参考本文。参见吴光主编：《阳明学研究》，上海古籍出版社 2000 年版，第 25~56 页。

值得重视的是，陆九渊和王守仁的思想本身具有人格修养和经世实践两个面向，但是两个方面因为本身存在不一致的地方，导致了后来王学的分化。其中王畿丢掉了后者，黄绾努力恢复，成为经世致用学的先驱。至于李贽、何心隐的思想，强调人的欲望的合理性，认为人生可以任性逍遥，其实已经丢掉了陆王心学"破心中贼"而"致良知"的宗旨。至于对明末社会产生重要影响的东林顾宪成、刘蕺山学术，亦皆出于王学，而求济其末流之弊。

五、陆王学派社会思想的影响

陆王心学理论，把学问为人的门槛降低到了普通百姓可以趋及的位置，寄希望于发现民众固有的良知，把社会建设和社会道德的承担者放在商人、农民和其他普通劳动者，唤醒了各阶层主体的觉醒。心学观念被作为宗族的相互扶持伦理和乡村乡约伦理继承下来，助长了儒教向民间渗透的趋势。

陆王心学影响了中国知识分子改造世界的理念，促使个人精神的觉醒，助长了个人理论的深化继承。陆王之后，明清之际产生了大批有独立精神与独立人的思想家，他们"冷风热血、涤荡乾坤"，大多从陆王心学获得养分。章太炎说："明之末世，与满洲相抗百折不回者，非耽悦禅观之士，即姚江学派之徒"[1]，梁启超也认为，"凡豪杰之士，往往反抗时代潮流，终身挫折而不悔……据我个人批评，敢说：清代理学家陆王学派还有人物，程朱学派绝无人物"[2]。

陆王心学集儒、释、道三家之大成，是 500 年来中国人的养心法门和神奇智慧。心学的创立，参透世事人心，曾国藩研习阳明心学，编练湘军进攻太平天国，历时十二年克尽全功，再造乾坤；稻盛和夫将"阳明心学"应用于现代企业管理，缔造了两家"世界 500 强"企业，成为日本"经营之圣"。在日本，王守仁被奉为"神明"，章太炎、梁启超都说，日本维新，以王学为其先导，日本明治维新干将西乡隆盛的精神导师就是王守仁。他曾说，修心炼胆，全从阳明心学而来，在整个明治维新中，阳明心学其实是日本国民素质教育的精神核心。

---

① 上海人民出版社编，徐复点校：《太炎文录初编》，上海人民出版社 2014 年版，第 386 页。

② 梁启超：《中国近三百年学术史》，崇文书局 2015 年版，第 45 页。

六、陆王学派社会思想的评价

关于宋明理学的评价，杜维明先生曾经借用社会学"结构-功能"的提法，指出"宋明大儒，'体用一源''承体起用''即用显体'等命题，不仅是要建立认同的结构，而且是要发挥使用的功能"①。陆王心学的社会思想，不只是学术性和理论性的，其对现有的社会现实，也具有非常重要的实践意义。

从社会思想的角度看，陆王心学通过道德修养和社会实践所认识、觉察、会通和体征的人生价值，重视人与人之间的关系，重视客观环境、重视从具体生活的实践经验中出发，"深造自得""知行合一"的思想立足于身体力行，这种学问不是毫无根据的。是以"主体"为中心的社会学理论。他关注的主要是个体如何在社会结构中尊严而严肃的生活。在心学体系里，大型社会结构与社会事实的状态，主要取决于个体的心理状态、行为规范和日常生活的行动。

陆王心学，是在程朱理学逐渐对人心产生固化与束缚的情况下发展起来的。自宋以来，学者讲求讨论、著述不歇，但大多是支离破碎的纸上功夫，更有甚者，道学家知行分离，心口不一，最终导致"学术日昌，人心日坏"的悖论。陆王心学"心、理合一""本体功夫"合一等思想，重新建立了社会认同的结构，适应了宋代以来随商品经济兴起而高涨的个性解放需求，促进了传统社会文化与道德对人的能动性的调适实用的功能。

陆王心学一脉，师承纷然，但都强调艰苦卓绝地体认、体察、体味、体会、体证群己关系、身心关系、宇宙关系的真理，重视从自己生活的实践经验出发，重视日常生活的尊严与尊贵，他们提出的"深造自得""知行合一""戒慎和乐"等思想，都立足自己的身体力行，特别是反对"在知识上立家当"②，不以世事人心为意的学术倾向，至今仍有现实意义。

陆王心学中被深刻讨论的很多范畴，如身心、知行、利欲、公私、良知良能，都是能够体诸身而有所用的学问，是中华优秀传统文化的代表。泰州学派"布衣服倡道"的实践活动和"造命""易命"的平民思想，至今仍然闪耀着主体能动性的主体光辉。

---

① 杜维明：《体用论的动态体系及心学非主观主义》，《人大复印资料〈中国哲学史〉》1986 年第 5 期。

② （清）黄宗羲著，沈芝盈点校：《明儒学案·姚江学案》，中华书局 1985 年版，第179 页。

第四章　范式之三
——著作社会思想研习方法

第一节　要　　素

【导语】

　　著作社会思想研究法要求研习者有较好的古代汉语基础和"察类明故"的知识积累，明了文本的框架和内在逻辑。元人陈秀明《东坡文谈录》所记的苏东坡的逐个击破的"八面受敌"读书法颇耐人寻味："东坡与王郎书云：'少年为学，每一书作数次读。当如入海，百货皆有，人不能兼求之——如欲求古今兴亡治乱，圣贤作用，且只作此意求之，勿生余念。事迹文物之类，又别一次求。他皆放此。若学成，八面受敌，与涉猎者不可同日语。'"韩愈所云"记事者必提其要，纂言者必钩其玄"①的探取精微，摘出纲要的研习法，同样值得仿效。张舜徽所著《中国古代史籍校读法》《清人文集别录》堪可一读。当前，有条件的大学，可开设中国社会学名著导读课程。关于著作类的文献引文技术：（著者、编者不可考或不确定时，可以用《××书××篇》曰，如《吕氏春秋·孟春记·本生》曰、《礼记·礼运篇》曰。

基本要素——

　　1. 著作的时代背景。

---

　　① 马茂元整理：《韩昌黎文集校注·进学解》，上海古籍出版社1987年版，第45页。

2. 著作的成书过程及主编及编者(如可考的话)情况。

3. 著作表达的社会思想内容。

4. 著作所表达的社会思想源流。

5. 著作所表达的社会思想的历史意义、现实意义。

6. 著作所表达的社会思想的评价。

附研习思考题

列举出部分中国社会思想史名著、名篇、名句并说明列举的理由；或用著作社会思想研究方法研习《诗经》《白虎通义》的社会思想。

第二节　案例举隅——《礼记》的社会思想研习①

一、《礼记》一书的时代背景

公元前202年，经过四年多的楚汉战争，刘邦打败了项羽，建立了西汉王朝。农家出身的汉高祖刘邦，就如何安宁天下，适应大一统的局面，与谋臣陆贾发生过激烈争论。争论的焦点在于是《诗》《书》治天下，还是马上治天下？是依法度还是法先王、崇仁义"治国安民"？② 史载："汉五年，已并天下，……群臣饮酒争功，醉或妄呼，拔剑击柱，高帝患之。叔孙通知上益厌之也，说上曰：'夫儒者难与进取，可与守成。臣愿征鲁诸生，与臣弟子共起

---

① 王处辉主编，周一骑、田毅鹏、桂胜参编：《中国社会思想史》，中国人民大学出版社2002年版，第203~204页。本案例对该书选自第四篇第十五章《礼记》的社会思想，并进行了修改补充。

② "陆生时时前说称诗书。高帝骂之曰：'乃公居马上而得之，安事诗书？'陆生曰：'居马上得之，宁可以马上治之乎？且汤武逆取而以顺守之，文武并用，长久之术也。昔者吴王夫差、智伯极武而亡；秦任刑法不变，卒灭赵氏。乡使秦已并天下，行仁义，法先圣，陛下安得而有之？'高帝不怿而有惭色，乃谓陆生曰：'试为我著秦所以失天下，吾所以得之者何，及古成败之国。'陆生乃粗述存亡之征，凡著十二篇。每奏一篇，高帝未尝不称善，左右呼万岁，号其书曰《新语》。"参见(汉)司马迁撰，(宋)裴骃集解，(唐)司马贞索隐，(唐)张守节正义：《史记·郦生陆贾列传》，中华书局2017年版，第3269~3270页。

朝仪。'高帝曰：'得无难乎？'叔孙通曰：'五帝异乐，三王不同礼。礼者，因时世人情为之节文者也。故夏、殷、周之礼所因损益可知者，谓不相复也。臣愿颇采古礼与秦仪杂就之。'上曰：'可试为之，令易知，度吾所能行为之。'"①经过叔孙通制定礼仪并演习后，统治集团尊卑意识大为加强。长乐宫落成后，同样是宴会，大臣们鱼贯而入，秩序井然。刘邦龙颜大悦，擢升叔孙通作了太常，赐黄金五百斤。跟随叔孙通制定礼仪的门生也受封为郎官。汉儒重考据之学，儒生们以作书本上的学问，注释《易》《诗》《书》《礼》《春秋》经文成为时尚。汉初政权建设理论上需要指导思想，统治状况也需要损益三代礼仪，建立新的法度。解释《礼经》的集子《礼记》也就应运而生了。

二、《礼记》的成书过程

儒家的经典大致分为三类：一类是"经"，一类是"传"，一类是"记"。"记"是用来对经文进行注解，说明和补充的资料。解释《礼经》的文字便称《礼记》。《礼经》原名叫《仪礼》，又称《士礼》，共十七篇，是周秦时期时期关于礼仪制度的儒家典籍，记载保存了丰富而又有价值的社会资料。

西汉时，《仪礼》取得"经"的地位，成为儒家《五经》之一。于是，解释《礼经》的"记"逐渐受到时人的器重，出现了不少的传抄本，现在还保存有戴德、戴圣叔侄俩的选辑本。后人称戴德所辑录的本子为《大戴礼记》，原本八十篇，今存三十九篇；称戴圣所辑录的本子为《小戴礼记》，共四十九篇。《小戴礼记》经东汉著名经学家郑玄注解后，摆脱了它从属于《仪礼》的地位而独立成书，并且跃居"经"的地位。从此人们便看好《小戴礼记》，今日流行的《礼记》实际上是专指戴圣编的《小戴礼记》。

《礼记》的编者弄清楚了，但《礼记》四十九篇中每篇的撰者却很难明确。《汉书·艺文志》只好称为"七十子后学所记。"学者们普遍认为《礼记》并非一时一人所作，大约是出自战国末到汉初儒生等的手笔。戴氏叔侄的贡献在于作了选辑结集的工作。《礼记》继承、发挥和阐扬了先贤有关礼治、乐治等方面的社会思想。是故，一些学者，如孙叔平先生在撰写《中国哲学史稿》时，便将《礼记》放在先秦时期加以介绍。但我们认为，还是将其作为汉代时期的

---

① （汉）司马迁撰，（宋）裴骃集解，（唐）司马贞索隐，（唐）张守节正义：《史记·刘敬叔孙通列传》，中华书局 2017 年版，第 3296~3297 页。

作品更为妥切一些。研究《礼记》，极有助于对儒家社会思想的把握和了解。

三、《礼记》一书中表达的社会思想

(一)论礼的起源及其社会功能

1. 何谓"礼"

礼是儒家学说的核心。《礼记》的作者将汉初及汉代以前的儒家的礼论加以整理，归纳，使之条理化、系统化。何谓礼？我们从《礼记》中可以看出礼有多重内涵。

第一，礼是一种社会制度。"夫礼始于冠，本于昏，重于丧、祭，尊于朝、聘和于射、乡。此礼之大体也。"①

第二，礼是针对人情而约束，节制人类行为的一系列社会规范。"礼者，因人之情而为之节文，以为民坊者也。"②"饮食男女，人之大欲存焉；死亡贫苦，人之大恶存焉。故欲恶者，心之大端也。人藏其心，不可测度也。美恶皆在其心，不见其色也，欲一以穷之，舍礼何以哉？"③

第三，礼是用来规定人类社会秩序，是一定社会关系的产物。"民之所由生，礼为大。非礼无以节事天地之神也，非礼无以辨君臣、上下、长幼之位也，非礼无以别男女、父子、兄弟之亲，婚姻疏数之交也。"④

第四，礼是衡量一切社会活动的准则。"道德仁义，非礼不成；教训正俗，非礼不备；分争辨讼，非礼不决；君臣、上下、父子、兄弟、非礼不定；宦学事师，非礼不亲；班朝治军，莅官行法，非礼威严不行；祷祠、祭祀，供给鬼神，非礼不诚不庄。"⑤

---

① (清)孙希旦撰，沈啸寰、王星贤点校：《礼记集解·昏义》，中华书局 2019 年版，第 1418 页。

② (清)孙希旦撰，沈啸寰、王星贤点校：《礼记集解·坊记》，中华书局 2019 年版，第 1281 页。

③ (清)孙希旦撰，沈啸寰、王星贤点校：《礼记集解·礼运》，中华书局 2019 年版，第 607 页。

④ (清)孙希旦撰，沈啸寰、王星贤点校：《礼记集解·哀公问》，中华书局 2019 年版，第 1258 页。

⑤ (清)孙希旦撰，沈啸寰、王星贤点校：《礼记集解·典礼上》，中华书局 2019 年版，第 8~9 页。

第五，礼是君王用于治理社会的工具。"是故礼者，君之大柄也。所以别嫌明微，傧鬼神，考制度，别仁义，所以治政安君也。"①

综上所述，《礼记》中所论说的"礼"，不仅包括了冠、昏、丧、祭、朝、聘、乡、射等礼节，而且包括了社会制度和规范、规则，大到举国盛典、小到生活中的衣食住行，皆有"礼"可循。概言之，"礼"是人类社会中的宗法、文化制度和规范的总称。

2. 礼产生的基础

分析《礼记》，我们认为礼产生的基础有下列几点：

第一，礼效法于天，是天地、万物自然秩序在人类社会中的体现。《乐记》说："礼者，天地之序也"②，"大礼与天地同节"③；《礼运》说"夫礼，先王以承天之道，以治人之情，故失之者死，得之者生"④，"故圣人作则，必以天地为本"⑤。由于人是感"天地之德、阴阳之交、鬼神之会、五行之秀气"⑥而生的，"顺人情"便是顺天道。《礼记》所宣扬的"大礼与天地同节"⑦、"圣人作则，必以天地为本"⑧的思想给后来的董仲舒的"天人感应""人付天数"学说提供了理论依据，董仲舒的"圣人法天而立道""天不变，道亦不变"的思想可说是《礼记》的"礼之大体，体天地，法四时，顺人情"⑨思想的最好

---

① （清）孙希旦撰，沈啸寰、王星贤点校：《礼记集解·礼运》，中华书局 2019 年版，第 602 页。

② （清）孙希旦撰，沈啸寰、王星贤点校：《礼记集解·乐记》，中华书局 2019 年版，第 990 页。

③ （清）孙希旦撰，沈啸寰、王星贤点校：《礼记集解·乐记》，中华书局 2019 年版，第 988 页。

④ （清）孙希旦撰，沈啸寰、王星贤点校：《礼记集解·礼运》，中华书局 2019 年版，第 585 页。

⑤ （清）孙希旦撰，沈啸寰、王星贤点校：《礼记集解·礼运》，中华书局 2019 年版，第 612 页。

⑥ （清）孙希旦撰，沈啸寰、王星贤点校：《礼记集解·礼运》，中华书局 2019 年版，第 608 页。

⑦ （清）孙希旦撰，沈啸寰、王星贤点校：《礼记集解·乐记》，中华书局 2019 年版，第 988 页。

⑧ （清）孙希旦撰，沈啸寰、王星贤点校：《礼记集解·礼运》，中华书局 2019 年版，第 612 页。

⑨ （清）孙希旦撰，沈啸寰、王星贤点校：《礼记集解·丧服四制》，中华书局 2019 年版，第 1468 页。

注脚。

第二，礼的产生是出于改造人情的需要，也就是"因人之情而为之节文"①。《礼运》将人性具体归纳为"七情"和"十义"，并从化"性"、治"情"、修"义"的角度论证了礼治的意义："何谓人情：喜、怒、哀、惧、爱、恶、欲，七者，弗学而能。何谓人义？父慈、子孝、兄良、弟悌、夫义、妇听、长惠、幼顺、君仁、臣忠，十者，谓之人义。讲信修睦，谓之人利；争夺相杀，谓之人患。故圣人之所以治人七情，修十义，讲信修睦，尚辞让，去争夺，舍礼何以治之？"②也就是说，"七情"是人类与生俱来，"弗学而能"的自然属性。"十义"是人的社会性。礼是人们实现自然人转变为社会人、舍"情"就"义"、趋"利"远"患"的重要手段。

第三，礼起源于原始的祭祀等风俗习惯及一定的社会生活方式。"夫礼始于冠，本于昏，重于丧、祭，尊于朝、聘，和于乡、射"③；"夫礼之初，始诸饮食，其燔黍捭豚，污尊而抔饮，蒉桴而土鼓，犹若可以致其敬于鬼神"④，由此，我们知道，早期的礼仪与饮食行为分不开。但生活方式的简陋并不影响对神灵、鬼魂、图腾崇拜和祭祀的诚意。祭祀等活动中的礼仪习俗影响着同一部落氏族的生活，对氏族社会的成员起调适、整合作用。随着社会的进步，生活方式变迁，作为全体氏族成员所遵守的习俗意义上的礼仪的性质和作用于迁移中而逐渐转化，特别是进入"天下为家"的阶级社会，婚、丧、祭祀、生产等风俗习惯中的礼仪条文已流于形式。尽管《礼记》声称"君子行礼，不求变俗"⑤，"修其教，不易其俗，齐其政，不异其宜"⑥，表现出对远古社会风俗习惯的眷恋，但《礼记》作者清醒地认识到他们所处于的时代及

---

① （清）孙希旦撰，沈啸寰、王星贤点校：《礼记集解·坊记》，中华书局2019年版，第1281页。

② （清）孙希旦撰，沈啸寰、王星贤点校：《礼记集解·礼运》，中华书局2019年版，第606~607页。

③ （清）孙希旦撰，沈啸寰、王星贤点校：《礼记集解·昏义》，中华书局2019年版，第1418页。

④ （清）孙希旦撰，沈啸寰、王星贤点校：《礼记集解·礼运》，中华书局2019年版，第586页。

⑤ （清）孙希旦撰，沈啸寰、王星贤点校：《礼记集解·典礼下》，中华书局2019年版，第111页。

⑥ （清）孙希旦撰，沈啸寰、王星贤点校：《礼记集解·王制》，中华书局2019年版，第358页。

责任，因而更注重的是附会于礼仪条文上的具有象征性功能的"礼义"，即为巩固社会秩序服务的规范制度。① 对于这一点，《礼记·经解》表述得再明白不过：

> 故朝觐之礼，所以明君臣之义也；聘问之礼，所以使诸侯相尊敬也；丧祭之礼，所以明臣子之思也；乡饮酒之礼，所以明长幼之序也；婚姻之礼，所以明男女之别也。②

继承、加工改造原始的风俗习惯，突出"礼"的转化与再生功能等，反映了《礼记》的作者的礼因时变的社会历史变迁观念。

3. 礼的社会功能

《礼记》继承发展了儒家的礼治思想。《礼记》中的礼具有多方面的社会功能：

第一，表现在维护国家机器运转方面，礼是治理国家的根本。"礼者何也？即事之治也。君子有其事必有其治"③，"礼之于正国也，犹衡之于轻重也，绳墨之于曲直也，规矩之于方圆也。……孔子曰：'安上治民，莫善于礼。'此之谓也"④；礼是统治者实行社会控制的工具。"是故礼者，君之大柄也。所以别嫌明微，傧鬼神，考制度，别仁义，所以治政安君也"⑤；礼由君王制定，人民无权参与，"非天子，不议礼，不制度，不考文"⑥。"礼不下庶人，刑不上大夫"⑦暴露了礼的实质和阶级性。

---

① 任继愈主编：《中国哲学发展史（秦汉）》，北京人民出版社 1985 年版，第 173～175 页。

② （清）孙希旦撰，沈啸寰、王星贤点校：《礼记集解·经解》，中华书局 2019 年版，第 1257 页。

③ （清）孙希旦撰，沈啸寰、王星贤点校：《礼记集解·仲尼燕居》，中华书局 2019 年版，第 1269 页。

④ （清）孙希旦撰，沈啸寰、王星贤点校：《礼记集解·经解》，中华书局 2019 年版，第 1256～1257 页。

⑤ （清）孙希旦撰，沈啸寰、王星贤点校：《礼记集解·礼运》，中华书局 2019 年版，第 602 页。

⑥ 王国轩译注：《大学·中庸》，中华书局 2007 年版，第 122 页。

⑦ （清）孙希旦撰，沈啸寰、王星贤点校：《礼记集解·典礼上》，中华书局 2019 年版，第 81～82 页。

第二，表现在维护社会秩序，明确等级关系方面，"礼达而分定"①，礼有别异合同之功能。"夫礼者，所以定亲疏，决嫌疑，别异同，明是非也"②；"非礼无以节事天地之礼也，非礼无以辨君臣上下长幼之位也，非礼无以别男女、父子、兄弟之亲，婚姻疏数之交也"③。《礼记》的作者认为礼是指导人们别异于合同的准则。别异与合同并不矛盾。人们只要明确了"定""决""别""明""辨"，区分出上下、尊卑、贵贱理念，就会懂得"讲信修睦，尚辞让，去争夺"④，"同则相亲，异则相敬"⑤，各就其分，各安其位。人际关系的调适、阶级矛盾的缓和也就可以落到实处。

第三，表现在规范人们的言行方面，"有礼则安，无礼则危"。"礼不妄说人，不辞费；礼不逾节，不侵侮，不好狎；修身践言，谓之善行，行修言道，礼之质也。"⑥人们的社会交往要"礼尚往来"，人们的"进退辑让"⑦乃至一切言行皆要符合礼和受礼的约束。礼，还关系到人们的沉浮荣辱，"不可不学也"。"夫礼者，自卑而尊人。虽负贩者，必有尊也，而况富贵乎！富贵而知好礼，则不骄不淫；贫贱而知好礼，则志不慑。"⑧

第四，表现在节制人的自然性而焕发人的社会性方面，礼可节人之情、达人之情、文人之情、防民之心。"礼者，因人之情而为之节文，以为民坊者

---

① （清）孙希旦撰，沈啸寰、王星贤点校：《礼记集解·礼运》，中华书局2019年版，第605页。

② （清）孙希旦撰，沈啸寰、王星贤点校：《礼记集解·典礼上》，中华书局2019年版，第6页。

③ （清）孙希旦撰，沈啸寰、王星贤点校：《礼记集解·哀公问》，中华书局2019年版，第1258页。

④ （清）孙希旦撰，沈啸寰、王星贤点校：《礼记集解·礼运》，中华书局2019年版，第607页。

⑤ （清）孙希旦撰，沈啸寰、王星贤点校：《礼记集解·乐记》，中华书局2019年版，第986页。

⑥ （清）孙希旦撰，沈啸寰、王星贤点校：《礼记集解·典礼上》，中华书局2019年版，第6~7页。

⑦ （清）孙希旦撰，沈啸寰、王星贤点校：《礼记集解·仲尼燕居》，中华书局2019年版，第1269页。

⑧ （清）孙希旦撰，沈啸寰、王星贤点校：《礼记集解·典礼上》，中华书局2019年版，第12页。

也"①。在《礼记》的作者看来，礼，如同防水的堤防。防民之心，甚于防水，怎样做到"以礼防民"②呢？《礼记》认为要根据人情不同，基于人性的需要，处理好"节""文"的关系，该约束则节制，该文饰则满足，以抑制人们性恶的冲动，激扬人性的秀美之处。

第五，表现在区分人与动物方面，"礼义"是根本标志。"凡人之所以为人者，礼义也。"③"无别无义，禽兽之道也。"④"鹦鹉能言，不离飞鸟。猩猩能言，不离禽兽。今人而无礼，虽能言，不亦禽兽之心乎"⑤。孟子认为"人之异于禽兽者几希"⑥，在于人有"仁""义""礼""智"的"四心"（"四端"），《礼记》则认为人与禽兽有别，在于人有"人情"，更有"人义"。

第六，表现在对人的教化方面，礼有潜移默化，防微杜渐之功。"故礼之教化也微，其止邪也未形，使人日徙善远罪而不自知也，是以先王隆之也"⑦。可谓是"随风潜入户，润物细无声"。

（二）论乐的起源及其社会功能

1. 何谓"乐"

《乐记》对于"乐"作了如下解释："凡音之起，由人心生也。人心之动，物使之然。感于物而动，故形于声。声相应，故生变。变成方，谓之音。比音而乐之，及干戚、羽旄，谓之乐。乐者，音之所由生也，其本在人心之感

---

① （清）孙希旦撰，沈啸寰、王星贤点校：《礼记集解·坊记》，中华书局 2019 年版，第 1281 页。

② 孔子等著，崇贤书院编译：《四书五经全本第 6 册全本详解版》，北京联合出版公司 2017 年版，第 3112 页。

③ （清）孙希旦撰，沈啸寰、王星贤点校：《礼记集解·冠义》，中华书局 2019 年版，第 1411 页。

④ （清）孙希旦撰，沈啸寰、王星贤点校：《礼记集解·郊特牲》，中华书局 2019 年版，第 708 页。

⑤ （清）孙希旦撰，沈啸寰、王星贤点校：《礼记集解·典礼上》，中华书局 2019 年版，第 10 页。

⑥ （清）焦循撰，沈文倬点校：《孟子正义·离娄下》，中华书局 2018 年版，第 612 页。

⑦ （清）孙希旦撰，沈啸寰、王星贤点校：《礼记集解·经解》，中华书局 2019 年版，第 1257 页。

于物也”。①

由此可知，乐是人心触景，触情，与外物交感而成的。乐的产生与形成经历了“感于物”“形于声”“声生变”“变成方”“比音而乐之”，“及干、戚、羽、旄”的发展过程。在《礼记·乐记》的作者看来，声、音、乐是有区别的。人心感于物——外在客观环境便发乎“声”。“五声”，即宫、商、角、徵、羽。“五声”的清浊变化，变转和合，便形成了“音”。“音”近似于现在的歌曲。以干、戚、羽、旄之类的乐器伴和着歌舞动作才叫作“乐”。

声源于心，心情的好坏，影响着声音的悲欢。“是故，其哀心感者，其声噍以杀；其乐心感者，其声噍以缓；其喜心感者，其声发以散；其愁心感者，其声粗以厉；其敬心感者，其声直以廉；其爱心感者，其声和以柔”②。也就是说，心情悲哀，则声也噍杀；心情乐，则声也舒缓；心情喜，则声也发散；心情怒，则声也粗厉；心情敬，则声心直廉，心情爱，则声也柔和。而心又感于物，心声受客观社会、风俗世情的影响。至于乐，是人们心声的展现和感情的流露，“其本在人心之感于物”③是乐的最基本的要素，从某种意义上讲，观听一个地方的音乐，可窥见一个地方的治乱和民风。“是故，治世之音安以乐，其政和；乱世之音怨以怒，其政乖；亡国之音哀以思，其民困。声音之道，与政通矣”。④

2. 乐的社会功能

《礼记》一书之所以再三讲乐，首先是因为乐与礼有相似的社会功能。“知乐则几于礼矣”⑤，“是故先王之制礼乐也，非以极口腹耳目之欲也，将以教

---

① （清）孙希旦撰，沈啸寰、王星贤点校：《礼记集解·乐记》，中华书局 2019 年版，第 976 页。

② （清）孙希旦撰，沈啸寰、王星贤点校：《礼记集解·乐记》，中华书局 2019 年版，第 976~977 页。

③ （清）孙希旦撰，沈啸寰、王星贤点校：《礼记集解·乐记》，中华书局 2019 年版，第 976 页。

④ （清）孙希旦撰，沈啸寰、王星贤点校：《礼记集解·乐记》，中华书局 2019 年版，第 978 页。

⑤ （清）孙希旦撰，沈啸寰、王星贤点校：《礼记集解·乐记》，中华书局 2019 年版，第 982 页。

民平好恶而反人道之正也"。① 其次，乐与礼是相互配合的，"乐由中出，礼由外作"②，"大乐与天地同和，大礼与天地同节"③，"乐者，天地之和也。礼者，天地之序也"④，"乐至则无怨，礼至则不争，揖让而治天下者，礼乐之谓也"。⑤ 如果要勉强将礼乐功能区别开来的话，礼的功能着重于"别异"，乐的功能则重在"合同"。"乐者为同，礼者为异。同则相亲，异则相敬"，"礼义立，则贵贱等矣，乐文同，则上下和矣"。⑥

《礼记》的作者认为，"合同"与"别异"应互辅互成，异中求同，同中存异，不能厚此薄彼或厚彼薄此。"乐胜则流，礼胜则离"⑦。

值得一提的是，《礼记》在重视礼治、乐治的同时，亦不忘刑政的治理功能，礼、乐、刑、政可相辅相成。《乐记》说：

> "故礼以道其志，乐以和其声，政以一其行，刑以防其奸。礼乐刑政，其极一也。所以同民心而出治道也。"⑧
>
> "礼节民心，乐和民声，政以行之，刑以防之。礼乐刑政，四达而不悖，则王道备矣。"⑨

---

① （清）孙希旦撰，沈啸寰、王星贤点校：《礼记集解·乐记》，中华书局2019年版，第982~983页。

② （清）孙希旦撰，沈啸寰、王星贤点校：《礼记集解·乐记》，中华书局2019年版，第987页。

③ （清）孙希旦撰，沈啸寰、王星贤点校：《礼记集解·乐记》，中华书局2019年版，第988页。

④ （清）孙希旦撰，沈啸寰、王星贤点校：《礼记集解·乐记》，中华书局2019年版，第990页。

⑤ （清）孙希旦撰，沈啸寰、王星贤点校：《礼记集解·乐记》，中华书局2019年版，第987页。

⑥ （清）孙希旦撰，沈啸寰、王星贤点校：《礼记集解·乐记》，中华书局2019年版，第986页。

⑦ （清）孙希旦撰，沈啸寰、王星贤点校：《礼记集解·乐记》，中华书局2019年版，第986页。

⑧ （清）孙希旦撰，沈啸寰、王星贤点校：《礼记集解·乐记》，中华书局2019年版，第977页。

⑨ （清）孙希旦撰，沈啸寰、王星贤点校：《礼记集解·乐记》，中华书局2019年版，第986页。

只有礼、乐、刑、政四者相辅相成，才能使社会秩序达到高度和谐。所以，乐具有与礼、刑、政同等道的社会整合功能。

(三) 论理想社会模式

《礼记·礼运》所描述的"大同"，"小康"社会成为人们向往的理想社会模式，尤其是"大同"社会，更为世人津津乐道。

1. "大同"社会模式

《礼记·礼运》的作者借孔子之口对"大同"社会作了精彩的描述：

> "大道之行也，天下为公，选贤与能，讲信修睦。故人不独亲其亲，不独子其子；使老有所终，壮有所用，幼有所长，矜寡、孤独、废疾者皆有所养；男有分，女有归。货，恶其弃于地也，不必藏于己。力，恶其不出于身也，不必为己。是故谋闭而不兴，盗窃乱贼而不作。故外户而不闭，是谓大同"。①

"大同"社会模式的最大特点便是天下为公，具体表现在：

第一，大同社会财产公有，社会事务由大家处理，人们自愿尽力地进行生产劳动，没有阶级差别。

第二，大同社会有自然和合理的分工。男子有相应的职业，女子有合适的归属，老有所养，少有所托，孤寡残疾之人享受着社会保障。

第三，社会制度上，由于"天下为公"，天下"有道"，无须乎礼法作为纲纪，无须乎谋略、尔虞我诈。

第四，大同社会人与人之间诚信和睦，互相亲爱，推己及人。大家选举贤能之士担任社会职务，人们安居乐业，夜不闭户，各社会(社区)之间和平相处，无战乱发生。

显然，"大同"社会模式，是《礼记·礼运》的作者把儒家的"仁政""王道"，墨家的"兼爱"等社会理想与有关原始社会的传闻有机缀合在一起，勾勒出一幅令世人心往神驰人类生活画面。"天下为公"的大同思想对中国历史社

---

① （清）孙希旦撰，沈啸寰、王星贤点校：《礼记集解·礼运》，中华书局 2019 年版，第 582 页。

会的思想界产生着深刻的影响，洪秀全采用之而作《原道醒世训》，康有为引申之而著《大同书》，孙中山发挥之而成唤起民众的醒世之言。

2. "小康"社会模式

诚然"天下为公"的大同社会模式是十分完美和诱人的，但是，这个时代已成过去了。《礼记》的作者虽然感到有几分无奈，但也正视到了这个现实，在"大道既隐"的历史条件下，提出了"小康"社会模式。

关于"小康"社会模式，《礼记·礼运篇》是这样描述的：

> 今大道既隐，天下为家，各亲其亲，各子其子，货、力为己；大人世及以为礼，城郭沟池以为固，礼义以为纪，以正君臣，以笃父子，以睦兄弟，以和夫妇，以设制度，以立田里，以贤勇知，以功为己。故谋用是作，而兵由此起。禹、汤、文、武、成王、周公，由此其选也。此六君子者，未有不谨于礼者也，以著其义，以考其信，著有过，刑仁讲让，示民有常。如有不由此者，在势者去，众以为殃。是谓小康。①

"小康"社会模式最大的特点便是"天下为家"。

第一，小康社会财产私有，有阶级差别，人们劳动的目的是出于私人占有及享受的需要。

第二，社会制度以"家天下"为服务目标，为了维护等级、尊卑、贵贱关系，为了调整社会秩序，缓和社会矛盾，统治者制订了礼义规范；为了保护国家和统治阶级的利益，还建立了军队，颁布了刑律法纪，修筑了城市沟池。

第三，小康社会里人与人之间关系是自私自利的，"各亲其亲，各子其子，货、力为己"。社会提倡信义仁德，而社会现实却是谋诈是作，兵戎相见，争功斗勇。人们只好选举禹、汤、文、武、成王、周公等"英雄"人物来管理统治。礼义、纲纪等社会制度在"天下为家"的社会里显得十分重要。君臣、父子、兄弟、夫妻、邻里等关系靠礼义规范来维护。有势者，占有财产利益者靠纲、纪等制度进行保护。相比较"大同"理想社会模式而言，"小康"社会模式更具有可操作性和更富有影响力。

---

① （清）孙希旦撰，沈啸寰、王星贤点校：《礼记集解·礼运》，中华书局2019年版，第583页。

《礼记》的作者认为，春秋战国之世是"天下无道"的社会，实现社会理想的步骤是努力从礼崩乐坏的混乱局面进步到"小康"之世，而后再由小康社会进一步达到"大同"社会。

(四)《大学》三纲八目——道德社会化思想

1. 三纲：明明德，亲民，止于至善

《大学》列出"三纲领"和"八条目"，强调修身养性是治理的前提，是治国平天下的基础，治国平天下和个人道德修养具有一致性。

"大学之道，在明明德，在亲民，在止于至善。"①《大学》开章明义把"三纲领"："明德""亲民""至善"视为"大学之道"。"明明德"，即是发越光亮的道德；"亲民"，指的是一旦入仕要亲民；"止于至善"，则指的进入、达到儒家一种尽善尽美的境界。也就是"为人君，止于仁；为人臣，止于敬；为人子，止于孝；为人父，止于慈；与国人交，止于信。"②

2. 八目：格物、致知、诚意、正心、修身、齐家、治国、平天下

除"三纲"外，《大学》还阐述了个人与"家国同构"的"八目"："古之欲明明德于天下者，先治其国。欲治其国者，先齐其家。欲齐其家者，先修其身。欲修其身者，先正其心。欲正其心者，先诚其意。欲诚其意者，先致其知。致知在格物。"③格物、致知、诚意、正心、修身、齐家、治国、平天下，"八目"，是实现"三纲领"的具体指标。"八条目"的核心指标是修身，即"自天子以至于庶人，壹是皆以修身为本"④。

(五)《中庸》——忌过与不及的处世之道

1.《中庸》的作者

《中庸》相传为孔子后代"述圣"子思(孔伋)所撰，现代版本的《中庸》"三十三章"已夹杂有秦汉儒生的改造。宋代"程朱理学"十分尊崇《中庸》。朱熹将《中庸》与《大学》《论语》《孟子》，辑合为《四书》。官方把《中庸》作为科举考试的必读教科书。朱熹作《中庸章句》对"中庸"的训释是："中者，不偏不

---

① 王国轩译注：《大学·中庸》，中华书局 2007 年版，第 3 页。
② 王国轩译注：《大学·中庸》，中华书局 2007 年版，第 11 页。
③ 王国轩译注：《大学·中庸》，中华书局 2007 年版，第 1 页。
④ 王国轩译注：《大学·中庸》，中华书局 2007 年版，第 5 页。

倚，无过不及之名。庸，平常也。"①《中庸》的核心是告诫人们言语行事应把握好临界点，恰如其分，要有度，既防过，又忌不及。

2. 为何要"中庸"

"中庸"有时又称"中和"，《中庸》第一章开宗明义阐述了"中庸"的本意、意义和功能："喜怒哀乐之未发，谓之中；发而皆中节，谓之和。中也者，天下之大本也和也者，天下之大道也。致中和，天地位焉，万物育焉。"②之所以强调"中庸"，《中庸》的作者托孔子之口进行了回答。"仲尼曰：君子中庸，小人反中庸。君子之中庸也，君子而时中；小人之反中庸也，小人而无忌惮也。"③

《中庸》的作者认为"中"，是人们固有的本性，"和"，是为人处世遵循的原则和境界。"中庸"只有君子才能做到，可以从对待"中庸"的态度来辨别什么是君子、什么是小人。

3. 如何做到"中庸"

《中庸》的作者人们要恰到好处地达到"中和"，必须"思诚"，"诚者，天之道也；诚之者，人之道也。诚者，不勉而中，不思而得，从容中道，圣人也；诚之者，择善而固执之者也。"④必须"好学"，"博学之，审问之，慎思之，明辨之，笃行之。有弗学，学之弗能弗措也；有弗问，问之弗知弗措也；有弗思，思之弗得弗措也；有弗辨，辨之弗明弗措也；有弗行，行之弗笃弗措也。人一能之，己百之；人十能之，己千之。果能此道矣，虽愚必明，虽柔必强。"⑤必须"豫"（筹划），"凡事预则立，不预则废；言前定，则不跲事前定，则不困；行前定，则不疚；道前定，则不穷"⑥。必须"刚柔相济"，"宽裕温柔，足以有容也；发强刚毅，足以有志也；斋庄中正，足以有敬也"⑦。必须识"九经"，"凡为天下国家有九经，曰：修身也，尊贤也，亲亲也，敬大臣也，体群臣也，子庶民也，来百工也，柔远人也，怀诸侯也。修

---

① （宋）朱熹撰：《大学中庸章句》，中国社会出版社2013年版，第22页。
② 王国轩译注：《大学·中庸》，中华书局2007年版，第46页。
③ 王国轩译注：《大学·中庸》，中华书局2007年版，第49页。
④ 王国轩译注：《大学·中庸》，中华书局2007年版，第101页。
⑤ 王国轩译注：《大学·中庸》，中华书局2007年版，第101页。
⑥ 王国轩译注：《大学·中庸》，中华书局2007年版，第100页。
⑦ 王国轩译注：《大学·中庸》，中华书局2007年版，第131页。

身，则道立；尊贤，则不惑；亲亲，则诸父昆弟不怨；敬大臣，则不眩；体群臣，则士之报礼重；子庶民，则百姓劝；来百工，则财用足；柔远人，则四方归之；怀诸侯，则天下畏之"①；必须安分守己，有一个平常心态，不欺上凌下，不怨天尤人，不犯险侥幸。"在上位不凌下，在下位不援上；正己而不求于人则无怨；上不怨天，下不尤人。故君子居易以俟命，小人行险以侥幸。"②

四、《礼记》所表达的社会思想源流及价值

《礼记》把战国到汉初儒生等的注解心得，悉心结集。保存了西汉以前大量的礼、乐知识；其《礼运》《中庸》等篇章凝聚了孔子的"仁"、孟子的"义"、荀子的"王道"、老庄的"道"、墨子的"兼爱"、汉初的"黄老之治"社会思想；《礼记》构思的"大同""小康"的理想社会模式，是中国封建社会"士"阶层所憧憬的理想社会，它在中国历代思想界都具有很深刻的影响。尤其是"大同"思想，是中国社会思想史中的一桩佳话，后世的许多进步社会思想家也常常加以发挥，如宋代的李觏、明代的何心隐，明清之际的方以智，太平天国的洪秀全，近代维新派康有为、乃至中国民主革命伟大先行者孙中山，都从各自的立场出发，去重新设计"大同"理想社会的模式。

张舜徽认为，《礼记》中有很多篇发挥丧服的文字，为研究宗法制度所不可忽视。此外如《典礼》《内则》《少仪》，可以考知古代生活习惯；《学记》、《经解》，可以推见教育原理；《礼运》《礼器》《乐记》，说明了礼乐的效用；《中庸》《大学》，发挥了政治伦理的思想。至于《冠义》《昏义》《乡饮酒义》《射义》《燕义》《聘义》诸篇，更是《仪礼》的说明书，将统治阶级制度的礼仪原意都阐述出来。③

朱熹选取《礼记》中的两个篇章《大学》《中庸》，与《论语》《孟子》编成《四书》，甚至将《大学》列为《四书》之首，自是之后，《大学》《中庸》就一跃而成为官定教科书和科举考试必读经典。

---

① 王国轩译注：《大学·中庸》，中华书局 2007 年版，第 97 页。
② 王国轩译注：《大学·中庸》，中华书局 2007 年版，第 76 页。
③ 张舜徽：《中国古代史籍举要》，湖北人民出版社 1980 年版，第 40 页。

第五章　范式之四
——地域社会思想研习方法

第一节　要　素

【导语】

　　地域社会思想研究法是根据思想者的出身或生活地缘关系来展开的。无论是社会思想史还是其他学科的历史，总是在一定的地域空间中展开的。[①] 因此，研究中国社会思想史，理应重视地理空间的差异与地域历史的过程。从现有中国社会思想史的研究成果看，更多的是只注重史的纵向发展，而不太注意其空间组合规律，偏少地域社会思想挖掘，尤其缺乏系统的地域性或地域风格的横向对比基础上的纵向分析。基此，必须拓宽中国社会思想史的"地域研究"视野，探究"地域研究"的构成要素及其案例范式。

　　要准确理解"地域研究"这个概念及其方法的构成要素，必须首先准确理解"地域"这个概念及其特征。

　　目前，一般把"地域"也叫"区域"，其实"地域"与"区域"是两个不同的概念。据《现代汉语词典》(第 6 版)解释，"地域"是指"面积相当大的一块地方。"而"区域"则是指"地区范围。"这种解释表明"地域"与"区域"是两个不同的概念，其不同点在于其边界确定上，"地域"的边界是模糊的，而"区域"的边界则是清晰的。

---

　　① 郭建平：《中国绘画史的"地域研究"意识———一种研究思路的提出》，《艺术百家》2007 年第 3 期。

从现代地理科学和文化地理学的视野来看，区域具有"功能文化区"的特征①。研究"地域"思想、文化必须从时间与空间两个维度展开。也就是说研究"地域"思想、文化，仅仅用历史的方法来梳理它的发展轨迹是不够的，还必须同时使用地理的方法，来分析它的形成机制、空间结构和地域特点。

任何思想、文化均具有地域性，都是在特定的时空形成的，它有历史性(时间性)，也有地域性(空间性)。"地域社会思想研习"应充分注意"地域"思想、文化的形成机制、空间结构和地域形胜、交通、物产、气候、风气、文脉等方面。

"地域社会思想"与"学派社会思想"常有交叉，必要的话，可结合起来研习。我们在界定地域，进行研习时，最好用文化地理概念。

基本要素——

1. 地域社会思想的形成发展过程、学术风格和主要特征。
2. 地域的地理特征及其影响。
3. 地域社会思想家、流派、著作及其主要社会思想。
4. 地域内社会思想的异同之处及其原因。
5. 地域社会思想的特色。
6. 地域社会思想的现代评价。

附研习思考题

试用地域社会思想研究方法研习稷下学派社会思想、泰州学派的社会思想。

第二节　案例举隅——湖湘地域性学派社会思想研习

湖湘学派，是就地域而命名的只有思想联系而不具组织形式的一种学术

---

① 周尚意，孔翔等：《文化地理学》，高等教育出版社 2004 年版，第 228 页。

群体。① 它以衡麓(衡山)、岳麓(长沙)为中心,其主要活动地盘乃当今的湖南省,由胡安国父子开其端,张栻总其成,逐渐形成的一种地域性学派。这个学派命名最早见于《朱子语类》,将胡安国、张栻一派称为"湖湘学派""湖南学""湖南一派"等②。后《宋元学案》加以沿用直至近现代。它奠基于南宋,历经金、元、明、清、民国至当代承历上千年,在湖湘学术史上具有不可磨灭的历史贡献和现实价值。

一、地域社会思想的形成、发展过程、学术风格和主要特征

(一)湖湘学派的形成、发展过程

湖湘学派的形成与发展过程大致经历了北宋初始南宋形成、明末清初中兴和清代后期蓬勃发展的三个时期。

1. 北宋初始南宋形成时期

据陈傅良《重修岳麓书院记》记载:"盖宋受命四年,遂平荆湖。又十有一年,尚书朱洞来守长沙,作书院岳麓山下。……五六载之间,教化大治,学者皆振振雅驯,行谊修好,庶几于古。""方大中祥符间,天子使使召见周氏式,拜国子主簿,诏晋讲诸王宫。式固谢不应沼,卒还山,肄业如初至,鼓箧登堂者相继不绝。③"由是观之,湖湘学派之岳麓中心乃始于北宋初年朱洞出守潭州(今长沙)在岳麓山下创建书院而起,后经周式山长、陶岳等人教授生徒,教化大治,成绩显著而受到宋真宗"赐额""赐书"而渐盛。故《宋元学案补遗·士刘遗橱学案补遗》将朱洞、陶岳和周式列为"湖湘之先",成湖湘学派之先驱者。

尔后至北宋末年,中原战乱不断,福建学士胡安国、胡宏父子因避乱而流寓南岳,于南宋建炎年(1127—1130)筑碧泉书堂,授徒讲学,传授二程(程颢、程颐)学说,"卒开湖湘之学统"④。及至南宋绍兴七年,四川人张栻随父

---

① 杨布生、彭定国:《湖湘学派源流与经世致用》,《湖南师范大学社会科学学报》2003 年第 6 期。

② (明)黄宗羲等:《宋元学案》,中华书局 1986 年版,第 281 页。

③ 陈谷嘉、邓洪波:《中国书院史资料(上册)》,浙江教育出版社 1998 年版,第109~110 页。

④ 李国钧等:《中国书院史》,湖南教育出版社 1994 年版,第 1366 页。

落职而居永州，后至南岳师从胡宏八年之久，"遂得湖湘之传"。乾道元年，张栻主教岳麓书院。从此，"湖南一派，当时为最盛"。

2. 明末清初中兴时期

明末清初之际，湖湘学派在经历了金、元、明的沉寂后，伴随着岳麓书院弟子王夫之等"儒学大师"的突起而步入中兴时期。这一时期闻名全国的岳麓书院、城南书院再次成为盛极一时的主要学术文化基地。尤其是学界称为船山先生的王夫之，用毕生的精力研究传统的经学和史学，著书立说700余万言，后人辑为《船山全书》，成为湖湘学派理学思想遗产的集大成者。他的思想学说，不仅影响湖南数代人，而且成为近代中国启蒙思想运动的重要思想来源之一。

3. 清代后期蓬勃发展时期

湖湘学派至清代嘉道年之后迎来了其蓬勃发展的时期。这一时期以陶澍为首的近代湖湘学派以"经世致用"之学为务，以匡时救国自许，直面现实，厉行改革，兴办教育，培养人才，为促进资本主义因素的萌芽产生了重要影响，出现了"中兴将相、什九湖湘""无湖南人不成衙门，无湖南人不成军队①"的兴盛之气，"唯楚有材，于斯为盛"的局面。这一发展时期，一直延续到20世纪前期五四新文化运动和新民主主义革命时期。

（二）湖湘学派的学术风格和主要特征

湖湘学派是一个既不同于程朱理学，也不同于陆王心学、陈吕实学的，具有鲜明地域特色的理学思想学派。湖湘学派的理学思想以性为本体，论"性"说"道"，是该学派的中心议题。这是该学派的学术风格和主要特征之一。

与张载的"气本论"、朱熹的"理本论"、陆象山的"心本论"不同，湖湘学派的创始人胡宏则以自己独特的思辨方式创立了"性本论"。他认为："性，天下之大本也"②，"性也者，天地之所以立也"③。在他看来，"性"是宇宙万物

---

① 何鹄志等：《论陶澍》，岳麓书社1999年版，第273页。

② （宋）胡宏著，吴仁华点校：《胡宏集·宋朱熹胡子知言疑义》，中华书局1987年版，第328页。

③ （宋）胡宏著，吴仁华点校：《胡宏集·宋朱熹胡子知言疑义》，中华书局1987年版，第333页。

的本体，是万物得以存在和发展的依据。他还认为："性，天命也"①"性外无物，物外无性"②，因此，"观万物之流形，其性则异；察万物之本性，其源则一"③。在论证心与性的关系时，他提出了"性为未发，心为已发"④"性体心用，尽心成性"⑤的心性思想。张栻则秉承师教，提出："天命之谓性，万有根焉。"⑥"有是性则具是形以生人"。⑦ "其赋是形以生者，盖以其具是性也。"⑧认为："太极，性也，"⑨"有太极则有物，故性外无物有物必有则，故物外无性。"⑩"心也者，贯万事、统万理而为万物之主宰者也。"⑪由此可见，以性为本体的理学思想是湖湘学派的特色。

湖湘学派主张"实学实用""经世致用"的务实学风是湖湘学派的学术风格和主要特征之一。胡安国指出："强学习行，以圣人为标的，志于康济时艰"⑫；胡宏强调"知行并重、体用合一"；张栻则指出："圣门实学，贵于践

---

① （宋）胡宏著，吴仁华点校：《胡宏集·知言·修身》，中华书局1987年版，第6页。

② （宋）胡宏著，吴仁华点校：《胡宏集·知言·修身》，中华书局1987年版，第6页。

③ （宋）胡宏著，吴仁华点校：《胡宏集·知言·往来》，中华书局1987年版，第14页。

④ （宋）胡宏著，吴仁华点校：《胡宏集·书·与僧吉甫书》，中华书局1987年版，第116页。

⑤ （宋）胡宏著，吴仁华点校：《胡宏集·知言·修身》，中华书局1987年版，第6页。

⑥ （宋）张栻撰，杨世文、王蓉贵点校：《张栻全集·孟子说》，长春出版社1999年版，第385页。

⑦ （宋）张栻撰，杨世文、王蓉贵点校：《张栻全集·孟子说》，长春出版社1999年版，第488页。

⑧ （宋）张栻撰，杨世文、王蓉贵点校：《张栻全集·思终堂记》，长春出版社1999年版，第740页。

⑨ （宋）张栻撰，杨世文、王蓉贵点校：《张栻全集·答周允升》，长春出版社1999年版，第976页。

⑩ （宋）张栻撰，杨世文、工蓉贵点校：《张栻全集·孟子说》，长春出版社1999年版，第431页。

⑪ （宋）张栻撰，邓洪波校点：《张栻集·存斋记》，岳麓书社2010年版，第595页。

⑫ （元）脱脱等撰：《宋史·胡安国传》，中华书局1999年版，第10075页。

履，隐微之际，无非真实。"①"圣人之教人求仁，则具有途辙。《论语》一书，明训备在，熟读而深思，深思而力体，优游厌饫，及其久也，当自知之，有非人之所能与矣。"②以及"今人之不践履，直是未尝真知"③。由是观之，我们不难看到，这种真知不离践履，重躬行践履的学风，正是湖湘学派独领风骚上千年的特色之所在。

二、地域的地理特征及其影响

追溯湖湘学派的发源地，一为"衡岳湖湘之学，皆起于此"的隐山碧泉书院。此地初称"书堂""讲舍""精舍"，后至南宋绍兴年间由胡宏正式定名为碧泉书院；二为潭州(今长沙市)岳麓山下的岳麓书院。乾道年间，张栻主教岳麓书院，传承碧泉书院的心性学说和经世致用的学风，延续"湖湘之学"，从此岳麓书院成为湖湘学派的新的活动中心。这两个发源地，实际上即为长沙及其附近地区。前者位于湖南中部偏东的湘潭地区，该地区紧邻长沙，地跨东经 111°58′~113°05′，北纬 27°21′~28°05′，山地丘陵居多，地势起伏较为和缓，属中亚热带季风湿润气候区，夏秋干旱，冬春易受寒潮和大风侵袭，季节分布不均，年际变化大，自唐朝起即赋名其所在的地域为湘潭县。后者位于湖南省东部偏北，湘江下游和长沙盆地西缘的长沙地区，该地区介于东经 111°53′~114°15′，北纬 27°51′~28°41′，地势起伏较大，地貌类型多样，地表水系发育，气候温和，降水充沛，雨热同期，四季分明；土壤种类多样适宜多种农作物生长；水系完整，河网密布；水量较多，水能资源丰富；冬不结冰，含沙量少；矿产种类繁多，植物品种多样。这种优越的自然地理条件，使得长沙及其附近地区，社会经济的发展远较其他地区为早而快。因而，也就成为湖湘学派的发源地。此外，从湘潭与长沙两地的自然地理环境比较来看，也不难看出，湖湘学派的活动中心转移的客观必然。

除此之外，自秦到南宋以前，湘潭和长沙地区人文地理环境的演变，特

---

①　(宋)张栻撰，杨世文、王蓉贵点校：《张栻全集·论语解》，长春出版社 1999 年版，第 117 页。

②　(宋)张栻撰，杨世文、王蓉贵点校：《张栻全集·仰止堂记》，长春出版社 1999 年版，第 733 页。

③　(宋)张栻撰，杨世文、王蓉贵点校：《张栻全集·答朱元晦》，长春出版社 1999 年版，第 961 页。

别是长沙作为湖南政治、经济、文化中心，同样对湖湘学派的兴起极为有利。据历史考证，长沙真正成为地方性的政治经济中心乃始于唐代宗广德二年之后大历五年。其时，中央在衡州设立湖南都团练守捉观察处置使，简称"湖南观察使"。该"观察使"于大历五年(769)开始迁往潭州(今长沙)。至此，长沙及其附近地区的文化发展开始有了改观，先后出现了石鼓、岳麓两书院。及至北宋、南宋时期，以汉族为主体的中原王朝的迁移，湖南由于其特殊的地理优势，作为边防重镇的腹地之一，使其成为众多士人避乱流寓之地，吸收了大量南移的人口。尤其是北宋末年，中原战乱频仍，"四方贤大夫避地江南者甚众"①。这些四方贤大夫的到来，特别是胡安国、胡宏、张栻等一批士人的到来，为湖湘学派的创立、形成和发展提供了人才。

由此可见，长沙及其附近地区之所以能成为湖湘学派的发源地，绝不是偶然的，而是与其优越的自然地理环境和独特的人文地理优势分不开的。

三、地域社会思想家、流派、著作及主要社会思想

(一)湖湘学派的主要代表人物、流派及著作

湖湘学派由胡安国首发其声，其子胡宏独创新论，弟子张栻衍其说，因而大成。② 该学派是宋明理学的一个重要学术派别，对湖湘学术建设、文化发展和人才培养产生了重要影响。

胡安国(1704—1138)，字康侯，福建崇安人，曾任中书舍人兼侍讲、宝文阁直学士。南宋著名的经学家。"宋渡江以来，儒者进退合义，以安国为首称。"③谥文定。湖湘学派的奠基人，著有《春秋传》《二程文集》。

胡宏(1105—1161)，字仁仲，"幼闻过庭之训，至于弱冠，又游学四方，访求历世名公遗迹之志"④。《宋史》和《宋元学案》均称其"卒传其父之学"。

---

① (晋)陈寿撰，(宋)裴松之注：《三国志·华歆传》，中华书局1999年版，第303页。

② 杨金鑫：《湖湘学派略论》，《船山学报》1988年第1期。

③ (清)李元度修纂，(民国)王香余、欧阳谦增补，(民国)工香余续增，刘建平校点：《南岳志》，岳麓书社2013年版，第951页。

④ (宋)胡宏著，吴仁华点校：《胡宏集·题司马傅公帖》，中华书局1987年版，第190页。

学者称五峰先生。著有《知言》《皇天大纪》《五峰集》《叔古蒙求》(今已佚)。

张栻(1133—1180)，字敬夫(又作钦夫)，亦字乐斋，号南轩，溢曰宣。汉川绵竹(今属四川)人。生于西蜀，长于南楚。官至右文殿修撰。著名南宋理学家，与朱熹、吕祖谦齐名，合称"东南三贤"。著有《南轩集》《南轩易说》《伊川粹言》《癸巳论语解》等。

陈傅良(1137—1203)，字君举，号止斋，温州瑞安人，官至宝谟阁侍制。他继承薛季宣的事功之学、启后叶适之集大成者，与朱熹的道学、陆九渊的心学鼎足而立，是永嘉学派承上启下的学术巨擘。著有《春秋后传》《止斋文集》《八面锋》《周礼说》《左氏章指》《建院篇》《历代兵制》《毛诗解诂》等作品。

陈亮(1143—1194)，字同甫，号龙川，学者称龙川先生。浙江永康人。宋光宗绍熙四年(1193)状元。著有《酌古论》《三国纪年》《史传》及《中兴王论》等。

叶适(1150—1223)，字正则，号水心居士，温州永嘉(今浙江温州)人，南宋著名思想家、文学家、政论家。世称水心先生，为永嘉学派集大成者。与朱熹的理学、陆九渊的心学并列为"南宋三大学派"，对后世影响深远。著有《水心先生文集》《水心别集》《习学记言》等。

黄宗羲(1610—1695)，浙江余姚县人，字太冲，亦字德冰，号南雷，别号梨洲老人、梨洲山人等，学者称梨洲先生。明末清初经学家、史学家、思想家。"东林七君子"黄尊素长子。与顾炎武、方以智、王夫之、朱舜水并称为"明末清初五大家"，亦有"中国思想启蒙之父"之誉。他一生著述50余种，300多卷，其中最为重要的有《明儒学案》《宋元学案》《明夷待访录》《孟子师说》《葬制或问》《破邪论》《思旧录》《易学象数论》《明文海》《行朝录》《今水经》《大统历推法》《四明山志》等。

顾炎武(1613—1682)，明朝南直隶苏州府昆山(今江苏省昆山市)千灯镇人，本名绛，乳名藩汉，别名继坤、圭年，字忠清、宁人，亦自署蒋山佣；学者尊为亭林先生。明末清初的杰出的思想家、经学家、史地学家，被誉为清学"开山始祖"。其著作主要有《日知录》《天下郡国利病书》《肇域志》《金石文字记》等。

王夫之(1619—1692)，字而农，号姜斋、又号夕堂，湖广衡阳县(今湖南衡阳)人。因驻室石船山下的败叶庐从事著述，学者称为船山先生。著有《周易外传》《黄书》《尚书引义》《永历实录》《春秋世论》《噩梦》《读通鉴论》《宋论》等书。

贺长龄(1785—1848)，字耦耕，号西涯，晚号耐庵，湖南善化人，原籍浙江会稽。嘉庆十三年进士，选庶吉士，授编修，迁赞善，其中主修的《遵义府志》被梁启超推为"天下府志第一"。著有《耐庵诗文集》等传世。

贺熙龄(1788—1846)，字光甫，号庶龙，湖南善化人。嘉庆十九年(1814)进士，选庶吉士，授编修。持冠后，前后主讲长沙城南书院8载，并倡立湘水校经堂。著有《寒香馆诗文钞》传世。

陶澍(1779—1839年)，字子霖，一字子云，号云汀、髯樵。湖南安化人，清代经世派主要代表人物、道光朝重臣。嘉庆七年(1802)进士，授庶吉士，任翰林编修，后升御史，曾先后调任山西、四川、福建、安徽等省布政使和巡抚。谥号"文毅"，入祀贤良祠。著有《印心石屋诗抄》《蜀輶日记》《陶文毅公全集》等。

魏源(1794—1857)，湖南邵阳人，清代启蒙思想家、政治家、文学家。名远达，字默深，又字墨生、汉士，号良图。道光二年(1822)举人，道光二十五年(1845年)始成进士，是开近世"放眼看世界"新风的先驱。① 著有《海国图志》《元史新编》《老子本义》《圣武记》等。

(二)湖湘学派的主要社会思想

湖湘学派是儒、释、道"三教合一"理学中的重要学派，其社会思想既不同于程朱理学，也不同于陆王心学、陈吕实学，而是独具地域特色的心性学说及其思想。该学派的主要社会思想体现在以下四个方面：

1."以性为本、性体心用"的性本论

湖湘学派的核心范畴是"性"。胡宏认为："性"是世界本原，是"性为万物根底"。② "性"具有万理，万理皆出于性。"理"是自然之理，也就是万物的规律、原则，也就是伦理纲常之理和君主治理国家之方略。治理天下，必须本于理义。理是治国理政之规律和原则，义则是治国理政之用法。治国理政，规律和原则不可不明确，用法不可不清理精到。规律和原则明确了，然后纲

---

① 陈其泰、刘兰肖：《魏源评传》，南京大学出版社2005年版，第618页。
② (宋)张栻撰，杨世文、王蓉贵点校：《张栻全集·孟子说》，长春出版社1999年版，第385页。

纪可正；用法精到了，然后权衡可平。纲纪正，权衡平，则万世治，百姓服，四海同。在胡宏看来，"性"是形而上的，是本体，而"理"则是形而下的，是具体的。性分为本然之性与具体之性，形而上的是性，形而下的为物。万物皆有不同的属性，但却只有一个共同的本性。而性是心的本体和本原，心是性的表现和作用。

胡宏的"性体心用"思想被他的弟子张栻则更进一步发挥到"心主性情"。胡宏认为"未发"为性，"已发"为心。张栻则认为：天命之性的展现依赖于人心，只要能存"仁"心，就可与天地合德，心性合一。这是求道成圣的重要的第一步。湖湘学派认为在人们的社会生活中，人是统摄万物者，人是世界的主人，更应是自己的主人。强调人应发挥其能动性。这在当时是极具进步意义的。

王夫之则在继续胡宏、张栻"心性"学说的基础上，提出了其"日生日成，习与性成"的人性论主张。他认为：人的"天命之性"不是初生独受的，而是连人的"形之善恶""气之善恶"，也不是初生就有"成形"或"成气"的。[①] 他说："夫性者，生理也，日生则日成。则夫天命者，岂但初生之顷命之哉？但初生之顷命之，是持一物而予之于一日，俾牢持终身不以失……一受其成形，而无可损益矣。"[②]他认为，"性"就是"生"的意思，人性不是一生下来就生成的，而是随着年龄的增长逐步生成的。在人们的社会生活中，人性日日新生，日日形成，并逐步完善起来，并不是先天定型的。人生之初，只有性之根，但这只是人性形成的基础，否则仁、义、礼、智、信等就无法养成。人性的形成是在出生之后，在社会生活中日积月累，"受命成性"的，如果没有生命历程的经历和积累，人性就无法形成。

"性成"与"习"相关。他说："习与性成者，习成而性与成也。"[③]即习与性相互影响，相互促进，在这个过程中，人性便逐渐形成。也就是说，人们在日常生活之中，不断地认识自然，认识社会，在此过程中，人性亦日趋成熟。正如他所说："举凡口得之成味、目得之成色、耳得之成声、心得之成理者皆是也，是人之自幼讫老，无一日而非此以生者也，而可不谓之性哉！"

---

① （明）王夫之：《船山全书·尚书引义·汤诰》，岳麓书社1996年版，第294页。
② （明）王夫之：《船山全书·尚书引义·太甲二》，岳麓书社1996年版，第299页。
③ （明）王夫之：《船山全书·尚书引义·太甲二》，岳麓书社1996年版，第299页。

此外，他认为人性有善而无恶，但人却有善有恶。人只有天命之性，也就是天赋的"仁、义、礼、智之根"，是无不善的，而气质只是"才"，不是"性"。人们的"才"有清浊、明昏、全偏之分，清、明、全者可以抵制恶习的熏染而发展善性；浊、昏、偏者则易受恶习的影响而丧失善性。人之有善有恶不是由于人的"根"性不同，而是由于"习"之所致，在人们日常生活中"取之纯，用之粹而善；取之驳，用之杂而恶"。所以，人性是可以随着人们的习惯或习性而改变的。

2. "私欲之中，天理所寓"的欲望论

湖湘学派在人性问题上也提出了自己的独立见解。胡宏认为："性无善恶、性有好恶"。性是奥妙而难于言状的，仅以善恶言性是不可尽其意的。在此问题上，张栻则认为：天地之性"纯粹至善"。他说"原性之理，无有不善，人物所同也。"[1]而至明末清初，王夫之则充分肯定了自然欲望在人类社会中所占的重要地位，认为其是人类社会发展的基础。他说"饮食、男女，人之大欲，共焉者也。而朴者多得之于饮食，佻者多得之于男女。欲得其情，不容不殊。古之人因情以用才，因才以起功。岂可强哉！岂可强哉！"[2]他认为："圣人有欲，其欲即天之理。天无欲，其理即人之欲。学者有理、有欲。理尽，则合人之欲；欲推，即合天之理。于此可见，人欲之各得，即天理之大同。天理之大同，无人欲之或异。治民有道，此道也。"[3]

在人欲与天理的问题上，王夫之将天理与人欲统一起来，坚持天理即人欲的思想，这一思想无疑纠正了宋儒"存天理，灭人欲"这一哲学命题在社会组织层面给中国社会所带来的不良影响，为社会尊重人们的自然的欲望，沿着健康合理的方向发展起到了积极作用。

但王夫之所强调的人欲，又不是只顾一己之私欲，而是整个社会大众的自然欲望皆得到合理满足意义下的人欲。王夫之认为："天理充周，原不与人

---

① （宋）张栻撰，邓洪波校点：《张栻集·论语解》，岳麓书社2010年版，第275页。

② （明）王夫之：《船山全书·诗广传·论东山与七月》，岳麓书社1996年版，第383页。

③ （明）王夫之：《船山全书·读四书大全说·论语·里仁篇》，岳麓书社1996年版，第641页。

欲相对垒。"①"随处见人欲，即随处见天理。"②所以，王夫之所说的人欲是万物各得其所意义下的人欲，是整个社会大众的自然欲望皆得到合理满足意义下的人欲，唯这个人欲才是"人欲之大公"，才是"天理之至正"，才是王夫之充分肯定的人欲。只有在这个人们的自然欲望都得以满足的基础之上，再导之以道，才可实现儒家理想的王道社会。"使人乐有其身，而后吾之身安，使人乐有其家，而后吾之家固，使人乐用其情，而后其情向我也不浅，进而导之以道则王，即此而用之则霸，虽无道犹足以霸，而况于以道而王者乎？"③

3. "后胜于古、理势合一"的进化论

在人类社会发展的问题上，胡宏认为："天命"虽有，但必须"循道而行"，按规律办事。按规律办事则通，违反规律办事则否。人们只有认识客观规律的道，但不可以制作和改变它。而王夫之总的来说是坚持人类社会是由蒙昧向文明不断进化发展的观点。他认为，在唐虞以前，人类社会处于生产力发展水平极其落后的阶段。"昏垫以前……鲜食艰食相杂矣，九州之野有不粒不火者矣。"④在这一生产力极其落后的时期，人类社会也处于与动物相去无几的蒙昧状态中。"太昊以上，其犹禽兽乎？禽兽不能全其质，夷狄不能备其文。文之不备，渐于无文，则前无与识，后无与传，是非无恒，取舍无据，所谓饥则呴呴，饱则弃馀者，亦植立之兽而已矣。"⑤

其后，随着生产力的发展，物质文明水平的提高，人类社会才渐渐摆脱野蛮、蒙昧，趋于文明。"帝贻来牟，丰饱贻矣，性情贻矣，天下可垂裳而治……不粒不火之禽心其免矣夫！"⑥直至孔子出，作《春秋》、删《诗》《书》、定礼乐后，人类社会才真正出现了制度化的文明。"孔子成《春秋》而乱贼始惧，删《诗》《书》、定礼乐，而道术始明，然则治唐虞三代之民难，而治后世

---

① （明）王夫之：《船山全书·读四书大全说·论语·宪问篇》，岳麓书社 1996 年版，第 801 页。

② （明）王夫之：《船山全书·读四书大全说·孟子·梁惠王下篇》，岳麓书社 1996 年版，第 914 页。

③ （明）王夫之：《船山全书·诗广传·论葛生一》，岳麓书社 1996 年版，第 367~368 页。

④ （明）王夫之：《船山全书·诗广传·论思文》，岳麓书社 1996 年版，第 491 页。

⑤ （明）王夫之：《船山全书·思问录·思问录外篇》，岳麓书社 1996 年版，第 467 页。

⑥ （明）王夫之：《船山全书·诗广传·论思文》，岳麓书社 1996 年版，第 492 页。

之民易，亦较然矣。……帝王经理之余，孔子垂训之后，民固不乏败类，而视唐虞三代帝王初兴、政教未孚之日，其愈也多矣。唐初略定，夙习未除，伦已明，礼已定，法已正之馀，民且愿得一日之平康，以复其性情之便，固非唐虞以前茹毛饮血、茫然于人道者比也。……孰谓后世之天下难与言仁义哉?"①

王夫之认为，人类社会的发展不仅是从蒙昧向文明不断进化的过程，而且，整个社会的发展也是日趋于大同的。"古之天下，人自为君，君自为国。百里而外，若异域焉，……周大封同姓，而益展其疆域，割天下之半归之姬氏之子孙，则渐有合一之势。而后世郡县一王，亦缘此以渐统一于大同。"②

此外，在人类社会发展的动力问题上，王夫之认为人类社会的发展不同于自然界的发展完全取决于偶然性的力量，人类自身的力量是可以纠正人类社会的不完善之处，使其趋于完善。"天之道亭之毒之，用其偶然，故微恶偏全，参差而不齐。人之道，熏之陶之，用其能然，则恶可使微，偏可使全，变化而反纯。"但是人类社会发展也有不依人类意志为转移的客观规律，那么人类的这种有意识的活动与人类社会自身发展的客观规律以及人类社会的真实发展，又处于一种怎样的发展关系中呢? 王夫之提出"势"与"理"这一对概念，以说明它们之间的关系以及人类社会发展内在依据。"势"在王夫之的思想中实是指现实中各种人、各种利益、各种势力团体的综合，而作为现实各种因素综合的"势"决定了事物的发展方向，决定了历史的真实现状。如对于中国社会自秦朝废封建置郡县这一历史事实，王夫之认为这是"势"所决定的历史之必然。"夫封建之不可复，势也。……汉略师三代以建王，而其势不能久延。……封建之在汉初，灯炬之光欲灭，而姑一耀其焰。"③理是指现实各种因素之中内含的必然规律，是势中之理，理与势二者不可分离的。"言理势者，犹言理之势也，犹凡言理气谓理之气。理本非一成可执之物，不可得而见，气之条绪节文乃理之可见者也。故其始之有理，即于气上见理。迨其得理，则自然成势，又只在势之必然处见理。……孟子于此，看得势字精微，

---

①　(明)王夫之:《船山全书·读通鉴论·唐太宗》，岳麓书社1996年版，第763页。

②　(明)王夫之:《船山全书·读通鉴论·唐太宗》，岳麓书社1996年版，第754页。

③　(明)王夫之:《船山全书·读通鉴论·汉文帝》，岳麓书社1996年版，第109页。

理字广大，合而名之曰天。……总将理势作一合说。"①所以在王夫之的思想中，"势字精微，理字广大"，二者决定了人类社会的发展方向，是人类社会发展的内在动力。而人的主观能动性应顺应这种"理"与"势"的发展方向，进行有意识的人类实践，否则必然导致违反社会发展规律的这种人为悲剧的发生。"君子顺乎理，而善因乎天，人固不可与天争久矣，天未然而争之，其害易见，天将然在犹与之争，其害难知。……古之人知此也，故审于生民涂炭之极，察其数之将消，居贞以俟，徐起而顺众志以图，成汤之革夏，周武之胜殷，率此道也，况其非革命改制之时乎？"②

　　王夫之关于理与势这一辩证思想，较为完整地概括了中国社会发展的内在规律，同时也为我们理解中国社会的发展，提供了一个较好的思想立足点。

　　4. "天之所命，礼之为教"的道统论

　　在道统问题上，胡宏说："人也者，天地之全也。而何以知全乎？万物有父子之亲者焉，有有君臣之统者焉，有有报本反始之礼者焉，有有兄弟之序者焉，有有救灾恤患之义者焉，有有夫妻之别者焉。"③他认为人性与物性的不同在于，人性除了具有本然之性外，也还应具有道德属性，遵从"君君臣臣父父子子"之伦理纲常。为此，他将人性分为圣人之性与凡愚之性，提倡"不与俗异，不与俗同"的主张，力求体用相贯，内在的道德修养与外在的事功统一。

　　王夫之则在此基础上，进一步提出了"天之所命，礼之为教"的道统思想。在君权问题上，王夫之与同时代的思想家黄宗羲有着极其不同的思想观点，是一个主张君权神圣不可动摇的尊君主义者。"立国有大分，则君者神人之主，而其尊莫尚矣。"④之所以如此，是因为君主之地位是天之所命。"天子，天之所命。"⑤在王夫之的思想中，君主的地位神圣不可动摇。在天子与臣民

---

　　①　(明)王夫之：《船山全书·读四书大全说·孟子》，岳麓书社1996年版，第994~995页。

　　②　(明)王夫之：《船山全书·宋论·哲宗》，岳麓书社1996年版，第177~178页。

　　③　(宋)胡宏著，吴仁华点校：《胡宏集·知言·往来》，中华书局1987年版，第14页。

　　④　(明)王夫之：《船山全书·四书训义·孟子十四》，岳麓书社1996年版，第916页。

　　⑤　(明)王夫之：《船山全书·读通鉴论·东晋安帝》，岳麓书社1996年版，第526页。

的地位问题上，王夫之认为二者有着本质上不同，二者之间的地位有着不可跨越的鸿沟。"天子者，以绝乎臣民而尊者也，故曰：'天险不可升也'。"①王夫之的这种君臣关系思想，与黄宗羲"君与臣"之间只有等级差别而无实质差别的思想是迥然不同的。而且王夫之认为这种君臣关系是生于人心中的一种天性关系。"君臣之义，生于人心者也。"②君臣的这种"天之所命"的关系就决定了臣必须忠君，就是对于暴君也只可听其自取灭亡，而不可弑君与逐君。弑君与逐君，王夫之认为皆是天下之首恶。"天子即无道如桀纣，且亦听其自亡以灭宗社，而无敢变置者。"③"天下之恶无有逾于臣弑其君者。"④

王夫之的这种尊君思想，是中国传统尊君思想的延续，但也和当时王夫之生活在明王朝即将趋于解体的这一历史现实密切相关。王夫之未能真正从明王朝社会结构的内部去寻求天下动乱的原因，寻求百姓遭涂炭的原因，而是归罪于民不能托之于君，君不能保护其民的这种君权地位的丧失，归罪于农民起义军对明王朝统治地位的否定。故希望整个社会都能积极维护君权，认为唯有一个至尊之君，天下才能有所依，民才能不因动乱失其庇所，身遭涂炭。王夫之的尊君思想，体现了他希望天下永远和平，民不会因动乱而遭涂炭的良好意愿，这是其尊君思想的现实基础。

王夫之虽有着强烈的尊君思想，但对历史上只顾一己之私的君主，王夫之还是持积极的批判态度的。认为这种将自己的利益置于天下人利益之上的君主的兴亡只是"一姓之兴亡，私也！"⑤而非天下之公。对于这种只知"长久一姓"的君王，王夫之认为他们的君王地位，也是"可禅、可继、可革"⑥的。所以，王夫之的尊君思想是尊以天下百姓利益为己之利益的圣君，而非是将自己的利益置于天下百姓利益基础之上、只顾一姓之私的君主。王夫之这种

---

① （明）王夫之：《船山全书·读通鉴论·五代中》，岳麓书社 1996 年版，第 1116 页。
② （明）王夫之：《船山全书·读通鉴论·后汉更始》，岳麓书社 1996 年版，第 1113 页。
③ （明）王夫之：《船山全书·读四书大全·孟子》，岳麓书社 1996 年版，第 1138 页。
④ （明）王夫之：《船山全书·读通鉴论·宋前废帝》，岳麓书社 1996 年版，第 587 页。
⑤ （明）王夫之：《船山全书·读通鉴论·梁敬帝》，岳麓书社 1996 年版，第 669 页。
⑥ （明）王夫之：《船山全书·黄书·原极》，岳麓书社 1996 年版，第 503 页。

把皇室的利益与天下百姓利益分开论之，并将天下人利益置于君王利益之上的思想，在他所处的时代是有着非常积极的现实意义的。

在意识形态上，王夫之认为儒家思想神圣不可动摇，是中国传统社会的指导思想。"六经之言有大义焉，如天之位上，地之位下，不可倒而置也；……扩之于大，经邦制远之猷，引申之而各尽其用。研之于深，保合变化之真，实体之而立其诚也。所贵乎经义者，显其所藏，达其所推，辩其所异于异端，会其所同于百王，证其所得于常人之心，而验其所能于可为之事，斯焉尚矣。"①从这一段论述中我们可以看出，在王夫之的思想中，儒家经典是人类社会永恒不变的法则，无论人君、人臣，皆应遵循儒家经典的精神治理天下，否则就不能实现儒家理想的王道社会，反而会治乱。

在处理社会政治事务上，王夫之非常重视儒家经典《春秋》的重要意义，认为其有正本清源、为社会制定秩序的功能。所以，为人君者应深明《春秋》大义，否则无以明是非、本末、轻重缓急。"传曰：'为人君而不知《春秋》之义，前有谗而不见，后有贼而不知。'《春秋》之义何义也？嫡庶明，长幼序，尊卑别，刑赏定，重农抑末，进贤远奸，贵义贱利，端本清源，自治而物正之义也。"②儒家学说就是治理中国社会的大经大本，而其他的一切学说，如老庄、申韩、杨墨、佛教，王夫之一概将其视为异端。"古今之大害有三：老庄，浮屠，申韩也。三者之致祸异，而相沿以生者，其归必合一，不相济则祸犹浅，而相沿则祸必烈。"③

儒家思想为万世不可动摇的指导思想，这种思想落实到社会组织层面则体现为"礼制"是规范整个社会秩序的核心思想。王夫之认为："礼制者，人神之纪也。"④礼是"推之天下而可行，尽乎事之变而得其中的"⑤的、关乎人类社会一切的根本原则。由于礼的这种地位，所以礼是"圣人于常治变，于变有常。夫乃与时偕行，以待忧患"⑥的根据。

① （明）王夫之：《船山全书·宋论·神宗》，岳麓书社1996年版，第166页。
② （明）王夫之：《船山全书·读通鉴论·唐太宗》，岳麓书社1996年版，第768页。
③ （明）王夫之：《船山全书·读通鉴论·梁武帝》，岳麓书社1996年版，第651页。
④ （明）王夫之：《船山全书·读通鉴论·隋炀帝》，岳麓书社1996年版，第718页。
⑤ （明）王夫之：《船山全书·读通鉴论·唐太宗》，岳麓书社1996年版，第773页。
⑥ （明）王夫之：《船山全书·周易外传·系辞下传第七章》，岳麓书社1996年版，第1056页。

在王夫之的思想中，礼的社会功用主要体现在三个方面：一是从社会整体而言，礼有组织社会、使其和谐无争乱的功能。"无礼则上下不辩，民志不定，而争乱作。"①以礼消除社会争乱，在此基础上，可以达到社会的和谐与繁荣。"晏子曰：唯礼可以已乱。然则立国之始，所以顺民之气而劝之休养者，非礼乐何以哉？譬之树木：生养休息者，枝叶之荣也，有序而和者，根本之润也。今使种树者曰：待枝叶之荣而后培其本根，岂有能荣枝叶之一日哉？"②故礼是社会繁荣和谐的根基。二是礼使人类社会趋于文明，是人类社会别于禽兽的根本所在。"先王之制礼也，始于男女饮食而推以及于远大。盖礼行于二者之中，人之所以异于禽兽而持之于可久者也。"③三是个体而言，礼可以使君子加强自我修养，养刚方之体。"礼者所以通深谨之士，而使悠然有余于名教之乐；养刚方之体，而使善行其天理之正也。"④

在王夫之的思想中，礼教关乎到人类社会组织中的一切领域中，是人类社会进行自我组织的根本原则。"夫礼之为教，至矣大矣，天地之所自位也，鬼神之所自绥也，仁义之以为体，孝悌之以为用也。五伦之所经纬，人禽之所分辩，治乱之所司，贤不肖之所裁也，舍此而道无所立矣。"⑤人类社会组织与个体皆应循礼而行，非礼勿动。若此，则人类社会可以达到儒家理想的王道社会。

四、地域内社会思想的异同之处及其原因

湖湘学派自胡安国奠基，历经其子胡宏、张栻等承传，再到明末清初之王夫之、魏源、曾国藩、王闿运、王先谦、皮锡瑞等几乎所有有影响的湖湘学派人都有着一种挥之不去的独特的"春秋情结"。⑥胡安国毕其一生精力研

① （明）王夫之：《船山全书·四书训义·论语四》，岳麓书社1996年版，第374页。
② （明）王夫之：《船山全书·读通鉴论·汉高帝》，岳麓书社1996年版，第86~87页。
③ （明）王夫之：《船山全书·四书训义·孟子十二》，岳麓书社1996年版，第753页。
④ （明）王夫之：《船山全书·四书训义·论语十二》，岳麓书社1996年版，第999页。
⑤ （明）王夫之：《船山全书·读通鉴论·梁武帝》，岳麓书社1996年版，第635页。
⑥ 孙丽娟、卜祥记：《"春秋情结"——湖湘学人的精神脉搏》，《求索》2010年第4期。

治《春秋》作《春秋传》，与《春秋》三传并行于世；明末清初王夫之撰《春秋家说》三卷、《春秋世论》五卷；之后魏源治《春秋》以"公羊学"为核心；至晚清皮锡瑞著《春秋通论》。还有曾国藩也读过春秋，王闿运专治"公羊学"，28岁达《春秋》。这种"春秋情结"，从根本上来说，就是湖湘学派人骨子里的文化家园意识。这种文化家园意识在湖湘学派人中间始终没有断裂。他们一是始终坚守历代湖湘学派人治学的谨严，与时俱进地用时代价值观来解读春秋。二是在综合前人诸家思想的基础上，对《春秋》进行独到的思考与分析，终至形成湖湘学派延历千年的一大传统，给湖湘社会带来了开放与保守两派并流的局面。① 他们的社会思想主要集中于两个方面，一是华夷之辨，二是革新变法。

(一)华夷之辨

从南宋湖湘学派的奠基人胡安国、张栻，到明末清初的王夫之等学人，他们对于《春秋》的研究始终主要是围绕"华夷之辨"这个中心主旨来展开的。

胡安国作《春秋传》乃"强学力行，以圣人为标的，志于康济时艰"。② 他认为，《春秋》绝非只是记载鲁国242年历史的普通史书，相反，"《春秋》鲁史尔，仲尼就加笔削，乃史外传心之要典也"③。孔子整理《春秋》，就是振兴发扬中华文化的历史责任感，这种责任感就是"传心"，以复兴儒学为标志。对华夷之辨的强调正是胡氏《春秋传》独具特色之处。④ 他在其《春秋传》的序言中说："虽微词奥义，或未贯通，然尊君父，讨乱贼，辟邪说，正人心，用夏变夷，大法略具，庶几圣王经世之志，小有补云。"⑤故其书"感激时事，往往借《春秋》以寓意，不必一一合于经旨"⑥。胡安国不是按照寻章摘句的方

---

① 孙丽娟、卜祥记：《"春秋情结"——湖湘学人的精神脉搏》，《求索》2010年第4期。

② (元)脱脱等撰：《宋史·胡安国传》，中华书局1999年版，第10075页。

③ (宋)胡安国著，钱伟疆点校：《春秋胡氏传·春秋传序》，浙江古籍出版社2010年版，第1页。

④ 孙丽娟、卜祥记：《"春秋情结"——湖湘学人的精神脉搏》，《求索》2010年第4期。

⑤ (宋)胡安国著，钱伟疆点校：《春秋胡氏传·春秋传序》，浙江古籍出版社2010年版，第2页。

⑥ 四库全书研究所整：《钦定四库全书总目》，中华书局1997年版，第345页。

式，解释《春秋》的词句或考证《春秋》所记事实的真伪，而是为了"经世"的目的，试图为解决现实问题提供原则的指针和行事的借鉴。为当时及以后天下万世之君主"开为仁之方"。①

明末清初的王夫之则更是把华夷之辨作为其全部著述注目的中心问题，这些思想在其经学著作，特别是《春秋家说》《春秋世论》中最为突出。他认为，"夷狄"不仅仅是一个种族概念，还有文化上的区别，即"非我族类，其心必异"，不特别指某一种族而言。他还认为夷狄不仅是个文化观念，同时也是个地域观念。他说："人禽生死之际，道之尤严，舍此而君子无道，奚容变哉！然而天下视之矣。吴胜则走吴，鲁卫走之，而晋且走之也；越胜则又走越，鲁卫走之，而齐且走之也。迨二国者之已灭，其遗智余习，犹以染战国之天下，赵武灵、秦庄襄、始皇之所尚，皆吴越以为师。则天下之大变，始开于吴越。"②

(二) 革新变法

湖湘学派学人至晚清之际，其"春秋学"的研究则明显已由"华夷之辨"转变到"革新变法"。

开启这一转变进程的当首推魏源《春秋公羊传》之"三统说"：他认为："三代以上，天皆不同今日之天，地皆不同今日之地，人皆不同今日之人，物皆不同今日之物。"③"以三代之盛，而殷因于夏礼，周因于殷礼，是以《论语》'监二代'，荀卿'法后王'，而王者必敬前代二王之后，岂非以法制因革损益，固前事之师哉！"④因之，当今的政治必要革新变法。鸦片战争后，他更是大胆提出"师夷之长技以制夷"的"经世""变易"之说，强调变革必先改变人心之积患。他说："不难于祛百载之积患，而难于祛人心之积弊。"⑤

自魏源以后，皮锡瑞也在力倡"改制"。他说："《春秋》有大义，有微言。

---

① 孙丽娟、卜祥记：《"春秋情结"——湖湘学人的精神脉搏》，《求索》2010 年第 4 期。

② (明)王夫之：《船山全书·春秋家说卷下·定公》，岳麓书社 1996 年版，第 335~336 页。

③ (清)魏源：《魏源集·默觚下·治篇五》，中华书局 1976 年版，第 47~48 页。

④ (清)魏源：《魏源集·明代食兵二政录叙》，中华书局 1976 年版，第 161 页。

⑤ (清)魏源：《魏源集·海运全案序》，中华书局 1976 年版，第 411 页。

所谓大义者，诛讨乱贼以戒后世是也。所谓微言者，改立法制以致太平是也。"他认为："素，空也，谓空设一王之法也。"既立一新王之法，对于当时来讲，就是改制。"所谓改制者，犹今人之言变法耳，积久而必变，有志之士，世不见用，莫不著书立说，思以其所欲变之法，传于后世，望其实行。自周秦诸子，以及近之船山、亭林、梨洲、桴亭诸公皆然。"①

这种"教治并重"的精神传统，给湖湘社会带来了开放与保守两派并流的局面。正如梁启超所说，"（湖南）各县州府和各学校纷纷并起，小学会尤盛，人人皆能言政治之公理，以爱国相砥砺，以救亡为己任，其英俊沉毅之才，遍地皆是"②。"湘中诸事之起点，尤为他省平等之起点欤"③；无论开埠、传教、技术引入、修铁路、通轮船，都引起湖湘群众的仇外反抗情绪。可以说，前者受"春秋改制"观的影响较深，后者则受"春秋夷夏之辨"影响较深。"孔子曰：知我者其唯《春秋》乎！罪我者其唯《春秋》乎！"④湖湘社会文化独特个性的造就，同样可以套用这样一句话。⑤

（三）湖湘学派社会思想旨意变迁的归因

湖湘学派诞生于长沙及其附近地区，至隋唐时期，该地区的对外交流的通道仅有三种：一是沿水路顺长江而下的商道；二是水路与陆路兼备至中原的商道；三是水路与山路兼行至岭南两粤以及巴蜀的商道。及至明代开通黔滇商道，使长沙及其附近地区因湘沅舟运而逐渐成为商业城市和贸易中心。至清末，随着1897年鄂湘轮船局的成立以及至随后的许多轮船公司的成立，使得长沙及其附近地区的水上交通运输网络日益完整，水运不断发展。与此同时，随着1918年粤汉铁路北段的通车，陆上交通也迅速发展起来。

随着长沙及其附近地区交通的改善，有力地促进了该地区的经济发展和贸易的往来，同时也使得各种思想文化交流日益频繁。各种新思想、新观点、新技术、新方法源源不断地渗入该地区的每个地方、每个家庭、每个个人，

①　（清）皮锡瑞：《经学通论·春秋》，中华书局1954年版，第21页。
②　梁启超：《饮冰室合集·戊政变记》，中华书局1989年版，第143页。
③　皮嘉祐：《平等说》，《湘报》第60号。
④　（宋）朱熹：《四书集注》，岳麓书社1987年版，第389页。
⑤　孙丽娟、卜祥记：《"春秋情结"——湖湘学人的精神脉搏》，《求索》2010年第4期。

直接影响和改变着该地区的社会风气和学术旨趣，不断冲击和更新着该地区的传统保守思想和文化，一大批有识之士走出了湖湘，甚至走向世界。他们不再把目光仅仅局限于华夷之辩，而开始思考民族危机深重时刻的图存之策，"睁眼看世界"，探寻革新变法的新路。

此外，长沙及其附近地区自古就是南楚，迁客骚人荟萃，文化交流频繁，思想碰撞不断。尤其是岳麓书院始终坚持以心性学说为基础，以经世致用为目的，着力彰显"实理实事、勇于批判创新"的学术风格，网罗众家，兼容并蓄，不囿己见，思想开放。所有这些，都为湖湘学派社会思想旨意变迁创造了良好的学术条件。从起步时期以"二程学说"传授为要，到独创心性学说，进而开启朱熹与张栻的"中和之辨"，均是这种经世致用的学术风格的鲜明体现。

五、地域社会思想的特色

湖湘学派社会思想的主要特色主要体现以下几个方面：

一是有一种重视道统的传统。胡安国认为："事应虽殊，其理一也"①，尊王、讨贼、正心、攘夷等大义，均是一理的具体表现形式。但胡宏则认为：人性岂能离"君君臣臣父父子"之伦理纲常，必须在本然之性之外，强调其道德属性。再到王夫之的"天之所命，礼之为教"的道统论，均体现了湖湘学派重视道统的传统。

二是有一种推陈出新的精神。无论是胡宏性本论的创立，还是到王夫之的"日生日成，习与性成"的人性论；无论是张栻的"心主性情""仁为人心"的思想，还是魏源的"三统说"以及在道和器、知和行、体和用等一系列问题上均展现了湖湘之地、湖湘之人、湖湘之学，与时俱进，不断求变的学术风范与品质。

三是有一种知行合一的态度。从胡宏的"缘事物而知"，到张栻的"格物致知论"，再到王夫之的知行统一于"行"，湖湘学派社会思想的经世致用、知行合一、实事求是、与时俱进，已成为近代中国救亡图存，革故鼎新的锐利武器。

---

① （宋）胡安国著，钱伟疆点校：《春秋胡氏传·春秋传·桓公上》，浙江古籍出版社2010年版，第46页。

四是有一种海纳百川的胸怀。湖湘学派虽早有湘籍本土周敦颐作《太极图说》和《通书》，但其真正游学则在江西。后虽有王夫之、曾国藩等湘籍人士鼎力而作，但终究而言其始创仍属于流寓湘籍的外籍人士胡安国、胡宏父子以及张栻等，并存在于张载、程氏兄弟、朱熹以及王阳明等外籍人士著作之中。可以说，湖湘学派就是百家之学。①

六、地域社会思想的现代评价

作为儒家理学的一个重要的地域性学派，湖湘学派社会思想的历史贡献及当代如何呢？湖南大学岳麓书院国学研究院院长、中华孔子学会理事会副会长朱汉民教授、博士认为："湖湘学派是形成于宋代、到明清时期获得特别发展的地域性学术形态。南宋的胡安国、胡宏、张栻，明清时期的王船山、魏源、曾国藩、郭嵩焘、谭嗣同等，均是湖湘学派史上比较杰出的历史人物，毫无疑问，这些人物之所以在湖湘学派史上有重要地位。"②"他们的学术宗旨、知识旨趣的指向，几乎均是儒家文化中具有普遍性意义的'天下之道'。"③"湖湘学派学人群星灿烂，他们均进入到中国传统学术的最前沿，为建构一个在时空上具有普遍性、恒常性的文化价值体系，做出了十分重大的贡献。"④湖南省湘学研究院常务副院长、研究员刘云波则认为："湖湘学派是中国传统文化的重要组成部分……宏大湖湘学派就是弘扬中国精神，就是为中华民族伟大复兴提供精神动力和力量源泉……宏大湘学就是增强国人理想信念、重塑国人道德品质、树立国人美好形象的良方妙药……宏大湖湘学派就是振兴湖南的自信之根、力量之源。"⑤

---

① 郑佳明：《湘学的特殊品格》，《湖南日报》2013 年 9 月 24 日。

② 朱汉民：《特殊性与普遍性的融合——湖湘文化精神特质的历史建构》，《湖南大学学报（社会科学版）》2014 年第 6 期。

③ 朱汉民：《特殊性与普遍性的融合——湖湘文化精神特质的历史建构》，《湖南大学学报（社会科学版）》2014 年第 6 期。

④ 朱汉民：《特殊性与普遍性的融合——湖湘文化精神特质的历史建构》，《湖南大学学报（社会科学版）》2014 年第 6 期。

⑤ 刘云波：《为什么要宏大湘学》，《湖南日报》2013 年 9 月 24 日。

第六章　范式之五
——时域社会思想研习方法

第一节　要　素

【导语】

　　时域社会思想研究法，通过以时间为经，其余为纬，分阶段揭示一定时域的社会思想。现有的教科书通常以朝代分段来展示各个朝代的社会思想。由于某些朝代延存的时间较长，故不以朝代，而以时域称之。时域社会思想研究法近似编年体，可以考察某个历史时期、阶段、年代的社会思潮的概貌。该研究方法必须对一个时期社会思想的源头、继替、发展脉络有个把握，否则会造成"前不见古人，后不见来者"断裂状态。

基本要素——

　　1. 案例的时域起止。

　　2. 时域的政治、经济、科技、文化背景等重大事件(变革、转型、战争、天灾等)及思想产生者的情况等。

　　3. 时域社会形势的主要特征、呈现的主要问题。

　　4. 时域出现了哪些社会思想家、流派、著作? 提出了哪些社会思想?

　　5. 同一时域社会思想异同之处。

　　6. 该时域社会思想产生的原因。

　　7. 该时域社会思想的特色与流变。

8. 该时域社会思想的现代评价。

附研习思考题

试用时域社会思想研究方法研习唐代初期、中期的社会思想、宋代及明代社会思想。

第二节 案例举隅——战国社会思想研习

一、战国时域的起止

战国时期的起止时间在学术界还没有统一，特别是战国时期的开始时间众说纷纭。一说，公元前475年(周元王元年)是春秋、战国分界线，即战国时期的开始之年，此说依据周王朝周敬王去世，周元王登基。司马迁从周元王元年开始编撰战国七雄史事。"田常杀简公而相齐，诸侯晏然弗讨，海内争于战功矣……余于是因《秦记》踵《春秋》之后，起周元王，表六国时事"①。由于晋国还没有分裂，故，是时只"表六国时事"。齐、楚、燕等诸侯国经过改革，基本完成了封建社会经济基础和上层建筑的变革，确立了封建社会政治、经济、军事、阶级等制度，中国进入封建社会。

一说，公元前481年(周敬王三十九年)是春秋时期与战国时期的分界线。孔子曾以鲁国为线编撰《春秋》。公元前481年(周敬王三十九年，鲁哀公十四年)，孔子不再编撰《春秋》"鲁哀公十四年，孔子绝春秋之笔。"②故，有的历史学家将公元前481年作为春秋时期的结束时间。

一说，公元前403年(周威烈王二十三年)是战国时期开始之年。是年，晋国的韩、赵、魏三家士大夫瓜分了晋国土地，晋国灭亡，史称"三家分晋"。

---

① (汉)司马迁撰，(宋)裴骃集解，(唐)司马贞索隐，(唐)张守节正义：《史记·六国年表》，中华书局2017年版，第835~837页。

② 子曰："弗乎弗乎，君子病没世而名不称焉。吾道不行矣，吾何以自见于后世哉？"乃因史记作《春秋》，上至隐公，下讫哀公十四年，十二公。参见(汉)司马迁撰，(宋)裴骃集解，(唐)司马贞索隐，(唐)张守节正义：《史记·孔子世家》，中华书局2017年版，第2352页。

由此，秦、楚、燕、韩、赵、魏、齐等战国七雄出现。故，有的历史学家将公元前 403 年作为战国时期的开始时间。

本书采用公元前 475 年作为战国时期的开始之年。学术界对战国时期的结束时间基本一致。公元前 221 年(秦始皇二十六年)是战国时期的结束时间。秦国先后灭掉韩国、魏国、楚国、燕国、赵国等诸侯国后，在秦始皇 26 年，俘虏了齐王建，最后一个诸侯国齐国被灭。至此，秦始皇完成统一中国，战国时期结束。

二、战国时期历史背景及社会状况

战国时期，诸侯国相继改革，彻底打破了周王朝的统治，社会急剧转型。整个社会的经济、政治、文化和环境等各方面发生了巨大变化。战争、对抗、天灾等伴随始终。面对这样一个局面，不同地域的统治者、不同阶层的代表人物、不同学派的知识分子及各流派争芳斗艳，提出了各种治国理政之策和社会发展的思想。战国时期是一个百家争鸣的历史时期。

战国时期，社会生产力得到了迅速发展。铁制农具广泛使用，我国由青铜时代进步到铁器时代。牛耕技术的推广，掌握了用牛代替人来拉犁的技术，土地得到了大规模地开垦，山林沼泽已经能够为民所用。桔槔(俗称"吊杆""秤杆")汲水灌溉农田技术得到广泛推广，在一定程度上能够旱涝保收。社会生产力显著提高，农作物产量得到提高，农业生产可以不再需要集体劳动，单个家庭就能够完成整个农业生产的全过程。个体劳动不仅能够养活自己，而且还有了剩余物资。

战国时期，社会经济发展迅速。铁制农具和牛耕技术的推动，诸侯国十分重视兴修水利，先后出现了秦蜀守李冰修都江堰、水工郑国在秦修郑国渠、连通江淮的人工运河邗沟、连通黄淮的人工运河鸿沟和西门豹渠等水利以发展经济，农业发展迅速。青铜铸造、加工工艺进一步发展，发明了铸铁柔化处理技术，髹漆业、纺织业、煮盐业、酿酒业、技术和雕刻艺术有了新的发展，出现了独立经营的手工业者和商人。其中，髹漆行业开始采用夹纻(用薄木卷曲为胎，贴以麻布再涂上漆)技术制造漆器。纺织行业的麻纺织布技术日趋成熟，麻纺纤维相当细密。魏国解州(今山西运城)的池盐、沿海的海盐和蜀地的井盐得到开发利用。用曲造酒日趋纯熟。齐国人撰写的《考工记》记述了木工、金工、皮革、染色、刮磨、陶瓷等六大手工业种类 30 个工种的内容，以及官营手工业各工种规范和制造工艺。经济的大发展促进了人口的迅速增长。商业的发达，象牙、马、鱼、盐和皮革等各地土特产品互相流通。商品流通超出诸侯国的范围，齐国的临淄、赵国的邯郸、魏国的大梁、楚国的郢等城市成为经济中心、政治中心和繁华商业中心，聚集着大量人口。

战国时期，社会关系发生了巨大变化。封建剥削方式产生，奴隶阶层渐趋消失，原来耕种井田的奴隶转变为依附农民。获得土地私有权的奴隶、平民和没落贵族开荒种地，成为以家庭为单位的自耕农。拥有迁徙自由的农民产生，让耕种土地的农民交出大部分农产品，保留一部分产品，产生了地主阶级。各诸侯国的变法运动加速了封建制度的确立，贵族地主、军功地主、工商地主等新兴地主阶级日益壮大。

战国时期，社会制度急剧转型。诸侯国的封建制度相继建立。诸侯国相继改革变法，以增强国力，国富民有兵强。其中，战国前期，最为有名的是李悝在魏国的改革，经过改革，特别是盐业的改革，国家日趋富强；战国中期，最为有名的是吴起在楚国的改革，经过改革，楚国呈现出"问鼎中原"的气势；战国后期，最为有名的是商鞅在秦国的改革，经过改革，秦国具备了一统中国的实力。各诸侯国的变法运动是一场封建化运动，一般采取重农抑商的政策，废除了奴隶社会全国土地归周王朝所有的井田制，废除了建立在井田制基础上的向周王室上交赋税的分封制，广泛规定无论公田、私田均应该缴纳赋税的私有制度，土地所有制由国有制向封建地主土地所有制转变。特别商鞅变法，还统一度量衡、建立郡县制、实行连坐法、奖励军功、明定法令等改革，使秦国逐步强盛，极大地推进了秦国的发展。

战国时期，诸侯国间的兼并战争异常激烈。据不完全统计，从周元王元年(前 475 年)至秦王政二十六年(前 221 年)的 255 年中，先后发生了大小战争有 230 次之多，其频率，几乎可平均每年一次。其中，比较大的战争有几十起，杀人盈野，不可胜数，给经济、社会带来巨大的灾难。思想价值的自觉，某些归因是建立在残酷的事实上，岂不悲哉？战国时期战祸、战乱的频仍，有必要仔细地列举如下：

前 479 年，楚国消灭陈国。前 475 年，越国攻打吴国，前 473 年吴国被灭亡。前 453 年，晋国三卿赵、韩、魏消灭智伯，三分其地，史称"三家分晋"。前 398 年，楚国攻打郑国。前 381 年，楚国内乱，吴起被杀。前 375 年，韩国消灭郑国。前 364 年，秦国打败晋国赵、韩、魏三卿军队，斩首 6 万。前 354

年，魏国攻打赵国。前353年，齐国攻打魏国，史称"围魏救赵"。前352年，秦国攻打魏国。前341年，魏国讨伐韩国，齐国救韩国，孙膑在马陵大破魏军。前335年，秦国攻打韩国。前334年，越国侵扰楚国，反被楚国灭亡。前333年，楚国攻打齐国。前318年，楚、赵、魏、韩、燕联军讨伐秦国。前317年，秦国打败韩国军队，斩首八万。前314年，秦国讨伐魏国。前312年，楚国讨伐与秦国失败，韩国乘机攻打楚国。前306年，楚国消灭越国。前300年，秦国攻打楚国。前298年，秦国打败楚国，斩首6万。前295年，赵国与齐国、燕国消灭了中山国。前293年，秦国打败魏国、韩国，斩首24万。前289年，秦国讨伐魏国。前286年，齐国消灭宋国。前285年，秦国攻打齐国。前284年，燕、秦、魏、韩、赵联合讨伐齐国。齐国兵败，其他国家退去，燕军继续攻打齐国。前279年，齐国打败燕军，复国。前278年，秦国讨伐楚国。前276年，秦国伐魏国。前270年，秦国伐赵国。前265年，赵国打败匈奴10万骑兵。前260年，秦国攻打赵国，史称"长平之战"，赵国40万将士被坑杀。前258年，秦军围赵国，魏信陵君窃符救赵，楚春申君也率军救赵。前257年，信陵君大破秦军于邯郸，秦军撤退。前256年，秦昭王灭掉周朝。前251年，燕国伐赵国，被赵军打败。前249年，楚国灭鲁国。前248年，秦国伐赵国。前244年，秦国伐韩国。赵国伐燕国。前241年，楚、赵、魏、韩、卫联合伐秦，五国败走。前234年，秦国伐赵国，前228年赵国被灭亡。前226年，秦国20万军队攻打楚国。前225年，秦国伐魏国，灭魏国。同年，秦国为楚军所破。前224年，王翦率领60万军队攻打楚国，前223年楚国被灭。前222年，秦国灭燕国、代国。前221年，秦国灭齐国。战国时期结束。

战国时期，百家争鸣，社会思想早熟、共存，推动了封建社会制度建立。面对急剧动荡的社会现实，不同阶层的知识分子从本阶层出发提出了各自解决社会问题的思路、方法与策略，及未来美好社会图景的描绘，并进而产生了相同阶层的不同流派。其中，流传较广、影响较大、最为著名的有法家、道家、儒家、墨家、纵横家、兵家等学术派别。

三、战国时期社会思想产生的历史条件

战国时期是诸侯国相继建立起封建制度的社会大变革时期，整个社会形势呈现出如下特征：

野大于朝。诸侯国图强争霸，无视周天子权威。周王室羸弱无力，赐封大的诸侯以"伯"的称号。诸侯国内弑君夺位，犯上作乱，周王室和其他诸侯均无谴责与弹压。嫡长子分封制土崩瓦解。

战乱频繁。战争频发，民不聊生，视人命如草芥，动辄坑杀上万人，乃至于几十万人。诸侯国间力量消长，反复争夺城市，造成社会巨大物资破坏和财富浪费。一方面促使统治者推进社会生产力发展，以确保社会生产的财富供养庞大的军事消耗；另一方面年年征战，从事农业生产的人力资源有限，阻碍了经济繁荣。

新旧势力斗争激烈。社会生产力发展迅速，奴隶制社会的井田分封制不能适应社会生产力，严重阻碍经济发展，促使统治者改变原有的剥削方式，采用新的土地赋税制。

社会流动性强。战国时期，诸侯国为了生存在人才问题上大胆使用来自他国的人才，进行社会改革。战国时期，自给自足的小农经济产生，人口增长迅速，社会流动性增强。各诸侯国间没有限制人口流动的关卡。聚族而居的人们往往以宗族集团形式从一个诸侯国流动到另一个诸侯国。将先进生产力带到新的地区，促进了地区间社会经济发展。如，公元前334年，楚国消灭越国后，越国王族从海路进入福建，带去了先进生产方式，建立的闽越王国成为中国东南一带势力最强的国家。城市人口规模较大，商业进一步发展。

七国竞雄、生产力发展和新的生产关系的建立既带来了战争、兼并、百姓流离失所、社会失范、道德滑坡，也带来了各国变法图存、人心思治、重建社会秩序、重构道德规范与社会规范和对人才的需求，促使了"士"阶层的兴起与活跃，形成"百家争鸣"的思想文化繁荣局面。

战国时期的社会变动，带来了系列社会问题，其中主要有如下几个方面的社会问题。

国家分裂的问题。整个周王朝长期地处于分裂状态，国家四分五裂，通过战争的洗礼，出现了战国七雄。战争带来深重灾难。人们普遍厌恶战争，人心渴望安定统一的社会生活，这成为社会发展的主要趋势。频繁的军事斗争，大国兼并小国，逐渐出现了局部的统一局面。整个社会也出现了由大分裂、大内乱、大动荡走向大统一的历史迹象。

阶级对立的问题。铁器、牛耕的使用，大量荒地得到开垦，新开垦出来的田地属于私产，出现了大量自耕农。多余的田产用于出租，出租者采用封建方式收取地租。由此，形成了地主阶级、农民阶级和自耕农阶层。新兴阶级的出现和新的剥削方式的产生，适应了生产力的发展，促进了农业生产、手工业进步和城市商业的繁荣，剩余产品在全国流通，统一的商业市场逐步形成。整个社会存在着旧贵族、井田分封制统治者等旧势力与地主阶级、农民阶级和自耕农阶层等新兴势力之间，以及新、旧势力内部的阶级对立。随着新兴阶级力量的增长，各诸侯国为了在兼并战争中取得胜利，先后进行社会改革。诸侯国的变法运动，逐步确立了封建土地所有制。封建社会传统的"重农抑商"政策也开始形成。秦国经过商鞅变法，国力大增，其他诸侯国相继衰落下去。

民族问题。战国时期，秦、赵、燕等诸侯国为了抵御北方少数民族的侵扰，修筑长城，绵延几千里。长城阻挡不了民族间的往来。黄河流域的诸侯国称为"诸夏"。诸夏与秦、楚、吴、越，及北方的匈奴、林胡、楼烦、襜褴、东胡，南方的"群蛮"和"百濮"，东南部及岭南的"百越"，西南部的巴、蜀和西南夷等少数民族相互争斗，相互交流，相互往来，互通有无，相互学习，迎来了民族历史上首次大迁徙、大流动、大融合的高潮。赵武灵王的"胡服骑射"提高了军队战斗力。

人性问题和社会制度构建问题。人性问题是一个治理社会首先需要认识人、了解人的问题。战争对生命的漠视，对人性的戕害，成为知识分子首要面对的问题。统治阶级放松思想控制，诸子百家从本阶层角度对人性问题给予了不同的回应，有利于后来的社会整合。

四、战国时期思想产生者的情况

社会上一旦有解决社会发展的需要，这种需要就更能把各阶层知识分子推向一个直面社会问题的境地，进而推进社会思想的发展。战国时期是青铜到铁器的时代变革，耒耕稼作到牛耕种植的耕作技术革命，国有井田制到私有地主土地所有制的经济变革，集体劳作到个体家庭生产的生产方式变革，分权体制到中央集权体制的行政体制变革，分裂走向统一的民族融合，争霸战争到封建兼并统一战争的军事革命，总而言之，战国时期，社会发生巨大转型变革。这种巨大社会转型变革的需要产生了众多社会思想家。最为著名的有墨翟、商鞅、孟轲、庄周、荀况等社会思想家。

墨翟生于公元前468年，卒于公元前376年，战国早期滕国（今山东省滕州市，一说今山东省枣庄市)人。滕国是一个姬姓诸侯国，赐侯爵，战国时期国小力弱，公元前414年被越国所灭，不久复国，后来又被宋国所灭。墨翟是一位农民出身的知识分子，也是一位手工业者，被后世尊称墨子，木匠祖师爷，创立了先秦时期的几何学、物理学、光学等古典科学技术理论，是墨家创始人。

商鞅生于公元前395年，卒于公元前338年，战国中期卫国(今河南省安阳市)人。卫国是一个姬姓诸侯国，赐侯爵。战国时期国力衰弱，公元前254年卫国成为魏国的一个封君之地。商鞅是卫国国君的后裔，姬姓公孙氏，因在河西之战中立功，获秦国封赏到商，故称商鞅。商鞅年轻时受李悝、吴起的影响，喜欢法家学说(亦称为刑名、刑名学)，曾向尸佼学习杂家学说，后侍奉魏国国相公叔痤任中庶子。秦孝公颁布求贤令后，商鞅携带李悝的《法经》投奔秦国。经过几次觐见，得到秦孝公的赏识。

孟轲生于公元前372年，卒于公元前289年，战国中期邹国(今山东邹城市)人，被尊称孟子。孟轲是鲁国姬姓贵族公子庆父的后裔，平民出身，父亲叫激，幼年丧父，家庭贫困。母亲是仉(zhǎng)氏，母亲抚育成人。一生求学、教书、周游列国。孟轲拜孔子的孙子"孔伋"的门人为老师。

庄周生于公元前369年，卒于公元前286，战国中期楚国蒙(今安徽蒙城，一说河南商丘、山东东明)人，被尊称庄子集解。庄周是楚庄王后裔，楚国公族。因内乱迁到宋国。曾在宋国做过管漆园的小官，但庄周无意仕途，"楚威王闻庄周贤，使使千金迎之，许以为相。庄周笑谓楚使者曰：'千金，重利；卿相，尊位也。子独不见郊祭之牺牲乎？养之数岁，衣以彩绣，以入太庙。当是时，虽欲为孤豚，岂可得乎？子亟去，无污我。我宁曳尾于污渠之中而自快，不为有国者所羁，终身不仕，以快吾志焉。'"①

荀况(生于前313年，卒于前238年)，战国末期赵国人，被尊称荀子、荀卿。荀况15岁时到齐国游学，曾"三为祭酒"，时称"最为老师"，晚年担任兰陵令，家居兰陵。韩非、李斯等法家代表人物是荀况弟子，亦因其弟子而受到历史上儒家学者的猛烈抨击。

韩非(约前280—前233年)，战国末期韩国的贵族后代，与李斯是同学，

① (汉)司马迁撰，(宋)裴骃集解，(唐)司马贞索隐，(唐)张守节正义：《史记·老子韩非列传》，中华书局2017年版，第2610页。

都是荀子的学生。韩非天生说话口吃，不善于辩论，但是文风冷峻峭拔，寓言发人深省。韩非的文章被时人带往秦国。秦王政先后阅读了《孤愤》《五蠹》等书籍，深受启发，甚至说，"嗟呼！寡人得见此人与之游，死不恨矣！①"此时，秦国要攻打韩国，李斯便谗言，"此韩非之所著书也。"②。韩国国君本来不用韩非，在此危急时刻，便派遣韩非出使秦国。韩非到秦国后，受到李斯陷害，被杀。

五、战国时期的主要社会思想家及其学说

战国时期，各种学术派别种类繁多，号称诸子百家。但是，根据西汉司马迁在《史记》中的引述司马谈说法，将诸子百家归纳为阴阳、儒家、墨家、法家、名家、道家等六大流派，"易大传：天下一致而百虑，同归而殊途。夫阴阳、儒、墨、名、法、道德，此务为治者也，直所从言之异路，有省不省耳"③。

儒家是由孔子创立于春秋时期的诸子百家之一。战国中期的孟子进一步发展了孔子儒家思想，战国晚期的荀子是儒家的集大成者。

孟子是战国时期儒学一位重要人物，后人将其与孔子并称"孔孟"。有《孟子》一书。孟子在社会治理上，主张效法先王，推行仁政，"三代之得天下也以仁，其失天下也以不仁。国之所以废兴存亡者亦然。天子不仁，不保四海；诸侯不仁，不保社稷；卿大夫不仁，不保宗庙；士庶人不仁，不保四体。今恶死亡而乐不仁，是由恶醉而强酒"④。在统治阶级与被统治阶级关系方面，提出了民贵君轻的民本思想，"民为贵，社稷次之，君为轻。是故，得乎丘民而为天子，得乎天子为诸侯，得乎诸侯为大夫"⑤。在人性问题方面，提出了

---

① （汉）司马迁撰，（宋）裴骃集解，（唐）司马贞索隐，（唐）张守节正义：《史记·老子韩非列传》，中华书局 2017 年版，第 2621 页。

② （汉）司马迁撰，（宋）裴骃集解，（唐）司马贞索隐，（唐）张守节正义：《史记·老子韩非列传》，中华书局 2017 年版，第 2621 页。

③ （汉）司马迁撰，（宋）裴骃集解，（唐）司马贞索隐，（唐）张守节正义：《史记·老子韩非列传》，中华书局 2017 年版，第 3993 页。

④ （清）焦循撰，沈文倬点校：《孟子正义·离娄上》，中华书局 2018 年版，第 529 页。

⑤ （清）焦循撰，沈文倬点校：《孟子正义·尽心下》，中华书局 2018 年版，第 1049 页。

性本善的思想，"人皆有不忍人之心。先王有不忍人之心，斯有不忍人之政矣。以不忍人之心，行不忍人之政，治天下可运之掌上。所以谓人皆有不忍人之心者，今人乍见孺子将入于井，皆有怵惕恻隐之心，非所以内交于孺子之父母也，非所以要誉于乡党朋友也，非恶其声而然也。由是观之，无恻隐之心，非人也；无羞恶之心，非人也；无辞让之心，非人也；无是非之心，非人也。恻隐之心，仁之端也；羞恶之心，义之端也；辞让之心，礼之端也；是非之心，智之端也。人之有是四端也，犹其有四体也。有是四端而自谓不能者，自贼者也；谓其君不能者，贼其君者也。凡有四端于我者，知皆扩而充之矣，若火之始燃，泉之始达。苟能充之，足以保四海；苟不充之，不足以事父母"①，提出了恻隐之心、羞恶之心、辞让之心、是非之心等"四心"与"四端"观念。以善养人，以教化为本是孟子社会思想的最大特色。孟子通过"求放心""寡欲""思诚""反求诸己""养浩然之气""恒产""恒心"来培养民众的理想人格。其"富贵不能淫，贫贱不能移，威武不能屈"②名言，对于中华民族人格精神的形成有过相当大的影响。其"民为贵，社稷次之，君为轻"③的"民本"观具有超乎时代的意义。

荀子是战国时期进步的社会思想家，其思想继承并"修正"儒学，有《荀子》一书。荀子对先秦各学派进行了批判与总结，吸取诸子百家的长处。在人性问题上，荀子提出人性恶的观念，"人之性恶，其善者伪也。今人之性，生而有好利焉，顺是，故争夺生而辞让亡焉；生而有疾恶焉，顺是，故残贼生而忠信亡焉；生而有耳目之欲，有好声色焉，顺是，故淫乱生而礼仪文理亡焉"④。基于人性恶的观点，荀子提出了要"化性起伪"将人改造成符合社会需要的人，"化师法、积文学、道礼义"⑤。在治理国家问题上，荀子认为，要

① （清）焦循撰，沈文倬点校：《孟子正义·公孙丑上》，中华书局 2018 年版，第 251~255 页。

② （清）焦循撰，沈文倬点校：《孟子正义·滕文公下》，中华书局 2018 年版，第 450 页。

③ （清）焦循撰，沈文倬点校：《孟子正义·尽心下》，中华书局 2018 年版，第 1049 页。

④ （清）王先谦撰，沈啸寰、王星贤点校：《荀子集解·性恶篇》，中华书局 2020 年版，第 513 页。

⑤ （清）王先谦撰，沈啸寰、王星贤点校：《荀子集解·性恶篇》，中华书局 2020 年版，第 514 页。

"明分使群"对不同层次的人分开进行治理，"君臣、父子、兄弟、夫妇，始则终，终则始，与天地同理，与万世同久，夫是之谓大本……水火有气而无生，草木有生而无知，禽兽有知而无义；人有气、有生、有知，亦且有义，故最为天下贵也。力不若牛，走不若马，而牛马为用，何也？曰：人能群，彼不能群也……人何以能群？曰：分。分何以能行？"①，统治者要行"帝王之术②"。采取隆礼重法的方式控制不同社会群体，"君人者，隆礼尊贤而王，重法爱民而霸，好利多诈而危。③"荀子"至道大形，隆礼至法则国有常"④，"欲不可去，求可节"，"隆礼重法"——通过内力萌生，外力作用于内力等社会控制与治理思想很有启示意义。荀子的"化性起伪"是建立在其"人定胜天"的朴素唯物论基础之上的。荀子的代表作有《劝学》《修身》《王制》《富国》《王霸》《天论》等文章。

墨家是由墨翟创立于战国早期的诸子百家之一。墨家从自耕农出发，代表平民阶级利益，提出了非攻、兼爱、尚贤、尚同、节用、节葬、非乐、天志、明鬼、非命等社会思想。墨家的社会观念受到百姓的认同与拥护，影响很大，时有"非儒即墨"的说法。墨翟之后，形成相里氏、相夫氏、邓陵氏等三个墨家流派。在人性问题上，墨家在国家政治方面提出了非攻的思想，"今尝计军上，竹箭、羽旄。幄幕、甲、盾、拨，劫往而靡弊腑冷不反者，不可胜数。又与其矛、戟、戈、剑、乘车，其列住碎折靡弊而不反者，不可胜数。与其牛马，肥而往，瘠而反，往死亡而不反者，不可胜数。与其途道之修远，粮食辍绝而不继，百姓死者，不可胜数也。"⑤基于国家政治上的非攻主张，提出人与人之间要兼相爱思想，"若使天下兼相爱，爱人若爱其身，犹有不孝者乎？视父、兄与君若其身，恶施不孝？犹有不慈者乎？视弟子与臣若其身，恶施不慈？故不孝、不慈、亡有，犹有盗贼乎？故视人之室若其室，谁窃？

---

① （清）王先谦撰，沈啸寰、王星贤点校：《荀子集解·王制篇》，中华书局2020年版，第193~194页。

② "年少时....从荀卿学帝王之术。"（汉）司马迁撰，（宋）裴骃集解，（唐）司马贞索隐，（唐）张守节正义：《史记·李斯列传》，中华书局2017年版，第3083页。

③ （清）王先谦撰，沈啸寰、王星贤点校：《荀子集解·大略篇》，中华书局2020年版，第573页。

④ （清）王先谦撰，沈啸寰、王星贤点校：《荀子集解·君道篇》，中华书局2020年版，第282页。

⑤ 吴毓江撰，孙启治点校：《墨子校注·非攻》，中华书局2006年版，第199页。

视人身若其身，谁贼？故盗贼亡有。犹有大夫之相乱家、诸侯之相攻国者乎？视人家若其家，谁乱？视人国若其国，谁攻？故大夫之相乱家、诸侯之相攻国者亡有。若使人下兼相爱，国与国不相攻，家与家不相乱，盗贼无有，君臣父子皆能孝慈，若此则天下治。故圣人以治天下为事者，恶得不禁恶而劝爱？故天下兼相爱则治，交相恶则乱。故子墨子曰不可以不劝爱人者，此也。"①在兼相爱思想的基础上，提出了要交相利的主张，"今天下之君子，忠实欲天下之富而恶其贫；欲天下之治而恶其乱，当兼相爱，交相利，此圣王之法、天下之治道也，不可不务为也"②。进而，提出尚同、尚贤、修身、亲士、非命、非乐、明鬼、天志、节葬、节用、贵义、法仪等主张。墨家还在科学技术方面作出了贡献。墨家代表作有《非攻》《兼爱》《尚同》《尚贤》《节葬》《节用》等名篇。"兼想爱""交相利"是墨学的要旨。"有力者疾以助人，有财者勉以分人，有道者劝以教人。"③是贤者的表现，是"兼爱"的行动指标。

法家提倡以法制为核心，规范社会秩序，以达到富国强兵的目的，在战国时期成为诸子百家之一。战国时期法家的代表有李悝、吴起、商鞅、慎到、申不害、乐毅、剧辛、韩非等人。法家在社会治理上主张"不别亲疏，不殊贵贱，一断于法"④。法家认为，实行法治是爱民的表现，"圣人之治民，度于本，不从其欲，期于利民而已。故其与之刑，非所以恶民，爱之本也"⑤。治理国家必须有法制，"治国者莫不有法，然而有存有亡，亡者，其制刑赏不分也。治国者，刑赏莫不有分。有持异以为分，不可谓分。至于察君之分，独分也，是以其民重法而畏禁，愿毋抵罪而不敢胥赏。故曰：不待刑赏而民从事矣"。秦国商鞅通过变法使秦国成为富裕强大的国家，政治上，改革了秦国户籍、土地制度、行政区划、税收、度量衡以及民风民俗，并制定了严酷的法律；经济上，重农抑商、奖励耕织；军事上，奖励军功，授予爵位。法家的代表作有李悝的《法经》、韩非的《韩非子》等著作。其中，战国末期的韩非

① 吴毓江撰，孙启治点校：《墨子校注·兼爱》，中华书局2006年版，第152页。

② 吴毓江撰，孙启治点校：《墨子校注·兼爱》，中华书局2006年版，第158页。

③ 吴毓江撰，孙启治点校：《墨子校注·尚贤》，中华书局2006年版，第96页。

④ （汉）司马迁撰，（宋）裴骃集解，（唐）司马贞索隐，（唐）张守节正义：《史记·太史公自序》，中华书局2017年版，第3996页。

⑤ （清）王先慎撰，钟哲点校：《韩非子集解·心度》，中华书局2021年版，第519页。

总结、综合、归纳，吸纳了诸家之所长，成为法家集大成者。韩非的社会思想主要表现为立足于物质利益需求的"利益驱动"的人际交往观；"竞于道德""逐于智谋""争于气力"的社会变迁观；"古今异俗，新故异备"的社会发展观，"故治民无常，唯治为法，法与时转则治，治与世宜则有功"①，以"势治"为纲要，与"势治""法治""术治"相结合的社会控制观。②

道家是由老子创立于春秋时期的诸子百家之一。著有《道德经》上、下篇。老子把自然法则引入社会治理法则，"人法地、地法天、天法道、道法自然"③，"无为"而治是老学的精髓。老子的"谦下"、"有容"、恒持"三宝"④、"见素抱朴，少私寡欲"、"知足常乐"成为为人处世和社会运行的法则。战国中期的庄周进一步发展了道家思想，主张天人合一和清净无欲，"今子有大树，患其无用，何不树之于无何有之乡，广莫之野，彷徨乎无为其侧，逍遥乎寝卧其下。不夭斤斧，物无害者，无所可用，安所困苦哉！"⑤在人性的问题，借梦与自己的关系，提出物化观念，"者庄周梦为胡蝶，栩栩然胡蝶也，自喻适志与！不知周也。俄然觉，则蘧蘧然周也。不知周之梦为胡蝶与，胡蝶之梦为周与？周与蝴蝶，则必有分矣。此之谓物化"⑥。庄子主张通过"心斋""坐忘""集虚"等方式内弃自我心中的欲望，外弃一切文明规范，以达到"无待"境界。庄子有《庄子集解》一书，分内、外篇，代表作有《逍遥游》《齐物论》《养生主》等文稿。

六、同一时域社会思想异同之处

诸家相同之处：普遍关心治乱、社会安定与统一，关心社会秩序与社会整合，关心道德规范与社会规范，关心教化与控制，关心天人关系、君臣关

---

① （清）王先慎撰，钟哲点校：《韩非子集解·心度》，中华书局 2021 年版，第 520 页。
② 桂胜、刘玉梅：《韩非社会思想管窥》，《武汉大学学报（哲学社会科学版）》1999 年第 5 期。
③ （魏）王弼注，楼宇烈校译：《道德经·二十五章》，中华书局 2019 年版，第 64 页。
④ "我有三宝，持而保之：一曰慈，二曰俭，三不敢为天下先。慈故能勇；俭故能广；不敢为天下先，故能成器长。"参见（魏）王弼注，楼宇烈校译：《道德经·二十五章》，中华书局 2019 年版，第 64 页。
⑤ （清）郭庆藩撰，王孝鱼点校：《庄子集解·逍遥游》，中华书局 2019 年版，第 46 页。
⑥ （清）郭庆藩撰，王孝鱼点校：《庄子集解·齐物论》，中华书局 2019 年版，第 118 页。

系、人际关系等。最大相同点在于都"务于治"①和"干政"。

诸家分歧之处：社会治理是"无为"还是有为？是以德兼人、还是以力兼人？是礼治还是法治，抑或二者结合？是"王道"还是"霸道"，还是"王霸杂器"？社会控制是软控还是硬控？人性是究竟善的，还是恶的？是遁世还是积极入世？是"尊天"，还是"重人"等。

战国时期，社会思想在阶级矛盾方面调处的异同之处。儒家维护"礼治"，提倡"德治"，重视"人治"，提出民贵君轻的思想。墨家提出兼相爱的主张，统治者需要尚贤等，"天下之士非兼者之言，犹未止也。曰：兼即仁矣，义矣；虽然，岂可为哉？吾譬兼之不可为也，犹挈泰山以超江、河也。故兼者，直愿之也，夫岂可为之物哉？"②墨家主张要相互团结，作战要勇敢，"墨子服役者百八十人，皆可使赴汤蹈火，死不还踵"③。法家讲究霸道之术，主张采用严刑峻法，打击旧贵族垄断、世袭特权，推进土地私人所有，官职采用功劳与才干授予，注重维护新兴阶级利益，提高新兴阶级的积极性，以达到"一人奋死可以对十"的目的，"今秦出号令而行赏罚，有功无功相事也。出其父母怀衽之中，生未尝见寇耳。闻战，顿足徒裼，犯白刃，蹈炉炭，断死于前者皆是也。夫断死与断生者不同，而民为之者，是贵奋死也。夫一人奋死可以对十，十可以对百，百可以千，千可以对万，万可以克天下矣。今秦地折长补短，方数千里，名师数十百万"④。道家认为统治者不应该剥削老百姓，而应该实行"无为"而治以符合天道，"无为也，则用天下而有余；有为也，则为天下用而不足。故古之人贵夫无为也。上无为也，下亦无为也，是下与上同德。下与上同德则不臣。下有为也，上亦有为也，是上与下同道。上与下同道则不主。上必无为而用下，下必有为天下用。此不易之道也。"⑤道家还主张统治者与百姓是有区别的，"庶人之剑，蓬头突鬓，垂冠，曼胡之缨，短后之衣，瞋目而语难，相击于前，上斩颈领，下决肝肺。此庶人之剑，无异

---

① "百川易源，而皆归于海；百家殊业，而皆务于治"。参见刘文典撰，冯逸、乔华点校：《淮南鸿烈集解·泛论训》，中华书局 2019 年版，第 513 页。

② 吴毓江撰，孙启治点校：《墨子校注·兼爱》，中华书局 2006 年版，第 175 页。

③ 刘文典撰，冯逸、乔华点校：《淮南鸿烈集解·泰族训》，中华书局 2019 年版，第 829 页。

④ （清）王先慎撰，钟哲点校：《韩非子集解·初见秦》，中华书局 2021 年版，第 3 页。

⑤ （清）郭庆藩撰，王孝鱼点校：《庄子集解·天道》，中华书局 2019 年版，第 469 页。

于斗鸡，一旦命已绝矣，无所用于国事。今大王有天子之位而好庶人之剑，臣窃为大王薄之"①。

战国时期，社会思想在人性方面的异同之处。儒家在战国早期孟子时代认为人本性善，提出了"四心"与"四端"观念。战国晚期的荀子认为"人性恶"的观点。墨家崇尚扶危济困，"孔席不暖，墨突不黔"②，提出对于有才能的平民、百姓，要尚贤，"是故昔者，尧有舜，舜有禹，禹有皋陶，汤有小臣，武王有闳夭，泰颠，南宫括，散宜生，而天下和，庶民阜。是以近者安之，远者归之。日月之所照，舟车之所及，雨露之所渐，粒食之所养，得此莫不劝誉。且今天下之王公大人士君子，中实将欲为仁义，求为上士，上欲中圣王之道，下欲中国家百姓之利，故尚贤之为说，而不可不察此者也。尚贤者，天、鬼、百姓之利而政事之本也"③。法家在人性方面，认为人有"好利恶害"的本性，提出了"凡人臣之所道成奸者有八术：一曰同床，二曰在旁，三曰父兄，四曰养殃，五曰民萌，六曰流行，七曰威强，八曰四方"④等八奸的观点，分析了十类过错，"十过：一曰行小忠，则大忠之贼也。二曰顾小利，则大利之残也。三曰行僻自用，无礼诸侯，则亡身之至也。四曰不务听治而好五音，则穷身之事也。五曰贪愎喜利，则灭国杀身之本也。六曰耽于女乐，不顾国政，则亡国之祸也。七曰离内远游而忽于谏士，则危身之道也。八曰过而不听于忠臣，而独行其意，则灭高名为人笑之始也。九曰内不量力，外恃诸侯，则削国之患也。十曰国小无礼，不用谏臣，则绝世之势也"⑤。道家在人性方面偏重养生，注重天地之合，"吾生也有涯，而知也无涯。以有涯随无涯，殆已！已而为知者，殆而已矣！为善无近名，为恶无近刑，缘笃以为经，可以保身，可以全生，可以养亲，可以尽年"⑥。

---

① （清）郭庆藩撰，王孝鱼点校：《庄子集解·说剑》，中华书局 2019 年版，第 1016~1017 页。

② 李敖主编：《墨子　孟子　春秋繁露》，天津古籍出版社 2016 年版，第 2 页。

③ 吴毓江撰，孙启治点校：《墨子校注·尚贤》，中华书局 2006 年版，第 97 页。

④ （清）王先慎撰，钟哲点校：《韩非子集解·八奸》，中华书局 2021 年版，第 57~59 页。

⑤ （清）王先慎撰，钟哲点校：《韩非子集解·十过》，中华书局 2021 年版，第 63 页。

⑥ （清）郭庆藩撰，王孝鱼点校：《庄子集解·养生主》，中华书局 2019 年版，第 121 页。

七、战国时期社会思想产生的原因

战国时期，诸子百家社会思想产生的原因包括两个层面，一个层面是社会存在层面，这个层面是社会思想产生的客观原因，包括该时域的政治、经济、科技、文化等现状、背景和发展状态，社会变革、转型、战争、天灾等重大事件的情况，及社会面临的主要问题；另一个层面是社会意识层面，这个层面是社会思想产生的主观原因，包括个体意识和群体意识、社会心理和社会意识形态、意识形态和非意识形态等方面。

诸子百家社会思想形成的社会存在层面原因在前面已经有叙述，不再论述。

诸子百家社会思想形成的社会意识层面原因从天与人的哲学、科学、文化、艺术、道德、宗教等层面论述。

"天人"观念的思辨。道家认为，宇宙万物的本体是超越时空静止不动的实体"道"。道是产生整个物质世界的总根源。任何事物都存在对立，这种对立互相依存、互相转化。由此，道家在政治上主张"无为"来缓和社会矛盾。儒家不信仰神力鬼怪，反对迷信天命，认为自然规律是不以人们意志为转移的，由此，提出了"制天命而用之"的仁政思想。

思想文化的"共鸣"，周王朝和贵族垄断思想文化的局面的打破，相对独立的"士"阶层的兴起与活跃，形成了齐鲁文化圈、楚文化圈、中原文化圈、戎狄文化圈、吴越文化圈、巴蜀滇文化圈等丰富多彩的地域文化和百家思想。儒家产生于经济发达的齐鲁文化圈，儒家的代表人物孟子、荀子等基本上属于这个文化圈。道家产生于巫风炽盛的楚文化圈，道家代表人物庄子集解等基本上是楚国人。法家产生于在中原大地上逐鹿的中原文化圈，法家的代表人物李悝、吴起、商鞅、韩非子等基本产生于中原的诸侯国。

重人事、轻鬼神。战国时期的科学技术发展迅速，"提高了人们的认识水平，丰富了人们的精神世界和物质生活，激发了人们对知识的欲望"[1]。鲁国人注重对天体观察，记录了哈雷彗星现象。齐国人甘德和魏国人石申通过对天文观测，先后著有《天文星占》《天文》，合称《甘石星经》。基本确立十九年

---

[1]　桂胜、刘益梅：《周秦中国社会思想早熟的成因探析》，《武汉大学学报(哲学社会科学版)》2008年第2期。

七闰的固定岁时历法系统基本确立。楚国人屈原在《天问》中对于天地、自然和人世等世间万物发问，表达了对传统观念的大胆怀疑。宋国人墨子撰写的《墨经》，揭示了包括杠杆原理、浮力理论、声学和光学的大量物理学知识。鲁国人鲁班发明了曲尺、墨斗、刨子。扁鹊反对巫医治病，发明了中医的望、闻、问、切四诊法，在赵国以治疗妇科闻名，在周地以治疗五官科闻名，在秦国以治疗儿科闻名。

此外，"先秦士人的文化自觉和以天下为己任的政治抱负"①、"失范的社会秩序多元化的政治环境和"私学"的兴起"②、"诸侯争霸和富国强兵的需要"③等都给战国时期社会思想的早熟、深邃、承继提供了基础、条件和市场。④

八、战国时期社会思想的特色

战国时期社会思想第一大特色是"早熟"。孟子认为，"五谷者，种之美者也。苟为不熟，不如荑稗"⑤。孟子以五谷为寓强调了成熟的重要性。战国时期社会思想深邃，具有系统性，内容丰富，影响深远，关注社会生活、社会问题和社会模式等方面的问题，超越时代，具有超前性。战国时期的社会思想为未来描绘了一个社会大同的愿景，"勾勒出一个东方的社会生活模式，反映了中华民族所独有的文化素质、心理结构和社会价值取向"⑥。

战国时期社会思想第二大特色是"治乱"。战国时期，社会动荡不安，诸侯国年年征战，哀鸿遍野，白骨如山，"争地以战，杀人盈野；争城以战，杀人盈城"⑦。整个社会笼罩在血雨腥风之中。针对社会向何处发展，人们反

---

① 桂胜、刘益梅：《周秦中国社会思想早熟的成因探析》，《武汉大学学报（哲学社会科学版）》2008 年第 2 期。

② 桂胜、刘益梅：《周秦中国社会思想早熟的成因探析》，《武汉大学学报（哲学社会科学版）》2008 年第 2 期。

③ 桂胜、刘益梅：《周秦中国社会思想早熟的成因探析》，《武汉大学学报（哲学社会科学版）》2008 年第 2 期。

④ 桂胜、刘益梅：《周秦中国社会思想早熟的成因探析》，《武汉大学学报（哲学社会科学版）》2008 年第 2 期。

⑤ （清）焦循撰，沈文倬点校：《孟子正义·告子上》，中华书局 2018 年版，第 861 页。

⑥ 王处辉：《中国社会思想早熟轨迹》，人民出版社 1996 年版，第 7 页。

⑦ （清）焦循撰，沈文倬点校：《孟子正义·离娄上》，中华书局 2018 年版，第 555 页。

战、厌战，渴望过统一安定生活，"社会思想在唤醒社会良知、恢复社会安定、重建理想家园方面却有着高度的一致性，追求国家统一，社会安定，希望人民能过上稳定的生活"①。

诸子百家代表不同的利益团体，站在不同的阶级、阶层立场上提出了各具特色的治国理政思想。儒家提倡德政、礼治和人治，强调道德感化，用仁、义、礼、智、信治理国家，能够使国家发达，百姓安居乐业，让人们成为谦谦君子。道家提倡顺乎自然，采取"无为而治"，实行清净无为，与民无争，休养生息。法家提倡实行法治，倡导依法治国，强调暴力统治，制定了严格法令，并严格执行。墨家主张，通过"兼爱"使人人平等，通过"非攻"反对侵略战争，通过"交相利"使社会财富增加，通过"节用"反对铺张浪费，通过"尚同"建立秩序，通过"明鬼"、"天志"来加大社会控制的权威性。

战国时期社会思想第三大特色是"共鸣"。各家既互相辩难，又互相影响，思想文化空前繁荣，呈多样性、包容性特征。如儒家荀子的社会控制思想影响到法家韩非子，而韩非子的思想有道家的影子，《史记》将老、庄、申、韩合为一传，是颇具匠心的。

九、战国时期社会思想的现代评价

战国时期的社会思想是中国社会思想史上的"轴心时代"，一直闪耀着耀眼的光芒，影响及于当代，在可预见的将来，必定继续得其惠泽。综其诸子百家，道家揭示了人与自然关系并推及到人与社会的关系，儒家阐明人与社会的关系并推至"家国同构"，法家强调了人与制度的关系，墨家论述了人与人之间的爱、利关系，兵家注意到了天时、地利、人和关系。

胡适认为，"就全体来说，我在我的一切著述上，对孔子和早期的'仲尼之徒'如孟子，还是相当尊重的"。高度赞扬孟子的"人格平等"主张。清末学者谭嗣同认为，"(中国)两千年来之学，荀学也，皆乡愿也"②对荀子给予高度评价。孙中山说"古时最讲爱字的，莫过于墨子，墨子所讲的'兼爱'与耶稣所讲的'博爱'，是一样的"。③

---

①　桂胜、刘益梅：《周秦中国社会思想早熟的成因探析》，《武汉大学学报(哲学社会科学版)》2008 年第 2 期。

②　谭嗣同著，印永清评注：《仁学》，中州古籍出版社 1994 年版，第 169 页。

③　中国社科院近代史所：《孙中山全集·第九卷》，中华书局 1986 年版，第 244 页。

鲁迅评价庄子"汪洋捭阖，仪态万方，晚周诸子之作，莫能先也"①。鲁迅从文学角度高度评价了庄子文章像汪洋大海，又具有仪态大方的品质。毛泽东认为，"墨子是一个劳动者，他不做官，但他是比孔子高明的圣人……是古代辩证唯物论大家"②。毛泽东高度评价了墨子，甚至比圣人孔子的地位还要高。

季羡林还特别强调说："'己所不欲，勿施于人'。这样做了，不仅中国大治，世界也大治。建设一个和谐社会，不仅仅对中国是一个贡献，而且对世界也是一个重大贡献。世界还不太平，有帝国主义、霸权主义、恐怖主义存在，建设和谐社会的内涵有着重要的意义。"③儒家的"己所不欲，勿施于人"④是人际关系的基本规范。目前，被已经并将继续被用于处理国家关系的重要行为准则，必将成为中国，乃至世界处理国际关系的重要规范，是人类的宝贵财富。

王处辉高度评价了诸子百家的社会思想，认为"不仅属于过去，对过去的人们有重要的参考价值，而且作为人类文化的一种积累，对今人甚至对于未来的人们同样具有启迪作用；不仅属于中华民族，不仅是中华民族的精神财富，而且也是人类社会思想中的一个重要组成部分"⑤。葛兆光认为，"诸子百家的思想同权力和技术分离，可以脱离实用，可以超越制度和技术的支持与羁绊，呈现出绚烂多彩的内容"⑥。葛兆光的论述将诸子百家思想褪去物质技术层面、权力制度层面，提升到形而上的哲学高度。

---

① 鲁迅：《鲁迅全集·第九卷》，中国人民文学出版社 2005 年版，第 375 页。

② 周溯源：《毛泽东评点古今人物》，红旗出版社 1998 年版，第 64 页。

③ 季羡林：《和谐是一种文化三个层次个人修养很重要》，中央政府门户网站，2007 年 2 月 21 日，http://www.gov.cn/govweb/jrzg/2007-02/21/content_531374.htm. 访问时间：2022 年 6 月 15 日。

④ 程树德撰，程俊英、蒋见元点校：《论语集释·颜渊上》，中华书局 2019 年版，第 1064 页。

⑤ 王处辉：《中国社会思想早熟轨迹》，人民出版社 1996 年版，第 2 页。

⑥ 葛兆光：《中国思想史·七世纪前中国的思想、信仰与世界》，复旦大学出版社 2001 年版，第 81 页。

第七章　范式之六
——专题社会思想研习方法

第一节　要　　素

【导语】

专题社会思想研究法,类似于历史学的纪事本末体。可以突破类、界、时段、门户等限制,对某一专题的社会思想进行专门的、系统的考察,探寻其发生、发展、流变的轨迹和内在逻辑,以"辩章学术,考镜源流"①。王处辉《中国社会思想早熟轨迹》、田毅鹏《中国社会福利思想史》、张德胜《儒家伦理与秩序情结:中国思想的社会学诠释》等值得借鉴。尤其是郑杭生等主编的《中国社会思想史新编》,把朝代与专题社会思想结合起来撰述,在编纂体例上是一种突破。

基本要素——

1. 专题研究的缘由。

2. 专题社会思想的主要内容。

3. 专题社会思想的特征、源流、嬗变、兴盛或衰落的情况及其成因。

4. 专题社会思想的启示。

5. 研习发现。

---

① 章学诚:《校雠通义》,上海古籍出版社 2009 年版,"自序"第 1 页。

附研习思考题

试用专题社会思想研究方法研习汉唐社会理想、清代与近代福利社会思想、中国古代人性的社会思想。

第二节　案例举隅——从对历代"群己观"的梳理看中国共产党人"毫不利己，专门利人"的社会思想渊源

一、专题"群己观"研究的缘由

"群己观"是社会思想研究的重要范畴，它直接作用、影响着社会群体生活秩序的构建。群己关系思想研习对中国社会思想的理解尤具意义。中华民族幅员辽阔、历史悠久、人口众多，其社会思想的展现与其他国家、民族既有异曲同工的一面，又有其独自的轨迹。中国几千年的社会基础和文化积淀影响着历代中国思想家对社会的理解与认识。群体、社会是由人构成的，人是社会的人，人与人、心与心、人与群体、人与社会的关系问题备受华夏前贤后昆所重视[1]。早在一千多年前，荀子就说过："人之生也，不能无群。"是故，严复便以《群学肄言》作为英国社会学家斯宾塞的《社会学研究》(Study of Sociology)译作的书名。

中国学者杨懋春赋予社会思想定义时指出"'社会思想'一词中的'社会'二字不是指由人群所构成的一个社会，而是指构成社会的那群人的人际关系。其中的'思想'二字不是指人对于他所在的那个社会如何作观察、分析、思考与陈述，而是指他对所见到、经验到、满意或不满意的人际关系所起思考、所发问题、所做评论及所提建议。总体来说，社会思想是指人对于他所在或所关心的社会关系或人际关系及在此关系中所有各种社会活动所作的思考、

---

① 桂胜：《中国社会思想史研究的几点认识》，载陆学艺、王处辉主编：《追寻中国社会的自性》，广西人民出版社 2004 年版，第 29 页。

所发表的意见、所给的评断及所提的建议"①；另一名中国社会学家龙冠海也认为"照狭义的来讲，社会思想乃是专指关于纯粹的社会关系之思想而言，如人与人的关系，团体与团体的关系，社会制度及社会组织等。社会学家现在所讲的社会思想是偏向于狭义的……"②由人与人、心与心、人与群体、人与社会的群己关系入手，最能抓住中国社会思想的脉络，探中国社会思想发展的轨迹，同样亦有助于我们洞悉明了毛泽东"毫不利己，专门利人"的境界所在。

"毫不利己，专门利人"是毛泽东在纪念国际友人白求恩时提出，后作为人性的最高境界，成为中国共产党人的理想价值观，成为时代的呼唤，人民的期待。毛泽东的"毫不利己，专门利人"是一种说教或一时的即兴之词吗？是空洞的说教吗？是一种宗教情怀吗？要回答好这个问题，我们有必要对中国传统的有代表性的"群己观"等进行一番梳理工作，同时有必要了解群己关系模式的考察之于中国社会思想研究的意义。

二、"群己观"界说

"群己观"是对群己关系所持的态度，是关于集体、群体、个体、自我等相互关系的思想或思考。

历代"群己观"有着偏向，或蕴含着情感，或体现着工具理性，或蕴含着价值理性，或掺杂着制度理性。儒、墨、道、法和社会各阶层、党派根据各自生活的时代、和各自的理解，形成了丰富的、不同的"群己"关系理念。

三、不同历史时期"群己观"的主要特征、内容和源流考辨

(一)先秦道家、法家的"群己观"

1. 老子："圣人常无心，以百姓心为心"。要求圣人没有执心、成见，心系百姓之所想。

特点与影响：老子所要求的是圣人，是一个特定的阶层，其指向具有独特性而不具有普适性。

---

①　杨懋春：《中国社会思想史》，幼狮文化事业公司 1986 年版，第 1 页。
②　龙冠海：《社会思想史》，台湾三民书局 1967 年版，第 7 页。

维系其群己关系的逻辑与路径：见素抱朴，恬淡寡欲，无私无执，无为而为，道法自然。

2. 杨朱"损一毫利天下不与也，悉天下奉一身不取也"。

《列子》记载：禽子问杨朱曰："去子体之一毛以济一世，汝为之乎？"杨子曰："世固非一毛之所济"。禽子曰："假济，为之乎？"杨子弗应。①

杨朱针对禽子"取你身上一根汗毛以救济天下，你干不干？"而辩称：天下本来不是一根汗毛所能救济的。面对禽子"假使能救济的话，干不干？"的追问，杨子缄默不语。

特点与影响：杨朱过于强调个体本位，既然"世固非一毛之所济"，干脆不损己以利人，亦不损人以贵己。贵己不损人，也不助人。客观上避免了同群体社会、传统体制的集体本位产生的冲突。与杨朱同时代的孟子抨击他："杨氏为我，是无君也；墨翟兼爱，是无父也。无父无君，是禽兽也。"②孟子又不得不感叹"杨朱、墨翟之言盈天下"，数次说："天下之言，不归杨，则归墨"③；"逃墨必归杨，逃杨必归墨"④。也就是说，杨朱、墨翟的言论充塞天下，天下的言论，不是归向杨朱一派，就是归向墨翟一派，天下学问，不学墨翟之说的，必去学杨朱之说，不相信杨朱理论的，必然信赖墨子理论，除此之外，别无选择。可见杨朱之学成为红极一时的"显学"。郭沫若则认为是孟子的说法造成了对杨朱的误解，杨朱主张"贵己"、是全性葆真、不以物累形的存我主义，却不是世俗的利己主义⑤；关于"不以天下大利易其胫一毛"⑥之说，冯友兰认为重点在

① 《列子·杨朱第七》记载：杨朱曰："伯成子高不以一毫利物，舍国而隐耕。大禹不以一身自利，一体偏枯。古之人损一毫利天下不与也，悉天下奉一身不取也。人人不损一毫，人人不利天下，天下治矣。"禽子问杨朱曰："去子体之一毛以济一世，汝为之乎？"杨子曰："世固非一毛之所济。"禽子曰："假济，为之乎？"杨子弗应。参见杨伯峻撰：《列子集释·杨朱》，中华书局 2013 年版，第 1242 页。

② （清）焦循撰，沈文倬点校：《孟子正义·滕文公下》，中华书局 2018 年版，第 491 页。

③ （清）焦循撰，沈文倬点校：《孟子正义·滕文公下》，中华书局 2018 年版，第 491 页。

④ （清）焦循撰，沈文倬点校：《孟子正义·尽心下》，中华书局 2018 年版，第 1073 页。

⑤ 郭沫若：《十批判书·稷下黄老学派的批判》，中国华侨出版社 2007 年版，第 144 页。

⑥ （清）王先慎撰，钟哲点校：《韩非子·显学》，中华书局 2021 年版，第 502 页。

"轻物重生"，即不因为对天下有绝大的好处而用腿上的一根毛去交换。"拔一毛以利天下，而不为也"，重心在于不助人，只为自己考虑。但坊间只从自私的一面理解杨朱思想。"一毛不拔"，"人不为己，天诛地灭"作为成语成为某些世人的"口头禅"。

维系其群己关系的逻辑与路径：陷于两难：杨朱之所以不回答禽子的"'假济，为之乎?'"是因为一回答了，就可能落入两难圈套，即要么不拔一毛而落个"无德'，"拔一毛而利天下不为也"的吝啬鬼，要么肯拔一毛就违背了自己说的"人人不损一毫，人人不利天下，天下治矣"的理念。

3. 韩非子"人性趋利"，"人皆挟自为心"[1]

揭示人与人之间皆是利害关系。按照儒家的"亲亲""尊尊"观点看，人世间至爱莫过于夫妻，至亲莫过于骨肉同胞，至诚莫过于君、臣、民。韩非子认为儒家的伦理"诈且诬"。既不足信，也行不通。

韩非子指出夫妻之间是利害的关系：夫妻之间"非有骨肉之恩也，爱则亲，不爱则疏"。"丈夫年五十好色未懈也，妇人三十而美色衰矣，以衰美之妇人事好色之丈夫，则身死见疏贱"[2]。夫妻之间的恩恩爱爱维系的基础是色与性；父母子女之间也是一种利害的关系。父子之间"皆挟相为"，若"不周于己"，没有处理好抚养与赡养的利益关系，亦会埋怨责难，反目相待。《外储说左上》说"人为婴儿，父母养之简，子长而怨子盛壮成人，其供养薄，父母怒而消之。子、父，至亲也，而或憔或怨者，皆挟自为而不周于为也"[3]。甚者，父母为了传宗接代、长远的利益，竟以"计算之心"，残害子女。《六反》说"且父母之于子也，产男则相贺，产女则杀之。此俱出父母之怀衽，然男子受贺，女子杀之者，虑其后便，计之长利也"；君臣之间更是受利益的驱动，是一种大利大害的关系。[4]《难一》说"臣尽死力以与君市，君垂爵禄以与臣市。君臣之际，非父子之亲也，计数之所出也"[5]。"故为人臣者，窥觇其君

---

① （清）王先慎撰，钟哲点校：《韩非子·外储说左上》，中华书局2021年版，第295页。

② （清）王先慎撰，钟哲点校：《韩非子·备内》，中华书局2021年版，第123页。

③ （清）王先慎撰，钟哲点校：《韩非子·外储说左上》，中华书局2021年版，第295页。

④ （清）王先慎撰，钟哲点校：《韩非子·六反》，中华书局2021年版，第455页。

⑤ （清）王先慎撰，钟哲点校：《韩非子·难一》，中华书局2021年版，第383页。

心也无须臾之休"①韩非子由此推出为如下的交往原则："故人行事施予，以利之为心，则越人易和；以害之为心，则父子离且怨。"②

特点与影响：对韩非子的"群己观"等，《史记》已有评论"法家不别亲疏，不殊贵贱，一断于法，则亲亲尊尊之恩绝矣。可以行一时之计，而不可长用也，故曰'严而少恩'"③，"韩子引绳墨，切事情，明是非，其极惨礉少恩"④；

郭沫若则认为韩非子，"把人当作坏蛋"，"毁坏一切伦理价值"⑤。

维系其群己关系的逻辑与路径：以法去私，以术防奸，以势立威。"夫立法令者，以废私也。诸令行而私道废矣。私者，所以乱法也"⑥，"去私曲，就公法"⑦；"法不阿贵"，"法不阿贵，绳不挠曲。法之所加，智者弗能辞，勇者弗敢争。刑过不避大臣，赏善不遗匹夫。"⑧在群己关系没有人文、美轮美奂的空间。

(二) 先秦儒家、墨家的"群己观"

1. 孔子"仁者，爱人"

要求人们要做到"爱人"，以人为人，可用一句消极、守住底线的话"己所不欲，勿施于人"和一句积极济世的话"己欲立而立人，己欲达而达人"来诠释，孔子将其称为"忠恕之道"；统治者要做到仁者，要"泛爱众"，要"恭、宽、信、敏、惠"⑨。

特点与影响：由利己到利人，有己人之分，有亲疏之别——"孝悌者，其

① （清）王先慎撰，钟哲点校：《韩非子·备内》，中华书局 2021 年版，第 122 页。
② （清）王先慎撰，钟哲点校：《韩非子·外储说左上》，中华书局 2021 年版，第 295~296 页。
③ （汉）司马迁撰，（宋）裴骃集解，（唐）司马贞索隐，（唐）张守节正义：《史记·太史公自序》，中华书局 2017 年版，第 3993 页。
④ （汉）司马迁撰，（宋）裴骃集解，（唐）司马贞索隐，（唐）张守节正义：《史记·老子韩非列传》，中华书局 2017 年版，第 2622 页。
⑤ 郭沫若：《十批判书·韩非子的批判》，中国华侨出版社 2007 年版，第 257 页。
⑥ （清）王先慎撰，钟哲点校：《韩非子·诡使》，中华书局 2021 年版，第 451 页。
⑦ （清）王先慎撰，钟哲点校：《韩非子·有度》，中华书局 2021 年版，第 35 页。
⑧ （清）王先慎撰，钟哲点校：《韩非子·有度》，中华书局 2021 年版，第 41 页。
⑨ 程树德撰，程俊英、蒋见元点校：《论语集释·阳货上》，中华书局 2019 年版，第 1545 页。

为仁之本"，有阶级性——"孝慈则忠"、有民族性——"微管仲，吾其被发左衽矣"。之所以说孝悌是仁的根本，是因为仁育的目的就是将对亲人的爱，加以扩充、延伸到同类、苍生。《中庸》："仁者，人也，亲亲为大"。费孝通称之为"差序格局"——以"己"为中心，"像石子一般投入水中，和别人所联系成的社会关系，不像团体中的分子一般大家立在一个平面上的，而是像水的波纹一般，一圈圈推出去，愈推愈远，也愈推愈薄"。①

孔子后世统治者尊为圣人、至圣、至圣先师、万世师表。孔子和儒家思想对中国和朝鲜半岛、日本、越南等地区有深远的影响，形成了儒家文化圈。

2. 孟子"人皆有不忍人之心"

孟子讲："所以谓人皆有不忍人之心者，今人乍见孺子将入于井，皆有怵惕恻隐之心。"②"以不忍人之心，行不忍人之政"便是他的流传千古的名言"老吾老以及人之老，幼吾幼以及人之幼"③；明人伦："亲亲而仁民，仁民而爱物"。④ 意思就是爱，然后爱人民，爱人民然后爱事物这种仁者与自然天地万物为一体，王阳明将其称之"一体之仁"。意思是说推恩泽民是一种无穷止的行动，将对亲人的爱，加以扩充、延伸到同类、苍生，直到到达"一体之仁"的宏大境界。重民："民为贵，君为轻，社稷次之"⑤；得民心："天时不如地利，地利不如人和"⑥。

特点与影响："一体之仁"，由己及人，以至苍生万物。孟子有"亚圣"之称。孟子称"人皆可以成尧舜"⑦。毛泽东的名句"六亿神州尽尧舜"当来源于此)，以发挥人们的诚善，升华人们的良知。以善养人。人们将儒家称作儒

① 费孝通：《乡土中国》，上海人民出版社 2013 年版，第 25 页。
② (清)焦循撰，沈文倬点校：《孟子正义·公孙丑上》，中华书局 2018 年版，第 1052 页。
③ (清)焦循撰，沈文倬点校：《孟子正义·梁惠王上》，中华书局 2018 年版，第 94 页。
④ (清)焦循撰，沈文倬点校：《孟子正义·尽心上》，中华书局 2018 年版，第 1022 页。
⑤ (清)焦循撰，沈文倬点校：《孟子正义·尽心下》，中华书局 2018 年版，第 1049 页。
⑥ (清)焦循撰，沈文倬点校：《孟子正义·公孙丑上》，中华书局 2018 年版，第 271 页。
⑦ (清)焦循撰，沈文倬点校：《孟子正义·告子下》，中华书局 2018 年版，第 871 页。

教，孟子功不可没。

3. 荀子"人之生也，不能无群，群而无分则争"

荀子进一步阐述："人之何以能群，曰'分'"，"人之所为人者何也，曰'以其有辨'也"①，"君者，善群也"②，"君者，何也？曰'能群'也"③；"群而无分则争"④，"分"较之于"群"更为重要。

特点与影响："维齐非齐"，尊君隆势，划分社会角色并制定相应的规范；重别，荀子有时称"分"、"辨"为"别"。"曷为别？曰：贵贱有等，长幼有差，富贵轻重皆有称也"⑤。郭沫若说荀子"开始此后二千余年封建社会所谓纲常名教"⑥。

儒家维系其群己关系的逻辑与路径：

"省"，曾子曰："吾日三省吾身：为人谋而不忠乎？与朋友交而不信乎？传不习乎？"⑦

"度"，将心比心，换位思考，"他人之心，余忖度之"⑧，"投之以桃，报之以李"⑨。

"推"，"故推恩足以保四海，不推恩无以保妻子；古之人所以大过人者无他焉，善推其所为而已矣"⑩。把恩爱由近及远，由亲及人推广，和谐共生，从而，我们的大中国，好大一个家。推恩，还要善于推恩。

---

① （清）王先谦撰，沈啸寰、王星贤点校：《荀子集解·非相篇》，中华书局2020年版，第93页。

② （清）王先谦撰，沈啸寰、王星贤点校：《荀子集解·王制篇》，中华书局2020年版，第195页。

③ （清）王先谦撰，沈啸寰、王星贤点校：《荀子集解·君道篇》，中华书局2020年版，第280页。

④ （清）王先谦撰，沈啸寰、王星贤点校：《荀子集解·富国篇》，中华书局2020年版，第208页。

⑤ （清）王先谦撰，沈啸寰、王星贤点校：《荀子集解·礼论篇》，中华书局2020年版，第409页。

⑥ 郭沫若：《十批判书·荀子的批判》，中国华侨出版社2007年版，第164页。

⑦ 程树德撰，程俊英、蒋见元点校：《论语·述而上》，中华书局2019年版，第639页。

⑧ 刘毓庆、李蹊译注：《诗经·小雅·巧言》，中华书局2011年版，第528页。

⑨ 刘毓庆、李蹊译注：《诗·大雅·抑》，中华书局2011年版，第750页。

⑩ （清）焦循撰，沈文倬点校：《孟子正义·梁惠王上》，中华书局2018年版，第95页。

"为仁由己"，"仁远乎哉？我欲仁，斯仁至矣"①，"为仁由己"②，"当仁不让于师"，"君子求诸己，小人求诸人"③。

杀身以成仁，子曰："志士仁人，无求生以害仁，有杀身以成仁。"④

舍生以取义，"生，亦我所欲也，义，亦我所欲也。二者不可得兼，舍生而取义者也"⑤。

"和而不同"，子曰："君子和而不同，小人同而不和"⑥。

"反求诸己"，"行有不得者，皆反求诸己"⑦。孟子要求人们多从自己身上找原因，从自我做起。强调主体的道德自觉与对个体的尊重。责人不如律己。

养气，"吾善养吾浩然之气"⑧。

勇于承担社会责任，"士不可以不弘毅，任重而道远。仁以为己任，不亦重乎？死而后已，不亦远乎?"⑨

"夫天，未欲平治天下也；如欲平治天下，当今之世，舍我其谁也?"⑩

---

① 程树德撰，程俊英、蒋见元点校：《论语集释·学而上》，中华书局 2019 年版，第 24 页。

② 程树德撰，程俊英、蒋见元点校：《论语集释·颜渊上》，中华书局 2019 年版，第 1054 页。

③ 程树德撰，程俊英、蒋见元点校：《论语集释·卫灵公下》，中华书局 2019 年版，第 1422 页。

④ 程树德撰，程俊英、蒋见元点校：《论语集释·卫灵公上》，中华书局 2019 年版，第 1383 页。

⑤ （清）焦循撰，沈文倬点校：《孟子正义·告子上》，中华书局 2018 年版，第 842 页。

⑥ 程树德撰，程俊英、蒋见元点校：《论语集释·子路下》，中华书局 2019 年版，第 1205 页。

⑦ （清）焦循撰，沈文倬点校：《孟子正义·离娄上》，中华书局 2018 年版，第 530 页。

⑧ （清）焦循撰，沈文倬点校：《孟子正义·公孙丑上》，中华书局 2018 年版，第 215 页。

⑨ 程树德撰，程俊英、蒋见元点校：《论语集释·泰伯上》，中华书局 2019 年版，第 680 页。

⑩ （清）焦循撰，沈文倬点校：《孟子正义·公孙丑下》，中华书局 2018 年版，第 336 页。

重义轻利，"君子喻于义，小人喻于利"。①

孟子以善养人，荀子以"礼义"节"求"，起"伪"化"性"，"明分使群"。

4. 墨家"兼相爱，交相利"

"兼相爱"就是"视人之国若己之国，视人之家若己之家，视人之身若己之身"；"交相利"则认为爱与利是相关联的，"爱人者，人必从而爱之。利人者，人必从而利之。恶人者，人必从而恶之。害人者，人必从而害之"②，"为彼者，犹为己"也。③"兼爱"是"兴天下大利"。

如何做到"交相利"？墨子强调必须做到"三有"："有力者疾以助人，有财者勉以分人，有道者劝以教人"④。

特点与影响：其"兼爱"不分贵贱、等级，不论贫富，不管血缘、亲疏，不分远近、种类，不论国度与疆域；其"为彼者，犹为己"，不分彼此，视人若己，我爱人人，人人爱我，彼己或先或后。博爱，有宗教之趋向，体现了人类精神的抽象之爱。

是故，人们又称墨家为墨教。孟子说："天下之言，不归杨，则归墨"⑤，"逃墨必归杨，逃杨必归墨"⑥；韩非说："世之显学，儒、墨也。儒之所至，孔丘也。墨之所至，墨翟也"⑦。谭嗣同《仁学》融合了儒、墨家精神，梁启超疾呼："欲救中国，厥惟墨学！"⑧洪秀全感叹：天下多男人，尽是兄弟之辈，天下多女子，尽是姊妹之群；何得存此疆彼界之私，何得存你吞我并之念，又发愿要使当时昏暗世道变为"有无相恤，强不犯弱，众不暴寡，智不诈愚，勇不苦怯之世"⑨。

---

① 程树德撰，程俊英、蒋见元点校：《论语集释·里仁下》，中华书局 2019 年版，第 345 页。

② 吴毓江撰，孙启治点校：《墨子校注·兼爱》，中华书局 2006 年版，第 156 页。

③ 吴毓江撰，孙启治点校：《墨子校注·兼爱》，中华书局 2006 年版，第 172 页。

④ 吴毓江撰，孙启治点校：《墨子校注·尚贤》，中华书局 2006 年版，第 96 页。

⑤ （清）焦循撰，沈文倬点校：《孟子正义·滕文公下》，中华书局 2018 年版，第 491 页。

⑥ （清）焦循撰，沈文倬点校：《孟子正义·尽心下》，中华书局 2018 年版，第 1073 页。

⑦ （清）王先慎撰，钟哲点校：《韩非子·显学》，中华书局 2021 年版，第 499 页。

⑧ 梁启超：《子墨子学说》，台湾中华书局 1993 年版，第 1 页。

⑨ 洪秀全：《原道救世训》，载于罗尔纲辑：《太平天国文选》，上海人民出版社 1956 年版，第 4~5 页。

维系其群己关系的逻辑与路径："兼以易别"，（"别"，与"兼"相反，是"处大国就攻小国，处大家就篡小家，强劫弱，众暴寡，诈欺愚，贵傲贱"），以兼相爱交相利之法易之；"天志""明鬼""尚贤""尚同"借助、依赖神鬼意志和贤明政治实现。孟子抨击墨家："杨氏为我，是无君也；墨翟兼爱，是无父也。无父无君，是禽兽也。"①荀子认为墨家"僈等差""不足以容辨异、县君臣"②。意思是说墨家轻慢等级差别，甚至不容许人与人间有分别和差异的存在，也不让君臣间有上下的悬殊。

《淮南子·氾论训》记载：兼爱、尚贤，墨子之所立也，而杨子非之。可知杨朱反对墨子的兼爱、尚贤说。兼爱、尚贤讲的都是人际关系。兼爱强调人际的相爱与共同利益。但是在阶级对立的社会里不可能，剥削者不会对被剥削者施以爱利，弱者对强者只能是单方面的奉献，使劳动者的存我时时受到威胁。尚贤、尚同则约束个人自由，与重己、贵生因循自然的道家思想相悖。

(三) 宋代儒化知识分子的"群己观"

1. 范仲淹"忧"先"乐"

"居庙堂之高则忧其民，处江湖之远则忧其君。是进亦忧，退亦忧。然则何时而乐耶？其必曰'先天下之忧而忧，后天下之乐而乐'乎！"③倡导人们把国家、民族的利益摆在首位，为祖国的前途、命运担忧分愁。

特点与影响：利人利己，但先人后己，吃苦在前，担忧在前，享受、享乐在后，无时无刻，一片丹心。"忧"先"乐"后是对先秦儒家群己观的发挥，千古流芳。

维系其群己关系的逻辑与路径：恒以天下为己任，常以百姓疾苦为念想，先忧后乐。

2. 张载的"民胞物与"

"民吾同胞，物吾与也"④，民为同胞，物为同类。泛指爱人和一切物类。

---

① （清）焦循撰，沈文倬点校：《孟子正义·滕文公下》，中华书局2018年版，第491页。

② （清）王先谦撰，沈啸寰、王星贤点校：《荀子集解·非十二子篇》，中华书局2020年版，第109页。

③ 范仲淹：《岳阳楼记》，载于（清）吴楚材，（清）吴调侯选编，郭锐注译：《古文观止》，崇文书局2020年版，第202页。

④ 张载撰，朱熹注：《张子全书》，商务印书馆1935年版，第3页。

张载留下了千古绝唱的"横渠四言"——"为天地立心，为生民立命，为往圣继绝学，为万世开太平。"①

特点与影响："民胞物与"体现泛爱思想，横渠四言展示了知识分子价值担当和社会责任感、历史责任感。表现出了儒者的襟怀，用大我化小我、以小我救大我。展示了人与历史的关系和人对历史的责任。

维系其群己关系的逻辑与路径：穷理尽性。

(四)《共产党宣言》的"群己观"

"无产阶级只有解放全人类，才能最后解放自己"②。

《共产党宣言》鲜明指出："过去的一切运动都是少数人的或者为少数人谋利益的运动。无产阶级的运动是绝大多数人的、为绝大多数人谋利益的独立的运动。"

特点与影响：与范仲淹有异曲同工之处，利人利己，但先人后己，先解放全人类，后，而且是最后解放自己；有阶级性，解放的对象是全人类的无产者，受苦的人们，要求全世界无产者联合起来，努力奋斗，为大多数人谋利益，实现人类的解放。

维系其群己关系的逻辑与路径：不怕困难，不怕牺牲，冲锋在前，奋斗不止，除此，别无选择。

四、毛泽东"毫不利己，专门利人"群己观的提出

"毫不利己专门利人"是毛泽东对国际友人白求恩大夫的评价。诺尔曼·白求恩，生于1890年，是加拿大共产党党员，著名国际共产主义战士，其胸外科医术在加拿大、英国和美国医学界堪称一流。1936年冬白求恩志愿到西班牙参加反法西斯斗争；1938年3月，中国抗日战争爆发后，受加拿大共产党和美国共产党派遣，白求恩率领一个由加拿大人和美国人组成的医疗队来到延安，援助中国人民的抗战事业。为在第一时间抢救伤员和减少伤员的痛

---

① 张载：《张载集·张子语录(中)》，中华书局1978年版，第320页。

② 原文详见恩格斯在马克思去世后所写的《1888年英文版序言》，"无产阶级只有解放全人类，才能最后解放自己"是对原文的概括和总结。参见中共中央马克思恩格斯列宁斯大林著作编译局：《共产党宣言》，人民出版社2017年版，《1888年英文版序言》，第12~13页。

苦，他多次把手术台设在战地前沿，他多次为伤员输血，他勉力地工作，最多一次竟连续为 115 名伤员做手术，持续时间达 69 个小时。他热忱的态度、高度的责任心和忘我的工作精神，不图享受和待遇的优秀品质在延安边区广为流传。1939 年 11 月 12 日，白求恩在抢救伤员时左手中指被手术刀划破，不幸感染病毒，转为败血症而以身殉职。

毛泽东感念白求恩的精神、事迹，撰写《纪念白求恩》一文，高度赞扬白求恩同志毫不利己专门利人的精神，号召每一个共产党员，要认真学习白求恩同志的无私奉献的共产主义者的精神。从此，"毫不利己，专门利人"成为中国共产党人努力加强党性、道德修为的理念。白求恩的英雄事迹连同毛泽东的名篇《纪念白求恩》，教育和影响了一代又一代中国人。

毛泽东深谙中国传统文化，"毫不利己，专门利人"既是因白求恩事迹感触而发，也是毛泽东对中国共产党人的希冀。通过"辨章学术，考镜源流"，我们会发现"毫不利己，专门利人"绝不是空洞的说教，它继承发展创新了孔、孟、墨、范、张载等先贤的"群己观"，升华了《共产党宣言》的奋斗目标，凝练了《共产党宣言》的群众利益观，在如何处理群己关系和人己关系方面，明确提出了"毫不利己"和"专门利人"，是对传统群己观、人己观的返照、发挥和提升，具有深厚社会思想渊源；有人认为它是一种宗教观，但仔细辨析，它并不是宗教。"专门利人"具有鲜明的阶级性，利人对象不是利敌人，而是利人民，落脚点是"全心全意为人民服务"，也就是 20 世纪 60 年代人们所熟悉的榜样雷锋所讲的那样，"对待同志要像春天般的温暖，对待工作要像夏天一样火热，对待个人主义要像秋风扫落叶，对待敌人冬天一样残酷无情"①。

五、"毫不利己，专门利人"群己观的流变

毛泽东为了阐明专门利人的指向，继《纪念白求恩》一文发表后，又撰写了《为人民服务》以纪念一位在平凡工作岗位上作出不平凡贡献的名叫张思德的中国共产党党员。不久毛泽东在《论联合政府》一文中，再一次强调："紧紧地和中国人民站在一起，全心全意为中国人民服务，就是这个军队的唯一宗旨。"党的七大第一次将"为人民服务"写进党章，在党的根本大法上确立了"中国共产党人必须具有全心全意为中国人民服务的精神"这一根本宗旨。

---

① 雷锋：《雷锋日记》，中国青年出版社 2019 年版，第 13 页。

维系、践行的路径：毛泽东通过抓典型，树标兵，从平凡中发现伟大；导控与塑造，强化、教育与宣传，上下结合，以点带面把全心全意为人民服务化成了共产党乃至全中国人民的人生观、价值观、道德观，把"全心全意"与"大公无私"，"无私奉献，狠斗私字一闪念"教育结合在一起。使"全心全意为中国人民服务"家喻户晓，人人皆知。

六、"群己观"社会思想研究的启示与发现

通过对历代"群己观"的考辨，我们可了解各家"群己"社会思想的特征及其渊源，深刻地发现"毫不利己，专门利人"→"为人民服务"的"群己观"已衍化成为中国共产党人的群众观。相比较"毫不利己，专门利人"的"群己观"，"全心全意为人民服务"的群己观更客观可行，便于接受、实施。它保留了人们在"全心全意为人民服务"之后，为自己、为自己的家人等也做一点服务的空间与人性基础。由"毫不利己，专门利人"衍化而来"全心全意为人民服务"，经过实践检验，成为中国共产党人共识的群众观，成为一种时代精神和人文精神！

毛泽东说："共产党就是要奋斗，就是要全心全意为人民服务。"

邓小平说："中国共产党的含义和任务，如果用概括的语言来说，只有两句话：全心全意为人民服务，一切以人民的利益作为党员的最高准绳。"

江泽民说："我们党来自人民，植根于人民，服务于人民。建设有中国特色社会主义全部工作的出发点和落脚点，就是全心全意为人民谋利益。"

胡锦涛强调："全党同志特别是领导干部都要牢记全心全意为人民服务的宗旨，始终不渝地为最广大人民谋利益。"他在十七大报告中指出："坚持全心全意为人民服务，坚持群众路线，真诚倾听群众呼声，真实反映群众愿望，真情关心群众疾苦，多为群众办事、办实事，做到权为民所用、情为民所系、利为民所谋。"

习近平同志多次强调，我们党是为人民服务的，是要为人民做事的："我们讲宗旨，讲了很多话，但说到底还是为人民服务这句话。"[①]2016年6月，习近平就李保国同志先进事迹作出重要批示，号召"广大党员、干部和教育、

----

① 习近平：《在河北省阜平县考察扶贫开发工作时的讲话》（2012年12月29日、30日），求是网，2021年2月15日，https：//baijiahao. baidu. com/s？id＝1691745554290630807&wfr＝spider&for＝pc. 访问时间：2022年6月4日。

科技工作者要学习李保国同志心系群众、扎实苦干、奋发作为、无私奉献的高尚精神，自觉为人民服务、为人民造福，努力做出无愧于时代的业绩。"①在这里，"为人民服务"的"群己观"又赋予了新的时代特征，不仅是广大党员、干部和教育、科技工作者等同样应"当仁不让"。

人类是需要情操和境界的，人是要有一点精气神的，人之为人应该有所追求。

"人力或做不到，心当无有做不到"！②

第三节　案例举隅二——古代中国乡约制度与村治思想

1993 年，温铁军在讨论历史时期国家基层治理策略时首次提出"皇权不下县"的主张，不过当时并未引起太大注意。③ 温铁军认为，历史时期皇权不下县，县以下有自治传统，其原因是小农经济高度分散，政府直接面对小农的交易成本过高。之后温铁军又在不同文章不同场合多次提及"皇权不下县"。④自 21 世纪初开始，"皇权不下县"也成为研究传统社会村治问题的重要概念而引起广泛关注。本是在讨论皇权存在的空间范围，但事实上由此引申出乡绅社会、地方自治、国家与社会二元对立、乡村社会非国家化、市民社会等话语范式，并在包括历史学、社会学、政治学等多学科领域产生广泛影响。

秦晖利用走马楼吴简上的材料对传统社会结构进行了分析，最后得出结论："在我国历史上大部分时期，血缘共同体（所谓家族或宗族）并不能提供——或者说不被允许提供有效的乡村自治资源，更谈不上这些资源抗衡皇权。"⑤田制、户籍、乡里制度，构成王朝国家控制乡村的三个支柱。"乡里制

① 《"时代楷模"先进事迹——李保国》，中华人民共和国教育部官网，2021 年 5 月 11 日，http：//www.moe.gov.cn/jyb_xwfb/moe_2082/2021/2021_zl37/shideshiji/202105/t20210511_530850.html.访问时间：2022 年 6 月 4 日。

② 谭嗣同著：《谭嗣同全集》，中华书局 1998 年版，第 460 页。

③ 胡恒：《"皇权不下县"的由来及其反思》，《中华读书报》第 5 版，2015 年 11 月 4 日。

④ 参见温铁军：《半个世纪的农村制度变迁》，《战略与管理》1999 年第 6 期；温铁军：《中国农村基本经济制度研究》，中国经济出版社 2000 年版，第 411 页，等等。

⑤ 秦晖：《农民中国：历史反思与现实选择》，河南人民出版社 2003 年版，第 252 页。

度"乃是由"乡""里""邻"构成的乡村控制制度，是王朝国家立足于统治需要建立的、县级政权以下的、直接或间接地控制乡村民户与地域、以最大限度地获取人力与物力资源、建立并维护乡村社会秩序的控制制度，是王朝国家诸种统治制度的组成部分。中国古代的乡里制度及其实行与运作，就是王朝国家权力（"皇权"）向县级政权之下的乡村社会的延伸，是"下县的皇权"。①

20世纪40年代费孝通提出了"双轨政治理论"："一方面是自上而下的皇权，另一方面是自下而上的绅权和族权，二者平行运作，互相作用，形成了'皇帝无为而天下治'的乡村治理模式，塑造出一个形象而又独特的描述传统中国政治运作逻辑的'双轨政治'模型。"②单从较长历史时段的行政机构建置来说，传统中国在相当长的历史时期内未在县级以下设置制度性行政机构。由此来看，皇权不下县有其合理性。不过，清朝政府为治理明末以来绅权膨胀问题，加强对不守法纪劣绅的打击力度，同时重新制定保甲制度，将乡绅编入保甲体系，统一接受地方官府治理。此时保甲体系应该可以看作皇权渗入乡村社会的表现。19世纪中期以后，饱受内忧外困的清政府在风雨飘摇中，不得不对地方绅士放权，而且对社会行政架构进行了调整。即便如此，皇权仍然能够直达乡村社会，而没有出现真正的乡绅自治。吕振羽指出，"我们曾经说过：今日以前的中国不仅没有政治，而且没有国家；中国的农村社会，还只有社会的形态，并没有构成社会的实体组织；农村人民的思想，还只有一种习惯的迷信，并没有国民的意识。因此，要完成国家本体的构造，而产生健全的政治，便当完成农村社会之健全的组织，养成农民之国民的必要意识。村治便是适应这个需要的时代产物"③。

一、传统乡村组织的历史变迁

乡村组织是乡约制度和乡村治理的组织保障，考察传统中国乡村组织的历史变迁，是研究和分析传统乡约制度和乡治思想的基本前提。正如费孝通先生所说，"普通讲中国行政机构的人很少注意到从县衙门到每家大门之间的

---

①　鲁西奇：《"下县的皇权"：中国古代乡里制度及其实质》，《北京大学学报（哲学社会科学版）》2019年第4期。

②　胡恒：《"皇权不下县"的由来及其反思》，《中华读书报》2015年11月4日。

③　村治月刊社编：《村治之理论与实施》（引言），村治月刊社，民国二十一年（1933）。

一段情形，其实这一段是最有趣的，同时也是最重要的，因为这是中国传统中央集权的专制体制和地方自治的民主体制打交涉的关键，如果不弄明白这个关键，中国传统政治是无法理解的"。①

(一)先秦时期的乡村组织

《周礼·地官·大司徒》中记载，当时乡村组织的情形是："五家为比，使之相保；五比为闾，使之相爱；四闾为族，使之相葬；五族为党，使之相救；五党为州，使之相赒；五州为乡，使之相宾。"②在这个组织体系中，除一族由四闾(以凑百家之数)组成之外，其他都是五五进制，秩序井然。每一级都有相应的管理人员，比有比长，闾有闾长，族有族长，州有州长，乡有乡大夫。这些人员负责人口调查、道德教化、军旅徭役等具体事务，这样就把政治和教育、文治与武事等结合起来，形成"政教合一"的理想型基层组织。各级管理人员都由本地人民充任，所以从形式上属于地方自治，而从名义上则均称为"乡官"。这种理想的地方自治模式，在秦汉时期推行的郡县制中，尚在郡县长吏之外还保留着三老、孝弟和力田等乡官，秦汉以后三老、孝弟和力田也逐渐消失，最终形成基层组织只有官吏而无乡官，只有差役而无乡老的政治治理结构，乡村自治最终只能在县级以下形成传统，而未能跻身县级以上官僚系统。

周朝乡村组织除六乡以外，还有"六遂"③组织和"卒伍"④组织。六乡与六遂的区别是，前者是针对王城百里之内区域的乡村组织，后者是指王城百里以外地区的乡村组织。六遂组织与六乡相比，相同之处是管理者属于官吏系统，但其官阶方面，六遂要比六乡低半格，当然称呼也不相同。六遂的组织结构是："以土地之图经田野，造县鄙，形体之法。五家为邻，五邻为里，四里为酂，五酂为鄙，五鄙为县，五县为遂，皆有地域，沟树之，使各掌其

---

① 费孝通：《乡土中国》，上海人民出版社 2007 年版，第 279 页。

② (清)孙诒让撰，王文锦、陈玉霞点校：《周礼正义·地官·大司徒》，中华书局2013 年版，第 751 页。

③ (清)孙诒让撰，王文锦、陈玉霞点校：《周礼正义·地官·遂人》，中华书局2013 年版，第 1241 页。

④ (清)孙诒让撰，王文锦、陈玉霞点校：《周礼正义·地官·小司徒》，中华书局2013 年版，第 776 页。

政令刑禁。"①卒伍组织是底层军事组织，主要为战时准备兵士，其组织结构是"五人为伍，五伍为两，四两为卒，五卒为旅，五旅为师，五师为军。"②

当然，我们需要注意，《周礼》中记载的乡村社会组织情形，可能仅仅是王畿制度，对于诸侯及其他封地、采邑地区的情形，文献资料不多，难以窥见全貌。现在能够找到相关记载的，主要是齐国管仲的《管子》中《立政》篇："分国以为五乡，乡为之师，分乡以为五州，州为之长。分州以为十里，里为之尉。分里以为十游，游为之宗。十家为什，五家为伍，什伍皆有长焉。"③《乘马》篇："方六里，命之曰暴。五暴命之曰部。五部命之曰聚。聚者有市，无市则民乏。五聚命之曰某乡，四乡命之曰方，官制也。官成而立邑。五家而伍，十家而连，五连而暴。五暴而长，命之曰某乡。四乡命之曰都，邑制也，邑成而制事。"④《小匡》中记载："于是乎管子乃制五家以为轨，轨为之长；十轨为里，里有司；四里为连，连为之长；十连为乡，乡有良人，以为军令。是故五家为轨，五人为伍，轨长率之。十轨为里，故五十人为小戎，里有司率之。四里为连，故二百人为卒，连长率之。十连为乡，故二千人为旅，乡良人率之。五乡一师，故万人一军，五乡之师率之。"⑤从以上记载来看，我们可以发现，《管子》和《周礼》记载一样，乡村组织都是主张兵农合一，在一般意义上的乡村组织结构体系中，增添相同设置的军事组织体系。

(二)秦汉时期的乡村组织

尽管记载不甚详细而且成书时间及内容真伪等方面有待商榷，但从普遍接受的《周礼》和《管子》意义上来看，以上记载基本体现了春秋时期乡村组织的基本结构。战国时期，受长期战乱影响，或许这些乡村组织体系已经发生了改变，但由于文献资料太过偏狭，有关这方面的系统叙述不多，难以真正了解当时具体情形。直到秦汉时期，关于乡村组织情况的记载才又逐渐多了

---

① （清)孙诒让撰，王文锦、陈玉霞点校：《周礼正义·地官·遂人》，中华书局2013年版，第1121页。

② （清)孙诒让撰，王文锦、陈玉霞点校：《周礼正义·地官·小司徒》，中华书局2013年版，第776页。

③ 黎翔凤撰，梁连华整理：《管校注子·立政》，中华书局2019年版，第65页。

④ 黎翔凤撰，梁连华整理：《管校注子·乘马》，中华书局2019年版，第89页。

⑤ 黎翔凤撰，梁连华整理：《管校注子·小匡》，中华书局2019年版，第413页。

起来。

秦末汉初的乡村组织实行的是乡亭制度，五里一邮，十里一亭，十亭一乡。乡亭制度与前面《周礼》和《管子》记载最大的不同在于其是以地域作为标准，而之前是以家户作为标准。这种划分组织的标准的变化，对后世乡村组织设置影响极大，直到目前，我们的基层社会和行政组织仍然以地域作为划分标准。之所以在秦汉时期发生这种变化，可能的原因是受战国时期战乱影响，各诸侯国百姓流离失所，按照以往的以家户或人数为标准的组织形式已经难以实现底层社会治理的目标，而不得不采取地域作为划分标准。同时，这种安排客观上也有利于老百姓跨地域活动，促进了底层人民的空间流动，有利于文化交融。

根据《文献通考》记载，到西汉时期，乡亭制度已经十分完善，当时全国共有二万九千六百二十五亭，六千六百二十二乡，一千六百八十七县或与县相等的道、国、邑。① 尽管当时也有里、邮制度，但并无文献资料详细统计相关数据，大概是数量过多，或者对于国家治理体系而言，不是非常重要的社会单位。秦汉时期的乡亭制度主要单位是乡，乡里有三老、啬夫和游徼等管理人员，而亭大概只有亭长，邮大概只有邮长。

乡三老是秦汉以后乡村治理中最为重要的角色。乡三老由当地老百姓选举产生，入选乡三老需要满足两个基本条件：一是年龄须在五十岁以上；二是德高望重，能够得到乡里百姓的尊重。除乡三老外，县级政权也有县三老。县三老由朝廷从乡三老中选拔任用。县三老主要协助县令、县丞或县长处理县政。三老作为一种制度设置，其主要社会功能有两个：一是对普通民众实施道德教化；二是可以将民情上达朝廷甚至直达中央政府。借由"三老"机制，自下而上的乡村自治与自上而下的基层治理得以实现互动，从而最大限度地维系了地方社会的稳定性结构。

在三老之外，秦汉时期乡村组织中还设有具体实施道德教化的孝弟和专门负责农事活动的力田两个职务。与三老不同，孝弟和力田类似于正式在编的官吏，有明确的工资收入，其秩高可达两千石。根据当时社会生产力，估计只有县级才有这两个职位。在社会治理方面，三老、孝弟和力田均扮演正向道德教化和礼仪引导的角色，对于作奸犯科等行为的规范，则由啬夫、游

---

① （元）马端临：《文献通考》卷十二，明冯天驭刻本，第1页。

徼等负责。啬夫具体负责诉讼和收税，游徼则主要负责巡行乡里、查禁盗贼等社会治安问题。

东汉的村治制度基本和西汉时期相同，只是在部分比较小的县，管理人员只保留了啬夫一职，亭长下面的邮长被取消，增添了里魁、什长、伍长之类。

(三)魏晋至五代时期的乡村组织

东汉末年战乱纷起，后经魏蜀吴三分天下，乡村社会和乡村组织都受到极大摧残。尽管西晋司马氏统一了全国，并且出现了"太康之治"的局面，但时间短暂，民生尚未得到真正恢复，有关这段时间的乡村组织的文献记载也不是很多。在这一时期，以德化为中心的三老制度彻底消失，乡村自治传统就此出现断裂。

西晋末年，永嘉之乱北方士人"衣冠南渡"，之后长江以北的北方地区受常年战乱影响，百姓流离失所、民生凋敝，乡村组织大受摧残。南方地区尽管战乱较轻，但客家人与当地土著混居，重建乡村组织体系实属不易。同时，苏峻作乱焚烧了大部分户口版籍，造成户籍管理混乱，无疑为乡村组织的重建增加了额外的困难。因此，东晋时期，尽管在史书记载上仍部分保留了里制，但实际上这种里制很可能没有发挥太大作用。

南北朝时期，北朝元魏对农村组织有所重视，北魏泰和十年(486)，给事中李冲上言奏明，应该依照古法，五家立一邻长，五邻立一里长，五里立一党长，"取乡人疆谨者任之"，这就是所谓的三长制度。这种制度经过多次辩论后，最终得到采用，并在实践中逐渐得到老百姓的支持。北齐农村组织规定十家为邻比，设邻长一名；五十家为闾，设闾正一人；百家为族党，设党族一人，副党一人。这种设置成为其后隋唐时期乡村组织的基础。与之前稍有不同的是，隋唐时期，随着社会逐步稳定，经济迅速发展，老百姓人口数量增多，乡村组织在户籍规模和管理者设置方面有所调整。比如唐代除里正以外，还增设坊正和村正两个职位，坊正设在市镇，村正设在乡村。①

唐后五代时期，整个社会又进入长达近百年的动荡时期，乡村组织再次遭到严重破坏。除《文献通考》中对后周显德年(954—960)的社会组织有些只

---

① (元)马端临：《文献通考》卷十二，明冯天驭刻本，第23页。

言片语的介绍外，其他相关材料较少。由此，也可以推理出，此一时期，各朝政权更迭频繁，应是无暇顾及乡村组织建设问题。赵宋王朝建立，结束五代战乱，社会进入较长时间的稳定时期。

（四）宋元时期乡村组织

宋代也是乡村组织重建的重要阶段，主要形制基本沿袭隋唐，城乡基层组织分而治之。乡村地区，村上有里，里上有乡；城市地区，最底层单位是坊，坊上有厢。北宋熙宁年间，经王安石变法，保甲、乡约、社仓、社学等衔接基层政权与底层百姓的各种社会组织才逐渐推行开来。自西晋"三老"制度消失而乡村自治传统断裂，至此，乡村自治精神才又有所恢复。据《二程文集》记载，保甲组织最初由程颢所创，"度乡里远近为伍保，使之力役相助，患难相恤，而奸伪无所容。凡孤寡残疾者，责之亲戚乡党，使无失所；行旅出于途者，疾病皆有所养"①。这是目前能看到的北宋时期最早的关于乡治思想和乡治体系的探索。王安石在此基础上，结合《周礼》中规定的兵农合一制度，制订了十家为保，五十家为大保，五百家为都保的新法。尽管王安石变法最终以失败告终，但其尝试推行的意在倡导乡村自治的保甲思想却得以保留，并在其后南宋、元、明、清，以至民国时期都得以完善施行。比如南宋时期理学大儒朱熹就非常推崇保甲法，同时对于建立社会组织和乡村组织也极力鼓吹和践行；明代王阳明、吕坤等也都曾大力提倡保甲法并极力推行实践，取得了较好的效果；明末清代以后，保甲法成为政权建设的有机组成部分而得以延续；清末民初，政府部门为有效管理乡村地区，尝试施行村民自治制度，其思想渊源也基本来源于此。

需要提及的是，北宋时期，除了出现保甲制度之外，还出现了乡约组织。乡约组织相对比较简单，下文会有详细介绍。与保甲制度是由政府自上而下推行相比，出现于北宋后期的乡约组织更强调自下而上的自愿与自治。这种乡约制度也得到了南宋朱熹、明代方孝孺、王阳明、吕坤等人推崇，经由清一朝发展演化，最终融入清末民初的村民自治制度和民国时期以梁漱溟为代表的知识分子推行的乡村建设运动之中。

①《二程文集》卷十，《钦定四库全书·集部八·总集类》。（宋）程颢，（宋）程颐：《二程文集》卷之十，清正谊堂全书本。

元代的乡村组织基本沿袭两宋设置，里正、厢坊、乡里等区划开始散见于各种县志，由此可以看出，这些组织制度已经成为定制而广泛推行。不过，元代在乡村组织建设方面，也有一个创新，那就是社制。社制与乡里制度并存。社制的基本组织结构是每社五十家，以地域为限，所有人都要加入；五十家以上、百家以下设一社，百家以上另置其他组织，五十家以下并入邻社。每社设一社长，社长由老百姓公选产生，其基本标准是：第一，年龄较大；第二，通晓农事活动；第三家有兼丁（超过两名壮丁）。① 社长职务很多，除赋役等事务归里正处理外，其他的涉及乡村治理的事务，如农事、水利、社仓、救恤，甚至轻微纠纷等，都由社长处理。比如可以谋求水利的地方，社长奏明地方政府获得补助后率领村民自行修理；对于治理蝗虫灾害或其他灾害自救也由社长率领民众实施，同时社长也可以就此向地方政府申请减免赋役；还有开荒辟地，保护禾苗等事务也由社长主持；社长还负责管理社学、社仓等村级组织。除这些具体事务外，社长还承担部分德化职能，对于犯法作恶、不听劝诫的村民，社长可以报告县级提点官以进行处置。对于犯法或失德农民，社长会将书写其所犯事项的告示张贴到他们的门上，以示羞辱，等其改过自新，方才将告示撕下；对于拒不悔改的，社长有权令其充当本社差役。②

（五）明清至民国时期的乡村组织

明代在乡村组织层面基本承袭宋元，只不过在此基础上另设立粮长和里甲制度。杨开道先生在提及明代粮长和里甲制度时曾说，"明代所立的粮长和里甲制度，纯粹为赋役而设，和乡治没有什么关系"③。这种判断值得商榷。顾炎武在《日知录》中记载，"明初以大户为粮长，掌其乡之赋税，或多至十余万。运粮至京，得朝见天子""洪熙元年巡按四川监察御史何文渊言，太祖令天下州县设立老人，必选年高有德，众所信服者，使劝民为善。乡间争论亦使断理"。④《太祖实录》中亦有相应记载，在洪武二十七年四月"命有司择民

---

① （元）佚名：《元典章》户部九典章二三，元刻本，"鼎秀古籍"数据库，第497页。
② （清）嵇璜：《续文献通考》卷十六，四库全书，"鼎秀古籍"数据库，第650页。
③ 杨开道：《中国乡约制度》，商务印书馆2016年版，第16页。
④ （清）顾炎武著、黄汝成集释；栾保群、吕宗力校点：《日知录集释：全校本》，上海古籍出版社2006年版，第470页。

间高老人公正可任事者，理其乡之词讼。若户婚、田宅斗殴者，则会里胥决之"。由此可以看出，粮长和里甲制度不似宋元那样与乡治密切相关，但也不应该是没什么关系。

另外，其他几种在两宋时期即已初具模型的社会组织，在明太祖朱元璋的推动下也日臻完善，之后在明中期王阳明等人的鼓吹与践行下，最终在嘉靖年间形成了乡约、社仓、社学、保甲等社会组织共同构成的乡治体系。乡约、社仓、社学、保甲等制度，在南宋时经朱熹等人推动即已成为较有影响的社会组织。

经过元末战乱，中原地区已经破败不堪，朱元璋建立明朝后，首先要解决的问题便是着力恢复民生和重整社会秩序，而此时经历战乱初获和平的老百姓也不愿再起纷争，因而，地方治安相对比较稳定。在这种情况下，朱元璋在保甲制度和社仓制度建设方面，举措不多。不过，在乡约、社学方面，朱元璋着力不少。社学方面，由于朱元璋非常信奉儒家教化对稳定社会秩序的积极作用，因此，他极力推行对老百姓的德化和教化，其形式就是社学。洪武八年，朱元璋下诏在全国各地方以乡或里为单位设置社学，延聘鸿儒教化民间子弟。朱元璋在推行社学和对民众教化问题上，采取了两种方式：一是颁行圣训六谕①；二是设置申明旌善亭。前者以条目形式确定主体性教化内容，与下文将要详细介绍的吕氏乡约很相似；后者是在乡里设置赏善罚恶的亭子，与朱熹曾提倡的善簿恶簿有共同之处。

除此之外，朱元璋还增设了一种里社和乡厉制度，主要是关于乡村宗教组织参与地方乡治的制度设置。关于明朝的社仓制度，目前尚无材料表明到底始于何时，但在嘉靖年间已经成为定制。《图书编》中记载"是故保甲之法，人知以弥盗贼也，而不知比闾族党之籍定，则民自不敢以为非；乡约之法，人知足以息争讼也，而不知孝顺忠敬之教行，则民自相率以为善；由是社仓兴焉，其所以厚民生者为益用；由是社学兴焉，其所以正民德者为有素；可

---

① "圣祖六谕"的内容是：一曰孝顺父母；二曰尊敬长上；三曰和睦乡里；四曰教训子孙；五曰各安生理，六曰毋作非为。六谕初颁时，尚无(官办)乡约和宣讲办法，只是每里选一位"耆老"，"手持木铎，巡行乡里，且击且诵，以警悟民众"。参见杨开道：《中国乡约制度》，商务印书馆 2016 年版，第 17 页。到嘉靖年间时"乡约""宣讲"的方式正式确立，一直传到清康熙年间仍然在采取乡约宣讲方式将皇帝关于道德教化的训谕遍传天下。围绕这种宣讲方式，明末清初还出现不少民间文艺形式，其中劝善书影响最大。

见四者之法，实相须也"。①《图书编》是由生活于明嘉靖、万历年间的章潢编辑而成，根据上述记载，可以推想，至迟在嘉靖年间由中央政府推行的乡约、社学、社仓和保甲制度已经形成相互补充相互完善的乡村治理体系。正如杨开道先生所言，"嘉靖时代的农村组织，是四位一体制度，四而一，一而四的制度。不过这四个东西，并不是一样的性质，一样的重要，乡保根本而社仓社学枝叶，乡保主要而社仓社学次要，所以自然而然地，产生一种二正二幅地理论，二正二副地制度"。②

其后，有清一朝，基本都沿袭了这种乡治体系。需要特别提出的是，除了官方推行的这种乡治体系外，北方地区还产生了各种自治性质明显的会社组织，比如青苗会、义坡会，以及其他各种水利组织、庙会组织等；华南地区则主要依靠家族组织。这些民间自治组织有效地补充了官办乡治体系的不足，到晚清时期，随着官府对地方社会管控日益松懈，这些民间自治组织反而成为乡治的主要组织形式。

村民自治问题在清末民初呈现出两条道路：一是官方推行的村民自治，1906 年 8 月，袁世凯在奏请预备立宪时提出"中央五品以上官吏参与政务，为上议院基础；使各州县有名望绅商参与地方事务，为地方自治基础"；1908 年清政府公布《城镇地方自治章程》，规定县以下地方城镇乡的学务、卫生、道路、水利、农工、商务、慈善、公共事业、自治经费的征收使用，以及各地习惯委诸绅董的事项，都属于自治范围，其组织分为决议机关和执行机关两部分，决议机关为议事会、执行机关为董事会。二是民国初期知识精英倡导的乡村建设运动中对过去的村民自治传统进行借鉴并在区域内进行实践。

另外，进入民国后，在乡村治理问题上，国民政府也进行了尝试。比如蒋介石认为，中国向来家族组织发达，只有以家族中心的家长制重建乡村组织"可执简而驭繁"。因此，他在具体实践中力倡保甲制。不过，根据国民政府的设想，他们所提倡的保甲制是与现代基层自治体制相融合的。这种将两种相互对立的基层治理模式放置到同一生活和社会场域中的做法，受到了社会现实的无情嘲讽。老百姓对保甲制进行了群体性冷漠抵制，被政府操纵的保甲组织最终却未能深入民众生活之中，保甲制的复兴集中表达了国民政府

---

① （明）章潢撰：《图书编》卷九十二，上海古籍出版社 1992 年版，第 799 页。
② 杨开道：《中国乡约制度》，商务印书馆 2016 年版，第 20 页。

试图打破乡村社会权力专断的壁垒，将行政体系直接通过保甲制延伸到村庄，使得村落成为最基层社会的行政单位设想，从而达对乡村社会进行控制的目标，并未能实现，甚至出现了难以找到"非劣绅"来担当保长的尴尬境地。

二、不同历史时期乡约制度的主要特征、内容和源流等考辨

乡约制度是中国传统社会中非常重要的乡治资源，在维系稳定的乡村社会结构方面，具有重要作用，同时，在具体实践中也是促成礼俗互动社会结构的重要环节。所谓乡约制度，简单地说，就是由士绅阶层提倡、乡村民众参与，以村民共同体形式呈现，通过道德教化等方式维持地方社会秩序的乡村组织制度。从这个意义上说，中国乡约制度起源于北宋时期，其首倡者和主导者是被后人称为"蓝田四吕"的吕大忠、吕大防、吕大临、吕大钧等四兄弟。按照杨开道先生的说法，蓝田吕氏兄弟生活的年代是中国古代社会史上不多见的学术和思想高峰期，"吕氏兄弟真是幸而产生在这个学术兴盛时期，乡约制度也真是幸而产生在这个学术兴盛时期"。①

（一）乡饮酒礼及其历史变迁与主要功能

《礼记·经解》："乡饮酒礼，所以明长幼之序也。古之制礼也，经之以天地，纪之以日月，参之以三光，政教之本也。"②尽管被正式命名为"乡约"的乡村组织始于北宋时期，但作为一种国家治理乡村的思想却可以追溯到先秦时期的"乡饮酒礼"。

《周礼》中王治天下的基本手段就是采取德化教化，教化德化的主要方式是礼俗。《周礼》中规定，管理地方行政事务的人员为司徒，称为"教官"，"使其帅其属而掌邦教"，"而施十有二教焉"。这十二教分别是"一曰以祀礼教敬则民不苟，二曰以阳礼教让则民不争，三曰以阴礼教亲则民不怨，四曰以乐礼教和则民不乖。五曰以仪辨等则民不越，六曰以俗教安则民不偷，七曰以刑教中则民不暴，八曰以誓教恤则民不怠，九曰以度教节则民知足，十曰以世事教能则民不失职，十有一曰以贤制爵则民慎德，十有二曰以庸制录

---

① 杨开道：《中国乡约制度》，商务印书馆 2016 年版，第 28 页。

② （清）孙希旦撰，沈啸寰、王星贤点校：《礼记集解·经解》，中华书局 2019 年版，第 1257 页。

则民兴功。"①

我们可以看出，通过这些规定，涉及乡村治理的种种事务都已列入其中。吕氏兄弟制定的"吕氏乡约"基本原则"德业相劝、过失相规、礼俗相交、患难相助"当基本来源于此。《周礼》中还规定，负责治理和教化乡民的教官，"正月之吉，始和，布教法于邦国都鄙，乃县教象之法于象魏，使万民观教象；挟日而敛之，乃施教法于邦国都鄙，使之各以教其所治民"。②"至于教化主义的工具：积极方面是礼，消极方面是刑；预防的工作是礼，调治的工作是刑"。③

"十二教"中，前四教均为"礼"，第五教为仪，第六教为俗，第七教为刑。由此可见，在《周礼》中礼已经是治理万民的主要手段了。《礼记·王制》记载"司徒修六礼以节民性，明七教以兴民德"④。此时，礼在社会治理中的重要性进一步得到强化。礼俗作为社会治理手段在六乡乡治中具体实践中表现为"乡饮酒礼"。《礼记》中记载，乡饮酒礼共有四种："一则三年宾兴贤能，二则乡大夫饮国中贤者，三则州长习射饮酒，四则党政腊祭饮酒。"⑤《礼记·集解》中说："乡饮酒之礼，所以明长幼之序也"，同时又说，"乡饮酒之礼废，则长幼之失序，而争斗之狱繁矣"⑥。这说明，至少在编撰《礼记》的西汉礼学家戴圣看来，乡饮酒礼是维持地方秩序的良方。对于乡饮酒之礼的运作逻辑，《礼记·乡饮酒义》中说，"乡饮酒之礼，六十者坐；五十者立侍以听政役，所以明尊长也；六十者三豆，七十者四豆，八十者五豆，九十者六豆，所以明养老也。民知尊长养老，而后乃能入孝弟；民入孝弟，出尊长养老，

---

① （清）孙诒让撰，王文锦、陈玉霞点校：《周礼正义·地官·大司徒》，中华书局2013年版，第705页。

② （清）孙诒让撰，王文锦、陈玉霞点校：《周礼正义·地官·大司徒》，中华书局2013年版，第751页。

③ 杨开道：《中国乡约制度》，商务印书馆2016年版，第40页。

④ （清）孙希旦撰，沈啸寰、王星贤点校：《礼记集解·王制》，中华书局2019年版，第362页。

⑤ （清）孙希旦撰，沈啸寰、王星贤点校：《礼记集解·乡饮酒义》，中华书局2019年版，第1424页。

⑥ （清）孙希旦撰，沈啸寰、王星贤点校：《礼记集解·经解》，中华书局2019年版，第1257页。

而后成教；成教，而后国可安也"①。至于先秦时期乡饮酒礼是否真正达到了这种理想形态，很难考证。但若真能在乡村地区实践这种礼俗，老百姓之间形成礼让不争的风气，应该是可能的。

根据《仪礼·乡饮酒礼》记载，乡饮酒礼包括六个阶段：一是谋宾、戒宾、速宾、迎宾之礼；二是献宾之礼；三是作乐；四是旅酬；五是无算爵、无算乐；六是送宾及其他。② 杨宽先生通过对《诗经·小雅·瓠叶》《左传·襄公四年》《国语·鲁语下》《春秋左传补注》等文献的考证，认为"《仪礼·乡饮酒礼》所记的主要礼节，曾在春秋以前应用，并且曾推广到其他的饮酒礼节中"。③

前面说过，乡饮酒礼是一种礼俗实践，是社会治理的重要手段。因此，乡饮酒礼并非寻常请客吃饭，而是有固定场合和确定事由的仪式过程。根据孔颖达的解释，乡饮酒礼在以下四种情况下举行："一则三年宾贤能，二则乡大夫饮国中贤者，三则州长习射饮酒也，四则党正腊祭饮酒"④。《礼记·射义》记载："乡士大夫之射也，必先行乡饮酒之礼"⑤。

关于乡饮酒礼的社会功能，主要有两个：其一，重在敬老和养老。《礼记·射义》："乡饮酒之礼，所以明长幼之序也"⑥。《白虎通·乡射》："所以

---

① （清）孙希旦撰，沈啸寰、王星贤点校：《礼记集解·乡饮酒义》，中华书局 2019年版，第 1428 页。

② 所谓谋宾，就是主办乡饮酒礼之主人就宾客名次与乡先生（乡村教师）进行商量，一般分为宾、介（陪客）、众宾三类，其中，宾、介都只有一人，众宾为多人，并选定其中三人为众宾之长。所谓戒宾，就是主办乡饮酒礼之主人亲自邀请和告知宾客。所谓速宾就是主办乡饮酒之主人亲自催邀宾客。迎宾，就是主人在主办乡饮酒礼的庠序（乡村学校）门口亲自迎接宾客，经过三揖三让，将宾客迎至庠序中堂。献宾之礼，简单来说，就是主客之间的敬酒、还酒之礼。旅酬，简单来说，就是主人的留客之道。所谓无算爵，是指在开始的按礼主客间互敬酒后，开始进入正席，宾客间饮酒不再拘泥礼数和爵（酒杯）数，饮醉方休；所谓无算乐，是指到无算爵阶段，所奏乐章也不再有严格要求，乐工要进行不间断地奏乐和和歌，不再强调乐章和乐数，直到彻席为止。

③ 杨宽：《西周史》，上海人民出版社 2016 年版，第 745~747 页。

④ （清）孙希旦撰，沈啸寰、王星贤点校：《礼记集解·乡饮酒义》，中华书局 2019年版，第 1424 页。

⑤ （清）孙希旦撰，沈啸寰、王星贤点校：《礼记集解·射义》，中华书局 2019 年版，第 1438 页。

⑥ （清）孙希旦撰，沈啸寰、王星贤点校：《礼记集解·射义》，中华书局 2019 年版，第 1438 页。

十月行乡饮酒礼之礼何？所复尊卑长幼之义"①。其二，由诸侯国君主持的乡饮酒礼，还具有议会性质，君主会借此机会向长者和先生君子等人商议国事。《鲁颂·泮水》："鲁侯戾止，在泮饮酒。既饮旨酒，永锡（同"赐"，难老。顺彼长道，屈此群丑"②。郑笺："在泮饮酒者，征先生君子，与之行饮酒之礼，而因以某事也"。③需要注意，秦汉之后，随着中央集权进一步加强，皇权至上观念贯彻到历代统治者的政治实践中，乡饮酒礼在先秦时期承担的长老议事功能终不复存在。传至后世的乡饮酒礼，基本演变成中央或地方政府为体现尊老和敬老思想而设置的仪式制度，比如清代康熙推行的"千叟宴"，实际上就是国家层面的乡饮酒礼，其主要功能也是推行孝德、敬老养老的德化教育。

秦汉以后，乡饮酒礼尽管发生不少变化，但总体而言，直到清中期道光年间政府为把行礼经费充军饷才以政府命令形式废止此项礼仪制度。在长达三千年传承过程中，乡饮酒礼大多时候只存在于县及以上行政单位饮酒礼，真正的"乡"饮酒礼，则施行不多。"乡约制度的产生，恰好补救普通乡饮酒礼的阶级过高，仿佛一种真正的乡饮酒礼"。④

（二）"蓝田四吕"与《吕氏乡约》

北宋建立以后，经过几代皇帝治理，社会整体趋于稳定，经济社会进入快速发展时期，受"祖宗之法"中重文轻武思想影响，读书人越来越多。另一方面，整个国家逐渐积累的积贫积弱、冗兵冗员等积习日久，政府能够为读书人提供的职位有限。因此，不少读书人开始回到乡里，开办私塾或从事其他文化活动，这一过程被后世史家称为"士的下沉"。

蓝田吕氏四兄弟即在这种时代背景下，在其家乡关中蓝田地区创制了对后世影响深远的《吕氏乡约》。蓝田吕氏四兄弟，分别为吕大忠（1020—1066，字进伯）、吕大防（1027—1097，字微仲）、吕大钧（1029—1080，字和叔）、吕大临（1042—1090，字与叔）。他们兄弟四人均曾就学于"关学"大儒张载和

① （清）陈立撰，吴则虞点校：《白虎通·乡射》，中华书局2007年版，第247页。
② 刘毓庆、李蹊译注：《诗经·鲁颂·泮水》，中华书局2011年版，第864页。
③ 李学勤主编：《十三经注疏·毛诗正义》，卷二十（二十之一），北京大学出版社1999年版，第1399页。
④ 杨开道：《中国乡约制度》，商务印书馆2016年版，第41页。

"洛学"大儒二程（程颐、程颢），在经学、史学、金石学等方面均有颇深造诣。《吕氏乡约》是吕氏四兄弟最为后人所乐道的贡献。

《吕氏乡约》的约文共有四款：德业相劝、过失相规、礼俗相交、患难相恤。前两项旨在强调个人修养，后两项重在强调社会关系。当然，这种区分并不是绝对的。杨开道先生按照内容将"德业"分为八类并对其进行了简要分析：（1）见善必行，闻过必改；（2）能治其身，能治其家；（3）能事父兄，能教子弟，能御童仆，能事长上；（4）能睦亲亲故，能择郊游；（5）能守廉洁，能广施惠，能受寄托；（6）能导人为善，能规人过失；（7）能为人谋事，能为众解事，能解斗争，能决是非；（8）能兴利除害，能居官举职。①

过失相规是德业相劝的对立面，是对以上"德业"未修的行为进行规制。礼俗相交方面，相对最为粗糙，"其实吕氏乡约内容最空、布置最劣的部分，还是礼俗相交一条"。② 不过，尽管礼俗相交对婚姻丧葬祭祀之礼规定不甚明了，但考虑到《吕氏乡约》之外另有一部专门规定民俗礼仪的《乡仪》作为补充，也就不能太过苛责了。《乡仪》中"宾仪"规定最为繁琐，共有十五种之多③。除此之外，令有吉仪四项：祭先、祭旁亲、祭五祀、祷水旱；嘉仪二项：婚仪、冠仪；凶仪两项：吊哭、居丧。

吕氏乡约第四项"患难相恤"最能体现乡村治理思想，其论述患难之事有七种：（1）水火；（2）盗贼；（3）疾病；（4）死丧；（5）孤弱；（6）诬枉；（7）贫乏。每种下面提出了解决方案，尽管字词笔墨不多，但其方案多数极具可操作性。"这种方案（指乡约）在乡里成员之间设想了一种自愿的联盟或'约'，通过互相的激励与劝诫，共同的社会与礼仪行为，以及有组织的互助，致力于道德和社会秩序的维持。"④这些患难与共的思想，实际上是要在乡村地区建立一种互帮互助、共同治理的地方组织，从这个意义上来说，吕氏乡约的确是现代乡村自治思想的渊源和雏形。

《吕氏乡约》最大的贡献在于第一次正式肯定民众有自治能力，且完全遵照自由自愿原则制定"约文"，与地方官府治理保持距离，是中国古代民治思

---

① 杨开道：《中国乡约制度》，商务印书馆 2016 年版，第 74 页。

② 杨开道：《中国乡约制度》，商务印书馆 2016 年版，第 75 页。

③ 其内容包括：相见之节、长少之名、往还之数、衣冠、刺字、往见进退之节、宾至迎送之节、拜揖、请召、齿位、献酢、道途相遇、献遗、迎芳、钱送等。

④ ［美］田浩：《宋代思想史论》，杨立华译，社科文献出版社 2003 年版，第 453 页。

想的重大飞跃。《吕氏乡约》在关中地区实行没多久，北宋即被金国所灭，社会动荡不安，实施乡约制度的社会环境已经被破坏，再加上乡约本身过分注重道德力量和个人意愿，对乡民约束不够，造成乡约组织比较松散且活力不足等因素，关中地区乡约制度实施不久便消失不见。到南宋时期，朱熹发现此乡约并进行增损，使其再次得到世人推崇。"吕氏乡约是中华民族破天荒的第一次民约，我们不敢希望中国民治一蹴即成，我们不必苛求吕氏乡约百端具备。在圣君贤相互相标榜的时代，在青苗、保甲横行乡里的时候，人民有这一点元气，有这一点活动，实在是难能而可贵"。①

(三) 朱熹增损《吕氏乡约》

朱熹（1130—1200），宋代儒学集大成者，程朱理学的主要代表人物，其思想主张受其后元、明、清历代帝王推崇，成为最重要的官方哲学。朱熹也是秦汉以后唯一一位享祀孔庙的十二哲之一，世称"朱子"。朱熹一生著述宏富，比较经典的有《四书章句集注》《太极图说解》《通书解说》《周易读本》《楚辞集注》等，另有南宋黎靖德汇编朱子与其弟子对话而成的《朱子语类大全》一百四十卷。

除在思想和哲学领域的贡献外，在社会建设层面也贡献良多，尤其在书院、社仓和乡约制度完善问题上，朱熹多有原创性思想和实践。在书院建设方面，朱熹重建白鹿洞书院，并制定"学则"，成为后来遍布中国的众多书院办学章程的蓝本。朱熹办书院，并不完全是培养读书致仕德读书人，更多的是想借此建立一种独立于官府系统的知识分子群体。② 这种办学思想和指导方针对于建立国家和民众之间的"中间层"至关重要。在社仓建设方面，朱熹借鉴了北宋时期王安石"青苗法"相关思想，为应对地方饥荒危机而开办社仓。与当时官府主办的"义仓"不同，朱熹开办的社仓更多地鼓励"士人"充当管理者，这样，"对此类行动的参与将增进道学群体内部一种共同目标和联系的感受。社仓也打开了与广大贫苦农民建立建设性的接触机会的大门"。③ 这种社仓制度实际上也是朱熹打算建立以"士人"（知识分子）为主体的中间社会阶层

---

① 杨开道：《中国乡约制度》，商务印书馆 2016 年版，第 83 页。
② ［美］田浩：《宋代思想史论》，杨立华译，社科文献出版社 2003 年版，第 478 页。
③ ［美］田浩：《宋代思想史论》，杨立华译，社科文献出版社 2003 年版，第 482 页。

的努力的一部分。

与书院、社仓相似的，朱熹在乡约方面也有相当大的贡献，主要表现在其对《吕氏乡约》进行增损，使其为更多世人所了解，并成为其后乡约制度建设的重要源头之一。"社仓制度和小学规程，都是乡村建设的根本，再加上乡约制度，便成了鼎足而三"。①

杨开道先生从"朱子编考吕氏乡约"和"朱子增损吕氏乡约"两部分对朱子在乡约制度建设上的贡献进行了详尽的分析②，兹不赘述。需要补充的只有一点，实际上，尽管朱熹所主张的乡约制度直接承自于蓝田四吕的《吕氏乡约》和《吕氏礼仪》，但从目的论角度看，以自愿为基础的乡约，主要表现为保甲制度，这是王安石变法中的制度创新，主要是一种基层互相监视组织的非强制性形式。对于朱熹在乡约制度建设方面的贡献问题上，杨开道先生曾说，"中国农村组织的进展，一直到了朱子手里，才有一点相当的把握。吕氏乡约不用说只是一种空洞的制度，只是一种地方的试验，在朱子以前并没有多大实力"③。"所以和叔是乡约制度的第一功臣，朱子便是乡约制度的第二功臣；和叔是乡约制度的创造人，朱子便是乡约制度的继承人"。④

南宋时期的乡约制度，实质上就是寻求把自愿主义原则渗入可能处于国家权力与家庭利益之间的乡里结构的一种尝试。这种尝试一定程度上反映了中央政权在地方社会治理问题上的困境。同时，借助乡约制度，国家可以间接地但更好地通过控制乡绅而实现对乡村地区的实际控制，从这个意义上来说，乡约制度表现了国家权力的拓展与扩张并非没有道理。不过，从乡绅角度来看，乡约及社仓等行动之所以能够开展，可能恰恰是因为国家权力的内敛有关，"地方精英涉足像社仓那样的组织，并进入一个大范围的其他领域的活动，这之所以成为可能，在有些情况下并成为必然，是由于政府无力或不愿直接有效地涉身于地方的统治"。⑤乡约实际上承担了国家权力和家庭利益之间的中间层。这种设置，为乡村社会提供了存在空间，也在一定程度上巩固和维系了稳定的社会结构。因为这个中间层或空间具有极强的伸缩力，它

---

① 杨开道：《中国乡约制度》，商务印书馆 2016 年版，第 91 页。
② 杨开道：《中国乡约制度》，商务印书馆 2016 年版，第 93~102 页。
③ 杨开道：《中国乡约制度》，商务印书馆 2016 年版，第 14 页。
④ 杨开道：《中国乡约制度》，商务印书馆 2016 年版，第 87 页。
⑤ [美]田浩，杨立华译：《宋代思想史论》，社科文献出版社 2003 年版，第 456 页。

就像是一根弹簧，横亘在国家和家庭之间，调节着二者的平衡。

(四)方孝孺的乡族之制设想

经过元末战乱，至明初时，过去的乡村组织再次遭到破坏。作为开国皇帝，朱元璋为恢复社会秩序，曾有针对性地制定了一系列举措，这些举措通过"大诰"以及各种《教民榜文》等形式颁行天下，比如旨在宣扬德化教化的"圣祖六谕"等，这些举措被后世史家称为"洪武礼制"。尽管洪武礼制没有明确采用两宋时期的"乡约"制度，但其内容和形式与乡约多有相似。朱元璋除制定"洪武礼制"之外，在乡村治理层面，还采取了申明亭子这一新的社会制度。洪武五年(1372)，朱元璋命令乡里建造申明、旌善亭子，以旌善惩恶，这一点与吕氏乡约的"书籍"和元代推行的村社"书门"极为相似。尽管这种制度只维持了数十年即已废止，但后世的乡约亭、乡约所等以书亭方式惩恶扬善的形式均出于此。

明初学者方孝孺(1357—1402)，"少时，狂僭，甫有知识，辄欲以伊尹、周公自望，以辅明王、树勋业自期，视管萧以下蔑如也"。① 著有《逊志斋集》二十四卷。方孝孺最为人知者大概是获罪永乐帝朱棣而被诛十族，后世学者对此事品评较多，反而遮掩了作为"天下读书人的种子"的方孝孺在理学和政治思想主张方面的精深之论。黄宗羲在《明儒学案》中将方孝孺列为篇首。"考先生在当时已称程、朱复出，后之人反以一死抹过先生一生苦心，谓节义与理学愧千秋正学者也"。②

萧公权先生在总结方孝孺的政治思想时，曾将之归纳为"四端"："一曰政治源起，二曰君主职务，三曰宗法井田，四曰民族思想"③。其中，宗法井田思想充分体现了方孝孺在社会治理方面的政治主张，概而言之，就是"乡族之制"。

方孝孺认为，先秦时期的宗法制和井田制是维持社会相对公平的重要制

---

① (明)方孝孺:《逊志斋集》卷十五"茹荼斋记"，载于沈乃文主编:《明别集丛刊·第一辑·第二十四册》，黄山书社2013年版，第345页。

② (明)黄宗羲:《明儒学案》，中华书局1986年版，第1页。

③ 萧公权:《中国政治思想史》，商务印书馆2017年版，第515~516页。

度，"井田废而天下无善俗，宗法废而天下无世家"。① 同时他认为贫富差距是造成天下大乱的根本原因，"富者益富，贫者益贫。二者皆乱之本也"。② "使陈涉韩信有一廛之宅，一区之田，不仰于人，则且终身为南亩之民，何暇反乎?"③。在这些论述中，可以看出，方孝孺认为古代的井田制可以有效避免土地兼并，保障耕者有其田，所以主张在明初人口稀少的情况下，可以恢复井田制。当然，方孝孺也充分考虑到在经济恢复、人口大增之后，井田之法便难以为继，于是，他又主张以乡族之制以补救之。在他看来，"后世制度虽备，君臣之分虽明，仍不可不维持宗法，以为政治之基础。盖亲亲为人性之自然。圣人因立为宗族之制，使家族乡党之间相睦相助，相教相治。乡党无乱子，则天下无乱民矣"④。

方孝孺构想的乡族之制分为"族"和"乡"两个维度：其一是以家族为单位，其二是以百家之乡作为单位。家族内部，主张推选年高德劭者担任"族长"，总理家族事务；推选一位精通仪礼者为"典礼"，负责族内与祭祀和德化相关的事务；推选一位为人敦睦有才者为"典事"，负责处理族内各类纷争；推选一位德行和学识较高者为"师"，负责教化族内子弟；另推选一位"医"，负责族众医疗事务。方氏认为，家族事务有四大类：第一类事务是田，主要包括两种，一是祭田，二是振田。祭田产出主要负责族内祭祀及集会等支出，振田主要用来扶危济困，类似于前述的"社仓"。第二类事务是学，族内设立学校，由"师"负责教化子弟，其教以孝悌忠信敦睦为主。第三类事务是祠，主要是祠堂祭祀及入祠权等问题，规定"自组长以下，主财而私，典事而惰，相礼而野，不能睦族者不祠"。第四类事务是"会"，会有两种：一是燕乐之会，每年二月、五月、八月、十一月举行四次，燕乐之会主要由族众年长者讲述嘉言懿行，以规劝子弟；二是礼仪之会，每年冬至、岁首、夏至举行三次。与燕乐之会以宣讲嘉言懿行为主不同，礼仪之会内容更为丰富，冬至、

---

① （明）方孝孺：《逊志斋集》卷一"宗仪三睦族"，载于沈乃文主编：《明别集丛刊·第二十四册》，黄山书社 2013 年版，第 38 页。

② （明）方孝孺：《逊志斋集》卷一"与友人论井田书"，载于沈乃文主编：《明别集丛刊·第二十四册》，黄山书社 2013 年版，第 244 页。

③ （明）方孝孺：《逊志斋集》卷一一"与友人论井田书"，载于沈乃文主编：《明别集丛刊·第二十四册》，黄山书社 2013 年版，第 244 页。

④ 萧公权：《中国政治思想史》，商务印书馆 2017 年版，第 521 页。

夏至两会均有"典礼"向族众读谱，以示赓承有序，族长讲述本族历史及家族盛衰绝续之故；同时，还会设立"旌善之位"和"思过之所"，用以赏善罚恶，规劝族众。

在百户家族组成的乡中，推选才智、资产出众者为"乡表"。乡中要务也有四类：第一类名"廪"，与族内振田类似，规定丰稔之年，家有百亩土地以上者，都要向乡廪提交稻麦，少不下十升，多不过十斛。类似于 20 世纪八九十年代的"交公粮"。这些粮食由乡表负责计数，而由乡众轮流值守。遭遇天灾之年或有贫穷孤弱的乡民，可以向乡廪申请出粮，出粮数目以根据所储数量和所需数量为限，即"其入也先富而出也先贫，出也视口入也视产"。当然，接受振粮是有利息的，"凡受振而产外者皆'庚'其所受，加息十一"①。第二类是祠，乡廪左边立祠，主要供奉乡里有德行的贤达之人，左右设立二板，左为"嘉善"，右为"愧顽"，也是赏善罚恶的机制。第三类是学，即设立乡学，由乡里德行高尚、学识宏富者担任"师"，师下设"司教"二人，"司过"二人，"司礼"三人。第四类是会，主要是每年举行一次燕乐之会，由乡里耆老颂唱嘉言以劝善乡众。

以上是方孝孺构想的乡族之制，其基本思想和主要主张和明初朱元璋推行的"乡饮酒礼"和旌善亭、社学等乡治制度相似。不过，方氏与朱元璋所主张的根本不同之处在于，他和"蓝田四吕"一样均主张村民自治，但其在"吕氏乡约"基础上更进一步，他不仅注重德化教化，还特别注重经济与教育问题。"方氏乡族制度始欲凭全体乡民自动之力量，以推进有关政教之重要事务。就此论之，其内容实较吕氏《乡约》在原则上更近于近代之地方自治"。②

当然，尽管方孝孺的主张融汇了吕氏乡约和朱元璋治政思想，具有相当程度的超前性，但其所设想的乡民自治终究以捍卫君主专制为根本旨要，"乡族廪学祠会之功用不过在运道德之力量以正风俗，借互助之组织以救饥寒。范围綦狭，远不能与近代地方自治相拟"。③ 另外，受个人境遇及时代所限，方孝孺的乡族之制思想未见实践，因此也没受到太多人关注，但其能够从古

---

① （明）方孝孺：《逊志斋集》卷一"宗仪九体仁"，载于沈乃文主编：《明别集丛刊·第二十四册》，黄山书社 2013 年版，第 45~46 页。

② 萧公权：《中国政治思想史》，商务印书馆 2017 年版，第 524 页。

③ 萧公权：《中国政治思想史》，商务印书馆 2017 年版，第 525 页。

代民本思想出发，充分吸收两宋时期功利主义思想主张"人君之职，为天养民者也"①，与北宋功利主义代表人物李觏观点一致）提出与近代地方自治相似且较为完成较成体系的乡族之制，实在是值得肯定。

（五）王阳明《南赣乡约》

王阳明（1472—1529），名守仁，字伯安，别号阳明，浙江余姚人。根据王阳明自述，"某（指阳明）幼不问学，陷溺于邪僻者二十年，而始穷心于老、释。赖天之灵，因有所觉，始乃沿周、程之说求之，而若有得焉。顾一二同志之外，莫予翼也，岌岌乎扑而后兴。晚得友于甘泉湛子②，而后吾之志益坚，毅然若不可遏，则予之资于甘泉者多矣"③。王阳明是明代"心学"集大成者，而且精通军事谋略，又极为重视教育，是古代思想史中不可多得的"真三不朽"人物。关于王阳明的哲学思想和政治思想，已有不少论著专门介绍，兹不赘述。本文仅就其在巡抚南赣地区时，在治理乡村社会方面推行的《南赣乡约》和"十家牌法"进行简要介绍。

明正德十一年（1516），时年四十五岁的王阳明，在兵部尚书王琼的举荐下，升任都察院左佥都御史，巡抚南、赣、汀、漳等处。正德十二年（1517），"整饬地方各省兵备，选拣民兵，立十家牌法，进剿漳乱"④。所谓十家牌法，是指以十家为一组织单位，制十家牌式，注明居民的姓名、籍贯、人口、职业、房屋等。⑤ 十家牌法的功能：首先，具有便于地方政府全面了解当地情况的功能。其次，具有维护本区域治安和防御盗贼的功能。再次，具有调适社会秩序及教化的功能。另外，对十家牌法稍加改造，就会具有均赋役、御外

---

① （明）方孝孺：《逊志斋集》卷五"甄深论"，载于沈乃文主编：《明别集丛刊·第二十四册》，黄山书社2013年版，第120页。

② 湛子，即湛若水。湛若水（1466—1560），明代思想家、政治家、教育家，师承明代大儒陈献章（白沙先生），有《甘泉集》传世。湛若水与王阳明交往甚密，尽管没有证据表明王阳明的社会治理思想与陈献章有直接关系，但二人社会思想多有相似，有学者指出，或许王阳明是从湛若水这里获得了陈献章思想。

③ （明）王守仁撰，吴光等编校：《王阳明全集》，上海古籍出版社2018年版，第257页。

④ 束景南：《王阳明年谱长编》，上海古籍出版社2017年版，第928页。

⑤ （明）王守仁撰，吴光等编校：《王阳明全集》，上海古籍出版社2018年版，第587页。

侮、淳风俗、兴礼乐等基层社会管理功能，最终收到不劳而治的社会效应。

正德十四年(1519)二月，王阳明在南赣地区发布谕告，推行乡约。《王阳明全集》卷十六："告谕父老子弟：顷者顽卒倡乱，震惊远迩，父老子弟甚忧苦骚动。彼冥顽无知，逆天叛伦，自求诛戮，究言思之，实足悯悼。然亦岂独此冥顽之罪，有司者抚养之有缺，训迪之无方，均有责焉。虽然，父老之所以倡率饬厉于平日，无乃亦有所未至与？今倡乱渠魁，皆就擒灭；胁从无辜，悉已宽贷。地方虽已宁复，然创今图后，父老所以教约其子弟者，自此不可不预。故今特为保甲之法，以相警戒连属，父老其率子弟慎行之。务和尔邻里，齐尔姻族，道义相劝，过失相规，敦礼让之风，成淳厚之俗。本院奉命巡抚兹土，属有哀疚，未遑匍匐来问父老疾苦，廉有司之不职，究民利弊而兴处之，故先遣谕父老子弟，使各知悉。方春，父老善相保爱，督子弟及时农作，毋惰!"①

王阳明在南赣地区推行乡约的主要背景是正德十四年(1519)二月，他奉命戡处福建叛卒，之后不久，有感于民间叛乱造成极为恶劣影响，他认为福建叛乱之所以兴起，不仅是当地民众刁蛮无理，更重要的是，地方德化教化不足，所谓"有司者抚养之有缺，训迪之无方，均有责焉"。为防止此类恶性事件再次发生，王阳明决定在南赣地区施行乡约制度。按照他的说法，设置乡约的目的是改善地方风俗、敦睦邻里关系、维护社会安定。"民俗之善恶，岂不由于积习使然哉! ……尔父老子弟所以训诲戒饬于家庭者不早，薰陶渐染于里者无素，诱掖奖劝之不行，连属叶和之无具，又或愤怨相激，狡伪相残，故遂使之靡然日流于恶，则我有司与尔父老子弟皆宜分受其责。"②

王阳明打算通过乡约制度实现地方社会的善治，"故今特为乡约，以协和尔民，自今凡尔同约之民，皆宜孝尔父母，敬尔兄长，教训尔子孙，和顺尔乡里，死丧相助，患难相恤，善相劝勉，恶相告诫，息讼罢争，讲信修睦，务为良善之民，共成仁厚之俗。"③王阳明提倡的乡约共计十六条，内容涉及

---

① (明)王守仁撰，吴光等编校：《王阳明全集》，上海古籍出版社2018年版，第631页。

② (明)王守仁撰，吴光等编校：《王阳明全集》，上海古籍出版社2018年版，第668页。

③ (明)王守仁撰，吴光等编校：《王阳明全集》，上海古籍出版社2018年版，第664页。

乡约组织架构、乡约组织经费、乡约职责、乡约与地方官府的关系、乡约会议制度及会礼等多方面。《南赣乡约》是明代最早出现的"乡约"文本，基本思想与《吕氏乡约》相似，而其赏善罚恶等具体设置及会礼安排等则与"洪武礼制"类同。

王阳明《南赣乡约》尽管基本思想来源于《吕氏乡约》，但二者也有较为明显的不同之处。第一，吕氏乡约是人民自动的乡村组织，是民治的发端；南赣乡约是政府督促的乡村组织，是官治的传统。第二，吕氏乡约是自由的组织，局部的组织；南赣乡约是强迫的组织，全村组织。第三，吕氏乡约的约文，是纲举目张的条款；南赣乡约的约文，是一条条的文告。第四，南赣乡约的组织，比吕氏乡约大为扩充，由二三人，增加至十七人之多。第五，南赣乡约的集会，比吕氏乡约复杂。第六，南赣乡约逐渐成为维持乡村公正，执行政府法规的统治工具。[①]

王阳明的"十家牌法"与《南赣乡约》相结合的做法，为后世吕坤等人提出"乡甲约"提供了思路，尤其在处理乡约与地方官府的关系上，明确前者受后者督促和领导，既不同于《吕氏乡约》那样属于完全自治，也不同于朱元璋推行的"洪武礼制"中的完全官办，而是开创了官督民办的新形式，对后世乡约制度及乡村治理思想影响极大。比如刘宗周在崇祯七年立《刘氏宗约》，大义基本取自《吕氏乡约》和《南赣乡约》；陆世仪在崇祯十三年作《治乡三约》，"五月十九阅阳明集中载乡约法甚妙"；吕坤《实政录》中提倡"乡甲约"制度，"乡约之所约者此民，保甲之所保者亦此民"[②]，故"议将乡约保甲总一条编"[③]，名曰"乡甲约"；民国时期，蒋经国为推行"新生活运动"而制定《新南赣家训》，其范本也来源于王阳明《南赣乡约》。

(六) 吕坤的"乡甲约"制

吕坤(1536—1618)，字叔简，号心吾、新吾，后世以其号称之，多谓吕

[①] 关于二者的区别，杨开道先生曾有详细论述。参见杨开道：《中国乡约制度》，商务印书馆 2016 年版，第 110~117 页。

[②] (明)吕坤：《实政录》卷五，载于北京图书馆古籍出版社编辑组：《北京图书馆古籍珍本丛刊·48》，书目文献出版社 1988 年版，第 159 页。

[③] (明)吕坤：《实政录》卷五，载于北京图书馆古籍出版社编辑组：《北京图书馆古籍珍本丛刊·48》，书目文献出版社 1988 年版，第 159 页。

心(新)吾或心(新)吾先生。所著有《呻吟语》六卷，《去伪斋文集》十卷以及《闺范》《图说》等多种书籍，其门人赵文炳集其从政要务为《吕公实政录》，均流传至今。吕坤所倡导的"乡保甲"制，即主要记载于《吕公实政录》中。《实政录》共九卷，第一卷主要记述"明职"(厘定官职职责)，第二卷主要记述"养民之道"，第三卷为"教民之道"；第四卷为"治民之道"，第五卷具体介绍"乡甲约"制度；第六-九卷为施政纪实。在卷三中，吕心吾在篇首即指出，"劝善惩恶莫如乡约，缉奸弭盗莫如保甲，此二帝三王之遗制。虽圣人复起，执众齐物，舍是无术矣。但实行则事理民安，虚行则事烦民扰，不行则事废民恣"。① 在卷五中，吕心吾进一步指出，"惟乡约保甲最良，虽化民成俗之意未及古人，而执众齐物之方，实仍前代兹二法者"。②

在吕心吾看来，在维持地方秩序和实现乡村善治方面，乡约与保甲之间并无差异，都是保障一方百姓平安。同时，二者是互为补充、互相完善的关系，"乡约之所约者，此民；保甲之所保者，亦此民。但约主劝善以化导为先，保主惩恶以究诘为重。"③

在这种思想指导下，吕心吾决定将乡约和保甲制度结合起来。前面我们说过，乡约制度基本属于乡民自治范畴，而保甲则属于政府治理乡村的制度设置。吕心吾将二者结合起来，实在是一种制度层面的创新。这样既能保障行政方面的政治稳定，又能在德化教化方面有所推进。按照他的设想，乡甲约的组织架构如下：

"议将乡约保甲总一条编，除寄住流民各听房主、地主约束，容留者，查其来历，出入者问其缘由，但有强盗窃盗生发，即将房主、地主并治外，其余本县及寄庄人民在城在镇以百家为率，孤庄村落以一里为率。各立约正一人，约副一人，选公道正直者充之。以统一约之人。约讲一人，约史一人，选善书能劝者充之，以辨一约之事。十家内选九家所推者一人，为甲长。每一家又以前后左右所居者为四邻，一人有过，四邻劝化，不从，则告于甲长，

---

① (明)吕坤：《实政录》卷三，载于北京图书馆古籍出版社编辑组：《北京图书馆古籍珍本丛刊·48》，书目文献出版社1988年版，第82页。

② (明)吕坤：《实政录》卷五，载于北京图书馆古籍出版社编辑组：《北京图书馆古籍珍本丛刊·48》，书目文献出版社1988年版，第158页。

③ (明)吕坤：《实政录》卷五，载于北京图书馆古籍出版社编辑组：《北京图书馆古籍珍本丛刊·48》，书目文献出版社1988年版，第159页。

转告于约正，书之纪恶簿。一人有善，四邻查访得实，则告于甲长，转告于约正，书之纪善簿。其轻事小事，许本约和处以息讼端。大善大恶仍季终闻官以凭奖戒。"①

在这种制度设置中，官府治理为主导，乡民自治为辅助。为保障地方治理的有序进行，吕心吾还引入"连坐"之法，通过层层追责的方式，将监督治理之责分派给各级乡民组织，同时又把最终裁量权收归政府。"如恶有显迹，四邻知而不报者，甲长举之，罪坐四邻。四邻举之，而甲长不报者，罪坐甲长。甲长举之而约正副不书掌印官，别有见闻者，罪坐约正副。如此严行，则一人罪，九十九家之责也。九十九家耳目一人善恶之镜也。平居无事，则互相丁宁，一有过恶则彼此诘责。"当然，为防止各级管理者擅权，吕心吾还制定了诸多限制性措施。除规定乡甲约组织架构外，另外还叙述了"乡甲事宜"，包括"会规"②、旌善申明二亭、社仓、社学等。"不过乡甲约的重心是乡约，副心是保甲，社学社仓虽然也在吕新吾政治设施里面有相当地位，然而地位较小，并且是和乡约保甲分别较清"③。需要注意的是，以上吕心吾所主张的乡甲约制，只是在其主政山西时采取的治理方式，其他地方并无人效仿，而在离开山西之后，他也几乎没有在其他地方推行这种制度。

在对比王阳明和吕坤的乡治思想及其实践时，杨开道先生说，"他(吕坤)遭遇的是治世，所以注意乡约，以化导为先；阳明遭遇的是乱民，所以注意保甲，以究诘为重；治世有余粟可积，所以新吾先生可以提倡社仓，乱民无宿粮可食，所以阳明先生提倡赈济，完全是环境的不同，不能借以讨论两人的优劣"④。萧公权认为，"吕氏始终不信人民有自治之能力，故乡甲约理论上之贡献，不能越吕氏《乡约》方氏乡族之范围。此亦历史环境所限，吾人今日尚论，不宜加以苛责者也"⑤。

---

① (明)吕坤：《实政录》卷五，载于北京图书馆古籍出版社编辑组：《北京图书馆古籍珍本辑刊·48》，书目文献出版社1988年版，第159页。

② 设约正、约副、约讲、约史四座，每月初二、十六举行集会，关于集会程序及基本内容详见(明)吕坤：《实政录》卷五，载于北京图书馆古籍出版社编辑组：《北京图书馆古籍珍本辑刊·48》，书目文献出版社1988年版，第160页。

③ 杨开道：《中国乡约制度》，商务印书馆2016年版，第128页。

④ 杨开道：《中国乡约制度》，商务印书馆2016年版，第128页。

⑤ 萧公权：《中国政治思想史》，商务印书馆2017年版，第545页。

（七）清代乡约的实施

清朝统治者建立国家之后，各项制度基本沿袭明代。同时，清王朝早期统治者很早就注意到乡约制度在控制民众社会思想方面具有独到的优势，"他们认识到，大多数乡人都是目不识丁的，用来控制士人的方法对他们并不适用，因而采取了多种多样的通俗教化方法"①。其中，乡约宣讲体系就是最重要的手段和成果。根据萧公权先生考据，"乡约宣讲"制度应该是清顺治皇帝所创设。为恢复和建立社会秩序，让老百姓安居乐业，顺治帝学习朱元璋亦颁行了《六谕》(1652年)②，为将六谕内容以更通俗、更有效的方式传达给每一个臣民，顺治帝规定每州县都要任命一名乡约，专门负责定期向乡民宣讲六谕主旨及基本思想。后来，顺治帝继承者康熙皇帝为进一步指导民众言行举止又颁行《圣谕》(1670年)③。自此，《圣谕》取代《六谕》成为乡约宣讲主要内容。1724年雍正皇帝认为《圣谕》过于简洁，于是撰写了长达万字的《圣谕广训》。

根据《学政全书》记载，充当乡约的人员主要由年满60岁的地方生员来担任，如果没有合适的生员，品行高尚年满60岁以上的老人亦可充任。这些乡约除每月初一、十五向所在乡里百姓宣讲圣谕之外，还要负责记录邻里街坊的言行。仿照明代乡甲制度，清代统治前期也在各个省区都建立了"申明亭"。雍正皇帝颁行《圣谕广训》之后，由于所要宣讲的内容明显增多，于是，自1729年起，清政府要求在各乡里增加乡约人数，除一名乡正外，还要有三到四名"值月"，担任乡正的助手。另外，在人口比较多的乡村，必须设立固定的讲解乡约的舞台，名为"讲约所"。各地约正和"值月"为将《圣谕广训》以更直白简单的形式讲述给老百姓，而不得不采取多种形式，这些包括增强宣讲

---

① 萧公权，张皓、张升译：《中国乡村：19世纪的帝国控制》，九州出版社2018年版，第220页。

② 顺治帝的"六谕"比较简单，只有24字：孝顺父母、恭敬长上、和睦乡里、教训子孙、各安生理、毋作非为。

③ 康熙皇帝的《圣谕》比《六谕》更为丰富，而且重心亦由后者注重德化教育而更强调防止犯罪和反社会行为。主要内容为：敦孝悌以重人伦，笃宗族以昭雍睦。和乡党以息争讼，重农桑以足衣食。尚节俭以惜财用，隆学校以端士习。黜异端以崇正学，讲法律以儆愚顽。明礼让以厚风俗，务本业以定民志。训子弟以禁非为，息诬告以全良善。诚匿匪以免株连，完钱粮以省催科。联保甲以弭盗贼，解仇忿以重身命。

内容的故事性和宣讲方式和手段的创新，比如流传至今的湖北汉川地区的传统曲艺形式"汉川善书"即是其中一例。从宣讲内容上，出现《六谕衍义》《圣谕像解》《宣讲拾遗》等文本形式，均是通过对六谕或圣谕或广训进行释义，以最为直白的语言，甚至是图像，向"无知乡人"准确传达统治者的德化思想。①这种乡约宣讲制度持续了近百年后，进入 19 世纪，开始呈现出形式化趋势。同时，从职能上看，乡约已经从最初主要宣讲圣谕，开始转变为乡里纠纷仲裁者。随着所需仲裁事务的增多，乡约进一步获得了保甲制度的功能，从而由德化教育宣传者转变为治安管理者，而乡约制度此时也由思想控制手段逐步转变为治安工具。到道光年间时，乡约制度已经彻底变成了保甲制度，甚至统治者都已经忘记乡约的最初职责。②

除乡约保甲化之外，19 世纪中期以后，乡约还与地方团练相结合，形成一种新型的地方组织。鸦片战争爆发后不久各地即出现各种农民起义，其中以太平天国运动最为激烈。曾国藩在平定太平天国运动中，发现保甲组织在编组团练方面是非常重要的组织保障，但"公正而肯任事者"③认为充当保长或甲长似乎降低了其身份，于是曾国藩仍用"乡约"来指称他们。这一集地方道德教育（乡约）、事务处理（保甲）及军事训练（团练）于一体的新型组织，成为清末民初各地建立具有相当独立性的地方自卫组织的渊薮。

三、乡约制度与礼俗互动的社会结构

古代乡约制度的设立实际上是要解决国家与民众之间如何沟通以及权力如何实践的问题。无论是完全由国家推行的"乡饮酒礼"还是完全民办的"吕氏乡约"制度还是后来官督民办的"乡甲约"制度，都是以礼俗教化为基础，实现最高统治者对地方百姓的管理和对地方社会的治理；同时也经由乡村组织和乡约制度，老百姓诉求得以上达"天听"，获得来自中央政府的资源支持。可以说，乡村组织和乡约制度正是"皇权得以下县"的组织和制度基础，也是传统社会超级稳定结构长期存在的组织和制度保障。

---

①　[日]酒井忠夫，刘岳兵、何英莺、孙雪梅译：《中国善书研究》，江苏人民出版社2013 年版。

②　萧公权，张皓、张升译：《中国乡村：19 世纪的帝国控制》，九州出版社 2018 年版，第 241 页。

③　（清）曾国藩：《曾国藩全集·批牍》，岳麓书社 2011 年版，第 1 页。

礼俗互动概念①的提出，实际上是"国家-社会"分析框架在民俗学研究或社会史领域的延伸。这一概念，为我们展现了一种传统"社会-政治"结构的模型。20世纪40年代，费孝通先生提出"双轨制"的社会-政治结构，突破了以往人们单线条理解中国传统社会的思维模式。经过数十年发展，礼俗互动概念为双轨制社会-政治结构的形成及运作提供了一种有效的解释。换言之，这一概念可以有效地解释双轨制的社会-政治结构是如何形成又是如何运行的问题。

传统中国超稳定社会-政治结构的形成有赖于多方面因素，其中来自皇权且用于维护皇权的礼，通过种种机制传递到国家最底层社会，形成地方百姓日常生活中的俗，也即"礼"的"俗化"，从而最终维系了皇权对民众的震慑力和权威体验；另一方面，地方百姓的日常生活诉求，尽管并不总是会得到关注，但也并非完全没有上达"天听"的途径，其中最重要的机制就是"俗"的"礼化"实践，也即原本属于民众日常生活实践的文化与风俗，通过获得"皇封"的方式，获得国家权力机关的庇护和推广，最终少数比较幸运的风俗会上升到国家层面的"礼制"范畴。通过这种双向的"礼的俗化"和"俗的礼化"，皇帝与百姓、国家与社会之间建立起一整套循环机制。由于普通民众的日常生活诉求往往可以通过民间社会权力系统和关系网络即可得到圆满的解决，而皇帝也不经常有愿望了解来自百姓的具体信息，同样的道理，国家权力运作系统和底层社会权力运作系统大多数时候也是并行不悖，各自互不干扰，所以大多数时候，这个机制是隐性存在的。但这绝不是说这个机制不重要，恰恰相反，正是它完美地填补了国家与社会、皇帝与百姓之间的权力运作缝隙，使得整个"社会-政治"结构变得牢靠而稳固。

礼俗互动机制发挥之所以能够发生作用，至少有两个制度性保障，一是皇权不下县的行政结构；二是地方行政系统外存在有效的中间结构。关于皇权不下县，自温铁军于20世纪90年代中后期提出以来，得到了广泛讨论，尤其在秦晖的阐发下，该概念几乎成为理解传统中国社会结构的定论。实际上，从政治权力运作来看，皇权不仅是下县的，而且几乎能够渗入老百姓日常生活的方方面面。② 皇权不下县并非制度设计存在缺陷，而是取决于行使皇

---

① 张士闪：《礼俗互动与中国社会研究》，《民俗研究》2016年第6期。

② ［加］卜正民，陈时龙译：《明代的社会与国家》，黄山书社2009年版，第1页。

权的皇帝是否有意愿干预民众日常生活。如果皇帝认为有必要将皇权植入百姓日常生活，那么将会有制度性的行政系统和非制度性的社会系统共同发挥作用，以确保皇帝心愿得成。

事实是，自宋代尤其是南宋以来，随着士人为代表知识阶层出现，民间社会与中央政权之间逐步建立起一些半制度性沟通机制。之所以说是半制度性，是因为这些沟通机制一方面得到了官府甚至中央政权的认可，而且还得到了支持和推广，另一方面这些沟通机制始终未纳入政治权力系统和国家行政系统。这些沟通机制，概括起来主要有四类，分别是书院、先贤祠、社仓和乡约。这是当时未能致仕的知识分子参与国家和社会的主要机制，分别对应的是教育组织、宗族组织、慈善组织和自治组织。到了明代洪武年间，这四种沟通机制之外，又增添了一种，即庙会或社火，对应的是会社组织。当然，从历史文献来看，尽管没有多少文字表明庙会或社火在沟通国家与社会、中央与地方、皇帝与百姓之间的关系中能够与前面四种机制并列，但在实践中，庙会或社火在礼俗互动的运作中扮演了更重要的角色。①

在传统乡村治理问题上，自宋代以来，读书却未能致仕的知识分子成为下层士绅的重要组成部分。这些人把本打算用来"报效国家"的知识带到了乡村地区。10世纪后，中国出现了一个统治中国社会的特权阶层，即乡绅阶层。由此产生了一种皇权和绅权相结合的二元社会控制结构。这使得国家政权与乡村社会之间处于一种相对平衡状态。但二者并非是两个静止的社会阶层，而是在不断地变动中不断调整着各自在社会结构中的角色的。

因为皇权和绅权之间存在着不可避免的内在矛盾，皇权赋予乡绅各种特权，利用其来控制广大乡村社会，同时又要对之加以规范制约，防止对皇权形成威胁。而就乡绅而言，他们一方面需要依靠皇权给予特权以维系其在乡村社会的权威，另一方面又需要将这些权威付诸实践以辅助皇权维系基层社会稳定，这样他们的身份就变得多元，从上往下看，就统治阶层来说，乡绅不属于国家行政权力系统，他们仅仅是维系民间自治的主导力量；从下往上看，就农民阶层来说，乡绅代表了"官面儿"，他们是政权的基层形式。这种对于皇权来说的两难境地，而对于乡绅阶层来说的双重身份，为乡绅阶层在

---

①　赵世瑜：《狂欢与日常：明清以来的庙会与民间社会》，生活·读书·新知三联书店2002年版，第369~372页。

处理二者之间关系时提供了"议价"空间。"议价"过程往往就是其"劣化"过程。自从这个阶层出现后，近千年时间里，皇权与绅权之间的博弈一直未中断。不过，在近代以前，虽然乡绅劣化也是社会问题和政治问题，但并非所有的乡绅都会劣化，或者说，就维系乡村社会结构与社会秩序来说，真正劣化的乡绅比例并不太高，至少没有形成整个阶层劣化的问题。

传统社会中的乡绅阶层在 19 世纪末 20 世纪初发生裂变是历史过程的阶段性呈现。可以说，在传统社会结构中，乡绅阶层本来就不是稳定的结构性存在，就其主体来看，既没有来自国家政权的制度性支持，有没有来自地方社会的持久性权威支持。不过，如前所述，该阶层的存在无论对政权而言还是对老百姓来说都具有非比寻常的价值。这种既存在不足又有某种维持基层社会稳定的价值的特性，造成该群体自形成之日起就存在内在矛盾。这种内在矛盾的集中体现就是该阶层未能形成有效的社会组织，同时也没形成职业群体。说得更直白一点，乡绅阶层更像是一群兼职人员，就像城管或协助交通的北京大妈一样，其积极性的维持所凭借的主要是道德感、社会责任感等。开明乡绅愿意为乡里办事，同时也为底层官府办事，自然会得到道德性表彰，他们会获得社会威望、地位和名誉，以及嵌入这些威望、地位和名誉上的社会资源，当这些荣誉和社会资源不能满足乡绅的实际需要时，他们会采取另一种策略，即撕下一种道德的面孔，而换上另一副面孔，即劣绅，他们可能会勾结地方政府为害乡邻，或在村里聚众滋事攻击地方官府，或干脆上山为匪，烧杀抢掠为非作歹。这时，传统中国社会结构的内在不足则凸显出来，因为对该群体没有相应的有效的制约机制，而难以阻止其劣化。

当然，我们也不能忽视，尽管如此，乡绅阶层还是存在了上千年，而且在多数历史时段里，该群体都发挥了积极作用。这说明，传统社会能够给予该群体的社会资源是比较充裕的，至少是相对比较充裕的。当社会能够提供的社会资源不再能满足该群体需要时，群体的裂变也就成为必然。依靠原有的机制已经难以维持其阶层的独特性和优越性，他们转变行动和身份策略也就成为必然。

总的来说，传统乡绅的裂变是 19 世纪末内外两个因素双重挤压下，传统社会内在矛盾集中爆发和突变的结果。从内在社会结构来说，自明末以来，随着商业的发展，传统士农工商社会结构已经悄悄发生变化，商人的社会地位有所提升，或者说从事商业活动已经不再是十分可耻的事情，传统道德和价值观念被撕裂了一个口子。笑贫不笑娼的社会观念为乡绅阶层从事商业而变成绅商提供了某种道德基础。正如历史所记载的，这一时期以晋商、徽商为代表的绅商群体迅速崛起，随着其财富的集聚，其干预社会的能力也与日俱增。清代以降，为遏制明末乡绅绅权的过分膨胀，统治者采取种种措施，比如改革保甲制度，将乡绅纳入社会基层组织等，对于绅权继续膨胀起到了限制作用。但此时，乡绅阶层经过明末的发展，已经形成了社会权力阶层，虽然在19世纪中叶以前，皇权对绅权是一种近乎绝对的控制，但绅权作为一种权利能力却一直存在着。到19世纪中期，随着世界资本市场的渗入，中国乡村经济结构发生变化，加上国内农民起义为乡绅阶层绅权的膨胀提供了现实基础，20世纪初的科举制废除从制度上刺激了乡绅阶层的裂变。

四、乡约制度与乡治思想的现代启示

古代乡约制度主要是一种通过德行教化实现乡村善治的制度设置。在历史演变中，乡约制度建立了官办到民办再到官督民办的阶段，每个阶段都有其时代特性也有其固有不足。但无论如何，乡约制度的设置，本身是"民本"思想的具体实践，是给予普通民众以自主自治的权利。而且，传统乡约制度尽管在清末民初逐渐式微，到20世纪40年代基本消失，但作为一种乡治思想，通过村规民约等形式继续保留了下来。[①] 这些方面都非常值得肯定。20世纪80年代以后，随着村民自治制度在广大农村地区普遍实施，中国乡村治理模式进入新的境界。村民自治制度要求各地区村民根据实际情况，依照相关法律和民主程序，制定适合本村域经济、社会、文化等有序开展的行为规范。这些行为规范是村民进行自我管理、自我约束和自我教育的重要保障。这些行为规范被称为"村规民约"[②]。

新时期，随着乡村振兴战略的稳步推进，乡村地区社会结构和生活方式进入剧烈转型期。在这个过程中，涉及生产、生活等方方面面的乡村治理问

---

① 董建辉：《明清乡约：理论演进与实践发展》，厦门大学出版社2008年版，第293~294页。

② 根据《中华人民共和国村民委员会组织法》第二十条之规定："村民会议可以制定和修改村民自治章程、村规民约，并报乡、民族乡、镇的人民政府备案。村民自治章程、村规民约以及村民会议或者村民代表讨论的事项不得与宪法、法律、法规和国家的政策相抵触，不得有侵犯村民的人身权利、民主权利和合法财产权利的内容"。

题成为重要的社会议题。乡村治理问题本身即包含着两个维度：一是自上而下来自国家和地方政府的行政实践；二是自下而上来自村民的自治实践。前者主要是依靠法律、法规发挥作用，而后者则主要依靠古老相传的礼俗传统和村规民约。历史经验和教训表明，这两个维度能否很好地衔接在一起，是决定乡村善治能否得以实现的关键之所在。

村规民约与传统乡约制度既有相通之处，又有根本区别。其相通之处主要表现在，都是维系整个社会结构稳定、保障社会有序运行的制度设置，同时，也都在不同程度上体现了民众意愿。其根本不同之处在于，传统乡约制度的根本功能在于维系皇权政治，无论是早期的乡饮酒礼，还是后来的乡约保甲相结合的乡甲约，还是逐渐发生改变的清代乡约宣讲体系，它们最终所承担的功能都是协助"皇权下县"。较为例外的是北宋时期的吕氏乡约，它完全体现了乡民的意愿，但却由于过于理想主义而很快宣告失败。尽管经过朱熹的增损，吕氏乡约重新恢复生机，但其组织结构和领导群体已经发生改变，即从完全的村民自治到士人阶层领导这样一种转变。无论如何，传统乡约制度之所以未能在维护民权问题上发挥真正作用，根本原因在于无论是倡导者还是实践者都没办法突破其所在的中央集权政治体系。因此，我们今天讨论村规民约与乡治模式，有必要在充分借鉴历史经验和吸取历史教训基础上，对传统乡约制度和乡治模式进行扬弃。

概括起来，传统乡约制度给我们今天社会建设和乡村治理的启示有如下四个：第一，村规民约必须遵守公序良俗原则，不能与国家法律法规冲突。第二，村规民约的制定必须充分遵守民主程序，充分体现民约的性质。清代民约之所以最终失败，根本原因在于最终乡约体系变成了社会控制的工具，官府过度干预使其失去"民约"性质，而遭到民众抵制。第三，村规民约既要保证基本原则，又要做到条举目张，以保障其具有可操作性而避免流于形式。第四，村规民约的内容必须与时俱进。村规民约设置的根本目的是规范村民行为同时保障村民自治权利，最终是有助于在乡村地区形成公序良俗，促进生产生活有序进行，但如果村规民约不能做到与时俱进，从而成为地方生产生活的掣肘，势必会被村民抛弃。总之，新时代建设以"村规民约"为基本行为规范的村民自治制度，必须充分考虑历史和现实两个经验，要在充分理解传统乡约制度的思想和实践演变的基础上，充分结合当前社会生活现实，制定出真正的利国利民的新时代"乡约"制度。

最后，借用杨开道先生的一段话，作为本章的结语："我们自然不愿意抄袭东西，拾人牙慧；我们也不愿意故步自封，泥于古制。我们要用历史的方法，分析的眼光，冷静的头脑，去看一切的中国乡治制度；我们更要用历史的方法，分析的眼光，冷静的头脑，去看乡治基本的乡约制度"①。

---

① 杨开道：《中国乡约制度》，商务印书馆 2016 年版，第 26 页。

第八章　范式之七
——综合比较社会思想研习方法

第一节　要　　素

【导语】

　　综合比较社会思想研究方法，是七个研究方法(元)中难度和深度最大的一种方法，特别是综合或混合类社会思想比较，需要研习者能融会贯通，高下在心、多元有机结合，"运用之妙，存乎一心"。有比较才有鉴别，才能发现精微之处。有综合便于把握社会思想的整体性。比较研习时一方面要考察同时空的社会思想家的相同、相似的地方，另一方面更要充分注意到探究其社会思想有哪些相异之处及其原因；而对于不同时空的社会思想，在考察其相异的地方，着重分析其有哪些相同、相似之处及其原因。人物之间的社会思想比较、时域之间的社会思想比较、学派之间的社会思想比较、地域(包括中外)之间的社会思想比较、著作之间的社会思想比较、学派及社会思潮之间的社会思想比较、阶层之间的社会思想比较、类型之间的社会思想比较、综合或混合社会思想比较等。同质性、同类的、共时的既注意他们的相同点，特别是相异之处。异质性的、异类的、历时性的既注意他们的相异之处，特别是相同点和各自不同点；综合比较的内容间忌风牛马不相及，应有关联性。影响因素：参见(1)人物社会思想的人物的生平部分人物的生平——人物出生的时间、地域和时代背景(重大历史事件，如战争、变革、动乱等)、人物的家庭、流派、师承教育、社会关系和社会环境等；(2)时域社

会思想的时代背景部分——时域的政治、经济、科技、文化背景等
重大事件(变革、转型、战争、天灾等)及思想产生者的情况等。

基本要素——

  1. 所选综合比较范畴的意义或重要性。

  2. 综合比较的类型。

  3. 综合比较的内容。

  4. 综合比较的社会思想的异同的影响因素及比较的社会思想的
渊源、流变的逻辑探析。

  5. 综合比较后的结论或发现。

  6. 所选综合比较范畴的研究现状述评。

附研习思考题

  1. 试用综合比较社会思想研究方法研习孔子的"仁"与墨子的
"兼爱"社会思想。

  2. 试用综合比较社会思想研究方法研习荀子与马基雅维利的社
会思想。

第二节　案例举隅
——孔子与柏拉图之道德、社会规范思想的比较

  本部分试图对希腊与中国文明早期的两位思想大家——柏拉图与孔
子——的社会思想进行初步的阐释与比较。孔子和柏拉图所论述的道德规范
的内核都体现的对他人的温情与善意,也都关注社会规范实施过程中的强制
与自觉的问题。两位思想家几乎处于相同的时代,孔子生活于公元前 544 年
至前 478 年,而柏拉图生活于公元前 429 至前 327 年。他们的社会思想包含非
常的广阔,本书选取他们社会思想中关于道德、社会规范思想做一个比较分
析。以发现他们思想的相同与不同之处,及异同点的原因。

一、关于孔子与柏拉图道德、社会规范的社会思想比较研习的意义和重要性

古代希腊和古代中国文化的重要性不只在于两者历史上的辉煌灿烂的文明成就，并且在于两者延续至今的持久影响。前者是现代西方文明的主要精神源泉，并已经随着西方现代文化在全球的传播而成为整个人类文化的一部分。而后者的影响从最初的华夏之地到现在深入整个东亚文明，并且在全球化的今天，随着中国全球影响力的提升，对世界进一步产生持续的影响力。在日益重视文化多元与和平发展的今天，如何增进不同文化间的理解，并因此避免不同文化之间的误解与冲突，就显得尤其重要。再者，两个悠久又彼此完全独立于发展文化之间的比较研究，提供了两个文明理解各自文化的千载难逢的机缘，以及增进对两个文化同样至为关心的问题的理解。

中国与希腊文明在孔子和柏拉图之前都有了长时间的发展与成就。希腊经过了克里特文明与迈锡尼文明，正处于伯罗奔尼撒联盟与雅典联盟争霸的后期；而早期中国经过殷商与西周时期，正是春秋诸侯争雄时期。希腊本土在柏拉图之前已经有荷马与赫西俄德的长诗，以及早期自然哲学家对宇宙起源与本质的沉思与论辩；而中国在孔子之前也有了丰富的诗文化，以及《易》《尚书》等典籍文化。然而正是柏拉图与孔子两位思想家分别使这两种文化大为光辉，获得经久不息的生命力与影响力。宋代的大思想家朱熹曾引用唐人"天不生仲尼，万古长如夜"，来说明孔子对后世的巨大的影响；而英国哲学家怀特海作语"全部西方哲学传统都是对柏拉图的一系列注脚"。亦可见西人视野中柏拉图对其传统的影响。比较这两位具有开创价值的思想家的社会思想，其重要性是不言而喻的。

二、孔子与柏拉图的生平及时代背景

孔子（公元前551—前479年），名丘，字仲尼，祖籍宋国栗邑（今河南省商丘市夏邑县），春秋时期鲁国陬邑（今山东省曲阜市）。中国著名的社会思想家、教育家。

太史公司马迁在《史记·孔子世家》中记载，孔子先祖乃殷商后裔，故时人谓孔子谓圣人之后。其曾祖孔防叔避宋国乱而举家迁于鲁国，定居陬邑，从此为鲁国人。

孔子出生不久，其父叔梁纥去世。孔子母亲只身抚养孔子。孔子自谓"吾少也贱，故多能鄙事"①，可想孔子早年生活的艰辛。或许这样的人生经历，使孔子成长后多了一份人文关怀。

孔子年幼时常将祭祀用的礼器(俎豆)摆设起来，当作一种游戏，联系礼的容止②。孔子母亲在他青年时也去世，孔子服丧三年。这些经历或许于潜意识中使孔子养成对礼乐孝悌等社会规范的重视。

孔子年轻时曾在鲁国做过管理仓储的小吏。由于孔子"多能鄙事"和丰富的礼的学识，他逐渐得到器重。大约在知天命之年，孔子被任命为中都宰，后又升任大司寇，不久还任代理过宰相。孔子有感当时礼乐崩坏，为了匡时济世，率众弟子周游列国，游说诸侯，颠沛流离十多年，辗转于齐、鲁、卫、曹、宋、郑、陈、蔡、叶、楚等地，但其说不被采用。

孔子20多岁便开始在乡间收徒讲学。而到晚年，孔子专心从事教育和文化事业。他广收门徒，以"六艺"(礼乐射御书数)，分为四科：德行、言语、政事、文学教导学生，相传弟子三千，其中贤者七十有二；孔子"祖述尧舜，宪章文武"③，太史公谓孔子整理过《诗》《书》《易》《礼》《乐》(后失传)《春秋》④。

孔子于公元前479年去世，时年七十三岁，葬于曲阜城北。孔子弟子为其守墓三年。后孔子弟子与鲁人从孔子冢而安家者百有余家，其地因而得名孔里。孔子所居之堂，后世因之祭祀孔子而为作孔庙⑤。历朝对孔子皆有追封追谥，到元朝尊其为"大成至圣先师"。

孔子所处的春秋时代，诸侯争霸，礼乐崩坏，孔子以天下为己任，创立儒家学派，关心苍生，在处理天人关系、建构世间秩序、道德规范治乱等方

---

① 程树德撰，程俊英、蒋见元点校：《论语集释·子罕上》，中华书局2019年版，第752页。

② (汉)司马迁撰，(宋)裴骃集解，(唐)司马贞索隐，(唐)张守节正义：《史记·孔子世家》，中华书局2017年版，第2311页。

③ 王国轩译注：《大学·中庸》，中华书局2016年版，第139页。

④ (汉)司马迁撰，(宋)裴骃集解，(唐)司马贞索隐，(唐)张守节正义：《史记·孔子世家》，中华书局2017年版，第2347~2352页。

⑤ (汉)司马迁撰，(宋)裴骃集解，(唐)司马贞索隐，(唐)张守节正义：《史记·孔子世家》，中华书局2017年版，第2354~2355页。

面殚精竭虑，被称为"天之木铎"①。

柏拉图于公元前 427 年出生于雅典一个显赫的贵族家庭，她母亲的祖先可上溯到活动于公元前 6 世纪雅典著名的立法改革家、政治家、诗人和智者梭伦，而于雅典黄金时期(前 5 世纪)执政的著名政治家伯里克利和柏拉图的继父又有很好的交情。出生于这样的贵族家庭的年轻人大多有直接参与城邦的政治生活的传统，而柏拉图是个例外，虽然他的思想强烈地关注着政治生活中的问题。

柏拉图早年生活的时期正是雅典帝国与斯巴达联盟之间旷日持久的战争时期，这场被称为伯罗奔尼撒战争的持久冲突从公元前 431 年一直到公元前 404 年，以雅典的失败而告终。战争导致了雅典帝国的终结、在希腊世界影响力的削弱以及雅典城邦超过 1/4 人口的死亡。

柏拉图的老师苏格拉底即参加了伯罗奔尼撒战争。而苏格拉底的早年学生之一亚西比德在战争期间叛逃斯巴达，帮斯巴达出谋划策反对雅典。战争结束后，亲斯巴达的三十僭主结束民主制而实施残暴的专制统治，通过构陷罪名侵夺他人财产。苏格拉底的学生、也是柏拉图的亲戚克里提阿斯即是僭主之一。相传克里提阿斯也鼓励柏拉图参与僭主们的统治，而被后者所拒绝。

僭主统治结束后雅典重新回归民主制，然而新政权却审判了苏格拉底，并判了他死刑。这其中的原因恰恰又与苏格拉底的哲学追问有关。苏格拉底时常在雅典街头诘问人们何为美德与好的生活。苏格拉底自己声称不知道这些问题的答案。与他对话者开始都自信满满，认为自己知道有关道德生活的答案，然而面对苏格拉底的诘问，却无法给出令人满意的对美德和好的生活的定义，并且时常在问答过程中有前后矛盾的回答。苏格拉底对人们日常所持道德观的诘问与质疑，以及和他学习过的学生亚西比德与克里提阿斯不道德的名声，使一部分雅典人对苏格拉底充满敌意，最终导致了对他的审判。

柏拉图心目中的道德与智识英雄——苏格拉底——被雅典的民主制所审判是柏拉图人生中最重要的事件。这凸显了当时雅典民主制的不足之处。加之柏拉图所亲自见证的政治斗争中的反复和残酷，使柏拉图作为哲学家对从政敬而远之。柏拉图也继承了苏格拉底对何为美德与好的生活的哲学追问，

① 程树德撰，程俊英、蒋见元点校：《论语集释·八佾下》，中华书局 2019 年版，第 283 页。

并且在他以对话体写成的哲学著作中，以苏格拉底作为主要的对话中的人物。

在后来的人生中，柏拉图曾两次远行到意大利的城邦国家叙拉古，试想用哲学教育和引导其城邦统治者，然均没有成功。在后人对柏拉图有限的历史认知中，他主要为人所知的经历是在雅典建立学园（Academy），在其中广泛地接纳年轻人和喜爱思考者进行哲学的思考与教学。柏拉图最知名的弟子亚里士多德即在学园内跟随柏拉图学习了近二十年。柏拉图在公元前347年以八十岁的高龄去世，而他的学园的影响力一直延续了几个世纪。

三、孔子与柏拉图关于道德规范、社会规范的同异

（一）孔子与柏拉图关于道德规范的主要内容

孔子的关于道德规范的阐释中，对仁的德性品质的强调无疑占据着核心的位置。孔子认为一个人首要的价值追求应该是仁德，而不是功名富贵①。然而在孔子的学说中，仁到底何指，历来众说纷纭，构讼不止，莫衷一是。论语中不同弟子分别有向孔子问仁的内涵，孔子也分别给出了不同的回答。孔子有因材施教的美名，他对仁德的理想境界有丰富的理解，可针对不同的弟子给予相应的回答。综合地理解这些不同的阐述，即可认识到孔子仁德的核心实为爱人——对他人的温情与善意。对仁最直接的阐释见：

> 樊迟问仁。子曰："爱人。"问知。子曰："知人。"樊迟未达。子曰："举直错诸枉，能使枉者直。"樊迟退，见子夏。曰："乡也吾见于夫子而问知，子曰，'举直错诸枉，能使枉者直'，何谓也？"子夏曰："富哉言乎！舜有天下，选于众，举皋陶，不仁者远矣。汤有天下，选于众，举伊尹，不仁者远矣。"②

---

① 子曰："富与贵是人之所欲也，不以其道得之，不处也；贫与贱是人之所恶也，不以其道得之，不去也。君子去仁，恶乎成名？君子无终食之间违仁，造次必于是，颠沛必于是。"参见程树德撰，程俊英、蒋见元点校：《论语集释·里仁上》，中华书局2019年版，第301页。

② 程树德撰，程俊英、蒋见元点校：《论语集释·颜渊下》，中华书局2019年版，第1126~1129页。

此章实为孔子具体地阐发仁之内涵的核心。朱子注释仁字在论语中"孝悌者其为仁之本与"之句中仁的意思，亦曰"仁者，爱之理、心之德也"①。钱穆解释仁字之意，亦谓是对他人的真情与善意②。论语中的"爱"字既有"泛爱众而亲仁"③中所指的温和的善意，也有"有三年之爱于其父母乎"中对父母强烈的爱意，本文用温情与善意总括各种程度的此类道德情感。也可见以爱人解释仁，确是仁字内涵之核心。孔子谓："君子无终食之间违仁，造次必于是，颠沛必于是"④，即是要求主体的每时每刻有爱人之心，心存对他人的温情与善意。而在此章中，"举直错诸枉，能使枉者直"，即是通过在政治领域，选用贤能正直的人才，从而能够建立良好的政治秩序，惠及政治共同体中的所有人，因此也是对群体中的所有成员的善意的体现。

然所谓爱人，因主体所处的情形与角色多种多样，包含之对象也很多，可指自己的父母、兄弟、妻（丈夫）子、及其他亲戚、乡党、上下级，朋友、百姓、以至于夷狄的天下之人。在一定的时空情景中，且随着对象的差异，所适用的行为规范与善意的内容亦不同。要恰当地在不同的情形、针对不同的对象实践对他人的善意，就要合理地把握广泛的行为规范和准则——礼。

> 颜渊问仁。子曰："克己复礼为仁。一日克己复礼，天下归仁焉。为仁由己，而由人乎哉？"颜渊曰："请问其目。"子曰："非礼勿视，非礼勿听，非礼勿言，非礼勿动。"颜渊曰："回虽不敏，请事斯语矣。"⑤

颜渊问仁得到的回答有三个重要的方面。一是"为仁由己，而由人乎哉"揭示出仁德的实践首要依赖于主体内在的自发与自主；另一方面，仁德的实践要能把握好礼的准则。再者，要能克制欲望与冲动，使得内在的道德要求转变为视听言动上都依"礼"而行。

---

① （宋）朱熹：《四书章句集注》，中华书局 1933 年版，第 48 页。

② 钱穆：《论语新解》，生活·读书·新知三联书店 2002 年版，第 9 页。

③ 程树德撰，程俊英、蒋见元点校：《论语集释·学而上》，中华书局 2019 年版，第 34 页。

④ 程树德撰，程俊英、蒋见元点校：《论语集释·里仁上》，中华书局 2019 年版，第 301 页。

⑤ 程树德撰，程俊英、蒋见元点校：《论语集释·颜渊上》，中华书局 2019 年版，第 1054~1060 页。

此外，孔子还用"恕""敬""忠"与阐释仁德，而"恕""敬""忠"之德也是对他人的温情与善意的具体体现。

> 子贡曰："如有博施于民而能济众，何如？可谓仁乎？"子曰："何事于仁，必也圣乎！尧舜其犹病诸！夫仁者，己欲立而立人，己欲达而达人。能近取譬，可谓仁之方也已。"①
>
> 仲弓问仁。子曰："出门如见大宾，使民如承大祭。己所不欲，勿施于人。在邦无怨，在家无怨。"仲弓曰："雍虽不敏，请事斯语矣。"②
>
> 樊迟问仁。子曰："居处恭，执事敬，与人忠。虽之夷狄，不可弃也。"③
>
> 子张问仁于孔子。孔子曰："能行五者于天下，为仁矣。"请问之。曰："恭、宽、信、敏、惠。恭则不侮，宽则得众，信则人任焉，敏则有功，惠则足以使人。"④

这里孔子所说的"己欲立而立人，己欲达而达人"与"己所不欲，勿施于人"即是恕之德。恕之德要求主体在与他人互动过程中能通过体察自己的需求而理解他人的需求，并因此而能成人之美或不施恶于人。恕之德是通过互换视角而实践的利他之心，它根源于对他者的温情与善意。"出门如见大宾，使民如承大祭"与"居处恭，执事敬"都是敬之德的体现，它要求对人恭敬有礼，对事恭敬谨慎。而忠之德要求对人对事尽忠职守。因此敬与忠也是对他人善意的直接体现。合而言之，恕敬忠三种品德的要求都是对仁者爱人之心的具体阐发。

再者，在《论语》的文本中，孔子既不轻易地称许某人的仁德，又谓未见为仁力不足者，这里似乎有相互矛盾之地方：

---

① 程树德撰，程俊英、蒋见元点校：《论语集释·雍也下》，中华书局 2019 年版，第 551~552 页。

② 程树德撰，程俊英、蒋见元点校：《论语集释·颜渊上》，中华书局 2019 年版，第 1064 页。

③ 程树德撰，程俊英、蒋见元点校：《论语集释·子路下》，中华书局 2019 年版，第 1194 页。

④ 程树德撰，程俊英、蒋见元点校：《论语集释·阳货上》，中华书局 2019 年版，第 11545 页。

或曰："雍也，仁而不佞。"子曰："焉用佞？御人以口给，屡憎于人。不知其仁，焉用佞？"①

孟武伯问："子路仁乎？"子曰："不知也。"又问。子曰："由也，千乘之国，可使治其赋也，不知其仁也。""求也何如？"子曰："求也，千室之邑，百乘之家，可使为之宰也，不知其仁也。""赤也何如？"子曰："赤也，束带立于朝，可使与宾客言也，不知其仁也。"②

子曰："回也，其心三月不违仁，其余则日月至焉而已矣。"③

孔子章用"不知其仁"的委婉表述说明他的弟子冉雍、子路、冉求以及公西赤还未能达到仁的境界，即使他已经比较认可后三者的才能和修养，认为他们已经分别能胜任较高的政治职位。而孔子弟子中最为出众的颜渊，即使能有"闻一以知十"④的才能，以及"一箪食，一瓢饮，在陋巷，人不堪其忧，回也不改其乐"⑤的修养境界，孔子也只称许"其心三月不违仁"，并泛论其他弟子能在短期内实践仁德的品质。与此同时，孔子对于其时代的贤者，也未轻易地称许其仁德⑥。

---

①　程树德撰，程俊英、蒋见元点校：《论语集释·公冶上》，中华书局2019年版，第379~381页。

②　程树德撰，程俊英、蒋见元点校：《论语集释·公冶上》，中华书局2019年版，第390~393页。

③　程树德撰，程俊英、蒋见元点校：《论语集释·雍也上》，中华书局2019年版，第487页。

④　程树德撰，程俊英、蒋见元点校：《论语集释·公冶上》，中华书局2019年版，第396页。

⑤　程树德撰，程俊英、蒋见元点校：《论语集释·雍也上》，中华书局2019年版，第498页。

⑥　子张问曰："令尹子文三仕为令尹，无喜色；三已之，无愠色。旧令尹之政，必以告新令尹。何如？"子曰："忠矣。"曰："仁矣乎？"曰："未知，焉得仁？""崔子弑齐君，陈文子有马十乘，弃而违之。至于他邦，则曰：'犹吾大夫崔子也。'违之。之一邦，则又曰：'犹吾大夫崔子也。'违之。何如？"子曰："清矣。"曰："仁矣乎？"曰："未知。焉得仁？"参见程树德撰，程俊英、蒋见元点校：《论语集释·公冶下》，中华书局2019年版，第427~431页。

子曰："我未见好仁者，恶不仁者。好仁者，无以尚之；恶不仁者，其为仁矣，不使不仁者加乎其身。有能一日用其力于仁矣乎？我未见力不足者。盖有之矣，我未之见也。"①

子曰："仁远乎哉？我欲仁，斯仁至矣。"②

孔子在此认为极少有人因力量不足而不能在某一日致力于仁德的实现，也即是说人们大多能在一日能实现仁德。并且说仁德并不遥远，"我欲仁"，当下就可以践行仁德。这样看来仁德又非常地容易实现。这与以上不轻易许可仁德、认为仁德非常难以达到似乎显得矛盾，差异如此之大的表述如何能调和？

对此，系统而合理的解释应该是，孔子对仁德的理解有境界与功夫、理想与现实的差别。在现实的、功夫的层面，仁德的实现必须依靠每日"克己复礼"和"己欲立而立人"等要求践行仁德的要求。对此，当下即可以立志、当下即可以施行。而理想与境界层面的仁德包括的内涵非常的广泛，而在长期的实践过程中，又必须能"高山仰止"地心存对仁德的理想与境界的追求，才能持之以恒而日益精进，才能逐渐充实对仁德内涵的理解，以期达到"从心所欲不逾矩"的境界。在仁德的理想与境界的标准之下，其弟子与贤者离仁德都有一定的距离，或只能得仁德之一侧。因此孔子"不知其仁"的评价也并不严苛，而是向其弟子揭示仁德丰富广阔的理想之境界。而到达此理想之境界的对仁德的日常的施行，又都在每个人能力范围之内。

综合孔子论仁的思想，可初步地对仁德爱人的丰富内涵作出总结。仁即是主体内在自发地充满对他人的温情与善意，同时通过不断地学习对作为章法制度之礼和作为日常行为规范之礼的认识，并能修养"克己""恕""敬""忠"等美德，从而既可以从政治上也可以从日常的互动中实践对他者的善意。

柏拉图对道德规范的阐释见他关于正义之美德的论述。古希腊人不只用正义（Just）来形容公正的法律制度，而且还重视作为个人品质的正义之美德。而柏拉图本人更是极其重视个人的正义美德的培养。在他最重要的著作《理想

---

① 程树德撰，程俊英、蒋见元点校：《论语集释·里仁上》，中华书局2019年版，第307~310页。

② 程树德撰，程俊英、蒋见元点校：《论语集释·述而下》，中华书局2019年版，第638页。

国》中，全书的论述即围绕着证明正义的美德本身就是个人最值得追求的善（good）而展开。他认为拥有正义之美德的人是更幸福的。即使他（她）被误解而背负恶名，也即使不义（injustice）之人蒙蔽众人而获得富贵、权力与好的名声，正义之美德都会让他（她）的人生更完满①。

作为个人德性的正义要求个人在与他人相处时考虑他者的善（Good），秉持公平公正的原则。它在本质上也是对他者的温情与善意的实践。而柏拉图对作为正义之美德中所包含的内涵的论述，却采取了一条非常迂回的路线。

《理想国》中主要代表柏拉图观点立场的角色苏格拉底首先证实了两个对正义美德的定义，这包括将其定义为"偿还欠别人的东西"以及"帮助朋友而伤害敌人"②。因为这两个定义并非能适用于所有的情形，如偿还欠发疯了的人斧头和用不正义的手段帮助朋友或伤害敌人，都各自不能满足对正义之美德的定义。接着，苏格拉底的论辩对手开始非常有力地质疑正义之美德本身的价值，即质疑对正义之美德实践是否对实践该美德的人自身是好的。他们认为秉持正义的道德规范的要求，使得面对越过正义的行事原则而有利可图时，个人仿佛就被束缚住了手脚。在某些情形下，个人也总有可能掩饰不正义的行为避免惩罚。③ 再者，正义之人与不义之人在竞争的过程中，不义之人总可以通过不择手段而抢占先机④。基于这些理由，苏格拉底的论辩对手质疑正义之美德的价值，并要求苏格拉底说明正义的美德到底是什么，以及证明正义之美德本身是值得追求的。

苏格拉底为阐明正义之美德的内涵和它的价值，论证正义的美德是人的灵魂之"欲望"（desire）"义愤"（spirit）和"理性"（reason）三部分各司其职时所达到的和谐的状态。其中欲望的部分指人内心中和其他动物所共有的生物性的冲动和欲求，如饥渴之欲与繁衍之欲等；义愤的部分对应内心中一些可能产生积极效果的情感冲动，如自豪、愤怒和羞耻感；而只有灵魂中理性的部

① ［古希腊］柏拉图著，郭斌和、张竹明译：《理想国》，商务印书馆2019年版，第55~56页。

② ［古希腊］柏拉图著，郭斌和、张竹明译：《理想国》，商务印书馆2019年版，第6~12页。

③ ［古希腊］柏拉图著，郭斌和、张竹明译：《理想国》，商务印书馆2019年版，第18~22页。

④ ［古希腊］柏拉图著，郭斌和、张竹明译：《理想国》，商务印书馆2019年版，第47~48页。

分能判断对于灵魂的各个部分以及作为整体什么才是最好的选择。① 灵魂具有正义的美德，也就是灵魂的三部分处于和谐的状态时，也即是理性统领灵魂的另外两部分、为其设立合理的指导的状态。且此时灵魂中理性的部分也有自身的追求。且灵魂中唯有理性的部分有思辨的能力去获得关于世间一切事情的知识，理性部分的追求在于能认知到理念的世界。②

而理念世界才是柏拉图所认为的永恒不变的真的世界，人们经验层面上感受和认识到的变动不居的世界只是理念模拟和幻象。对此柏拉图作了一个形象的关于洞穴的比喻。在这个比喻中，人们生来就生活于黑暗的洞穴里，他们绝大多数的时间被固定了注视的方向，观看从背后投射来的洞穴里的火把照射一些物品的模型而投射在墙上的影子。当一些人勇敢地扭转头的方向而看到了那些形成影子的模型时往往惊讶地以为发现了真理，而放弃了继续的探索与求知。只有少数人能继续探索，找到通往外面阳光下的世界。然而他们的眼睛长久的习惯了洞穴里昏暗的光线，以至于接触外面的太阳的强光时会眼睛发黑，什么也看不到，内心充满疑惑与苦痛。只有再坚持，眼睛才能慢慢地适应太阳的强光，开始看到外面真实的世界。而再过很久，眼睛才能看到光芒万丈的太阳。当他认识到太阳和太阳所照亮的世界时，他才觉醒到之前洞穴中每天所观看到的世界是多么荒谬。他也因此而回到洞穴中，引导人们去探索和认识他所见到的那个真实的太阳所照亮的世界③。

在这个比喻之中，洞穴里的世界即对应柏拉图所理解的日常的经验世界，而太阳照亮的世界是指柏拉图所设想的绝对真的理念的世界。太阳本身所代表的是绝对的善的理念，因此理念世界也是被绝对的善所照亮的世界。

柏拉图设想具备正义的美德的人的灵魂是理性统领整个内心的状态。而理性的目的在于最终能认知到绝对的真和善的理念世界，以此才能在变动不居的经验世界以绝对的真和善来指导实践。所以柏拉图所理解的具备正义之美德的人，对其他者的温情与善意也必须是由对绝对真和善的理念世界的指

---

① ［古希腊］柏拉图著，郭斌和、张竹明译：《理想国》，商务印书馆 2019 年版，第166~172 页。

② ［古希腊］柏拉图著，郭斌和、张竹明译：《理想国》，商务印书馆 2019 年版，第273 页。

③ ［古希腊］柏拉图著，郭斌和、张竹明译：《理想国》，商务印书馆 2019 年版，第275~280 页。

导而实践的。他必须自己先来到"太阳所照亮的世界",以认识何为真何为善,才能回到洞穴里引导其他的人求真求善。也因此柏拉图在理想国中认为只有哲学家才能真正治理城邦,实现城邦所有人的善。

然而理想国中关于绝对的善的理念的陈述是很不充分的,甚至连苏格拉底自己也声称没有获得对善的理念的知识①。并且,柏拉图意义上的绝对真的理念世界在现在看来也是不存在的,通过认知理念而指导实践行不通。因此寄希望于认知绝对的真善美的柏拉图式理念世界,然后践行作为对他者的善意的正义之美德,这也是遥不可及的理想。

(二)孔子与柏拉图道德规范的相同与相异处的比较和评价

孔子和柏拉图有关道德规范的思想都重视对他者的温情与善意的美德——仁德和正义之美德。而且他们都同样将仁德或正义的美德视为是比自利性的富贵和权力重要得多的价值追求。

但是仁德与正义之德的具体的实践方式又有很大的不同。孔子的仁德通过不断地学习对作为章法制度之礼和作为日常行为规范之礼的认识,并能修养"克己""恕""敬""忠"等品德,从而充实对他者善意的理解,以此应对在不同的情景和不同的他者对象中更好地实践温情与善意。对仁德的修行也是在对内涵丰富的理想境界关注以及在"为仁由我"和"我欲仁斯仁至矣"的日常实践中不断精进。

而柏拉图陈义极高,希望通过理性的思辨把握永恒不变的理念世界的真与善,从而根本上地解决实践对他者的温情与善意的问题。他的理念世界高不可及,而他所发扬的古希腊的理性思辨的精神对历史产生了持久不衰的影响力。

(三)孔子与柏拉图社会规范思想的主要内容

孔子本文使用"社会规范"一词来指代对广泛的社会成员有一定约束力的行为准则与要求。这些行为的准则和要求总是直接或间接地包含着实现某种社会的秩序。

---

① [古希腊]柏拉图著,郭斌和、张竹明译:《理想国》,商务印书馆 2019 年版,第 264~265 页。

在孔子有关社会规范的论述中，礼占据着非常重要的位置。孔子的时代，礼的概念包含的内涵是很广泛的。礼不只指向宗教性仪式的行为准则，它还包括几乎所有人际间的、不同社会角色间的行为规范。礼尤其强调不同政治角色间行为规范的差别，并通过这些行为规范的差别彰显政治的阶层，因此礼的内涵也包括政治的制度。

> 孔子谓季氏："八佾舞于庭，是可忍也，孰不可忍也？"①
>
> 子曰："管仲之器小哉！"或曰："管仲俭乎？"曰："管氏有三归，官事不摄，焉得俭？""然则管仲知礼乎？"曰："邦君树塞门，管氏亦树塞门；邦君为两君之好，有反坫，管氏亦有反坫。管氏而知礼，孰不知礼？"②

孔子在此反对季氏用六十四人的乐舞样式，是因为这一样式只有天子才能适用。作为诸侯大夫的季氏只能用三十二人的乐舞。季氏用六十四人的乐舞的行为代表其僭越了天子之礼。而且孔子认为管仲不知礼，也是因为管仲僭越了诸侯之礼。这些带有政治性的行为规范的差别看似琐碎复杂而多余，实际上孔子看重的是它们所彰显的权力的等级和各安其位时的社会秩序。僭越的礼所代表的是僭越的权力与对争夺权力的冲突。

> 孔子曰："天下有道，则礼乐征伐自天子出；天下无道，则礼乐征伐自诸侯出。自诸侯出，盖十世希不失矣；自大夫出，五世希不失矣；陪臣执国命，三世希不失矣。天下有道，则政不在大夫。天下有道，则庶人不议。"③

孔子认为天下处于太平与秩序时，一定是天子掌握着制作礼乐的规范和征伐

---

① 程树德撰，程俊英、蒋见元点校：《论语集释·八佾上》，中华书局 2019 年版，第 175 页。

② 程树德撰，程俊英、蒋见元点校：《论语集释·八佾下》，中华书局 2019 年版，第 267～275 页。

③ 程树德撰，程俊英、蒋见元点校：《论语集释·季氏》，中华书局 2019 年版，第 1473～1474 页。

的权力。诸侯僭越天子制作礼乐和征伐的权力，必然导致大夫再僭越诸侯的权力，然后陪臣再僭越权力。伴随这个过程的将是权力的争斗、混乱和社会的失序。

然而当某人获得了比其名义上的权力阶层更多的实质性权力时，也即能僭越其等级所对应的行为规范时，要说服其放弃僭越的权力而践行符合其阶层的礼规范是极其困难的。鲁国的大夫孟氏、叔孙氏和季氏三家实质上把持着鲁国的朝政，孔子反对三家僭越的权力，而孔子及其弟子也无法制止三家的僭越①。因此，孔子极重视践行礼时要能自觉地克制②与谦让③。统治者治理国家要具有自觉的礼让精神，否则礼仪是没有价值的④。

与此同时，孔子之所以重视礼在实现社会秩序的价值，还在于他认为统治者用礼规范人们的行为时能真正地促使人们遵从良好的行为规范。孔子并非不看重为政法、刑罚在治理国家时的价值⑤，然而他认为政法、刑罚和道德与礼相比，在规范和引导人们的行为时，后两者更为具有优势。

子曰："道之以政，齐之以刑，民免而无耻；道之以德，齐之以礼，有耻且格。"⑥

---

① 子曰："'相维辟公，天子穆穆'，奚取于三家之堂"？季氏旅于泰山。子谓冉有曰："女弗能救与？"对曰："不能。"子曰："呜呼！曾谓泰山，不如林放乎？"参见程树德撰，程俊英、蒋见元点校：《论语集释·八佾上》，中华书局2019年版，第180、194页。

② "克己复礼"参见程树德撰，程俊英、蒋见元点校：《论语集释·颜渊上》，中华书局2019年版，第1054页。

③ 子曰："泰伯，其可谓至德也已矣！三以天下让，民无德而称焉。"参见程树德撰，程俊英、蒋见元点校：《论语集释·泰伯上》，中华书局2019年版，第655页。

④ 子曰："能以礼让为国乎？何有？不能以礼让为国，如礼何？"参见程树德撰，程俊英、蒋见元点校：《论语集释·里仁下》，中华书局2019年版，第330页。

⑤ 季康子问政于孔子。孔子对曰："政者，正也。子帅以正，孰敢不正"？参见程树德撰，程俊英、蒋见元点校：《论语集释·颜渊上》，中华书局2019年版，第1115页。"名不正，则言不顺；言不顺，则事不成；事不成，则礼乐不兴；礼乐不兴，则刑罚不中；刑罚不中，则民无所措手足。"参见程树德撰，程俊英、蒋见元点校：《论语集释·子路上》，中华书局2019年版，第1151页。

⑥ 程树德撰，程俊英、蒋见元点校：《论语集释·为政上》，中华书局2019年版，第88页。

用政令来引导人民，使用刑律来规范他们，他们只会暂时地免于罪过，却没有廉耻之心。如果用道德来引导他们，用礼来规范他们，他们不但有廉耻之心，而且人心会归服。因为政令和刑律更多的是强制性地使人们服从于规范，不能激发人们的羞耻心和向善心；而道德和礼的规范则可以深入人心地激发人们的羞耻心和向善心，可以感召人们服从于规范，促进良好社会秩序的实现。

柏拉图关于社会规范的论述中，Nomos 的概念无疑是最重要的。在柏拉图的时代，Nomos 这一概念除了包含接近于现代意义上的成文法的法律规范外，还有习俗与传统的意思，以及泛指社会规范①。而在柏拉图以 Nomos② 命名的最长也是最后的著作里，Nomos 的含义主要指成文的具有强制性的法律。他在这一著作中细致地描述了一个通过法律重新建立的理想的城邦社会——马格尼西亚(Magnesia)，其中的法律所规范的内容包含公民生命从怀孕到死亡的方方面面。

马格尼西亚城邦的法律规定，她的社会主要由 5040 位男性公民构成，分别代表同样数量的家庭。除此以外还有奴隶和外邦人，然而只有公民能拥有土地。城邦的土地除公共用地也被划分为均等的 5040 份，每一份土地产出的食物都能支持一个家庭的生活③。公民的数量和他们和所拥有的土地严格限制。土地只能世代相传，任何人不得兼并或出售所拥有的土地与其他人。繁衍增加的人口通过移民而迁出。这一切都是为了保证城邦的每一个家庭的生活永远都有对应土地的保障。城邦的公民根据经济水平被划为四个阶层，最高的第一个阶层的财富是最低的第四个阶层的三到四倍，第二阶层是最低阶层的两到三倍，以此类推④。最高阶层公民所获得的财富必须交给国家，而最低阶层的家庭也有足够的土地保障舒适的生活，这样就确保了城邦的公民不会因贫富的严重分化而分裂对立。

---

① Micheal Gararin and Paul Woodruff. Early greek legal thought, in Fre. D. Miller, Jr., eds. A History of Philosophy of Law: From the Ancient Greeks to the Scholastics, Second Edition, Springer, 2015: 7-10.

② Nomos 的复数形式。

③ [古希腊]柏拉图著，张智仁、何勤华译：《法律篇》，上海人民出版社 2001 年版，第 148 页。

④ [古希腊]柏拉图著，张智仁、何勤华译：《法律篇》，上海人民出版社 2001 年版，第 148 页。

柏拉图为这个城邦设计了非常细致和复杂的社会和政治机构，这里只能对其作非常简略的论述。城邦中最重要的社会和政治机构包括公民大会、360人会议和执法官（Guardians of the Laws）等。公民大会由所有的公民组成，它的主要功能和职责是行使选举的权力以及在必要的时候通过投票修改法律。城邦中绝大多数的行政官员由选举产生。360人会议由选举产生的360名公民组成，任期为一年。在此一年内，分为每30人一组的执行委员会依次轮流负责该机构的事务。他们主要的职责为组织召开公民大会、负责选举的过程[1]。而作为行政官员中最重要的执法官是由37名选举产生的公民共同担任。执法官拥有广泛的监督官员和公民守法状况的权力他们的主要职责是守卫城邦法律的贯彻和执行、审判重要的和疑难的案件，以及在必要的时候补充和修订法律[2]。

马格尼西亚城邦法律的一个最重要的特点是，柏拉图认为城邦法律必须兼用强制与劝导来使人们依照法律的规范行事。只依靠惩罚强制人们遵守的法律就如同强力一般，法律首先应该依靠的是理性的教导与说服来使人们自觉地依照法律设立的规范行事，而只有当说服没发挥作用时才用惩罚措施来保障[3]。法律的劝导性体现在两个部分，一个是城邦法律整体的开篇导言（Preludes）包含理性的论证与说明，以使人们真正地认识到城邦的法律是对公民的教育，其目标是全体居民的美德和福祉的实现；而另一个是城邦的每一条法律也都含有导言，以论证该条法律的目的与合理性。

（四）孔子与柏拉图社会规范思想相同与相异处的比较和评价

孔子和柏拉图有关社会规范的思想差异非常大。首先，这不只在于他们有不同的关于社会规范的概念，更在于他们思想中这些概念所规范的社会及其组织的方式非常地不同。孔子的礼所规范的社会是由周邦和众诸侯国构成的幅员辽阔的社会。即使在如鲁国的诸侯国内，其社会的人口和社会面积也

---

① ［古希腊］柏拉图著，张智仁、何勤华译：《法律篇》，上海人民出版社2001年版，第168~170页。

② ［古希腊］柏拉图著，张智仁、何勤华译：《法律篇》，上海人民出版社2001年版，第165~166页。

③ ［古希腊］柏拉图著，张智仁、何勤华译：《法律篇》，上海人民出版社2001年版，第146页。

远远地大于柏拉图法律篇所要规范的由五千多个家庭组成的城邦。

再者，在孔子礼的规范所要实现的社会秩序中，掌握最高的权力的天子或诸侯依靠依靠血缘世袭权力，并且主要依靠最高统治者的自觉遵守或臣的劝谏来规范其行为。而在柏拉图法律篇的城邦里，全体公民选举产生包括最高的执法官在内的所有的行政官员；执法官由 37 名成员的全体共同担任，他们之间可相互监督；并且在其任期结束后要审查其任期内遵守法律的状况。①

他们有关社会规范的思想的相似处在于都重视社会规范的首要是劝服人们的主动遵守。孔子区分了政令刑律和礼，认为前两者只是强制使人服从，而只有后者才能激发人的羞耻心和向善心，使人自觉地遵从礼的行为规范。在柏拉图所设想的城邦里，广泛地规范人们行为的法律同时兼具理性说服和惩罚强制作用。他强调理性说服人们遵守行为规范的优先性，反对只依靠强力的法律规范。

四、孔子与柏拉图道德规范、社会规范思想的渊源与流变

孔子和柏拉图都各自生活于一个于旧秩序崩坏而新秩序未能建立的动荡时期，并且都各自积极地投身于建构新秩序的努力。孔子曾周游列国，试图影响诸侯，施展其政治抱负。而柏拉图也两次远行到意大利的城邦国家叙拉古，试想用哲学引导城邦统治者，辅助其建立良好的政治秩序。他们政治上的努力都以失败而告终。然而他们生活的这些相似经历都可显现出他们对现实社会和政治生活的关怀与道德的热情。这应该是他们关于道德规范的论述都以对他人普遍温情与善意为核心的原因。

差别在于，孔子思想的主要来源是承自西周的王官之学，所以他的思想更注重对传统的继承，其自述"述而不作，信而好古"，注重对周礼的实践。在阐发他关于仁的思想时，注重作为行为规范的礼和作为典章制度的礼在践行对他者的善意时的价值。而其社会规范中包含的秩序也以"礼乐征伐自天子出"的周礼为理想。

柏拉图则是一方面在一定程度上继承了古希腊自然哲学传统。这一思想传统追问与探求自然的本质，并认为在纷繁复杂的世界的现象背后可能有一

---

① ［古希腊］柏拉图著，张智仁、何勤华译：《法律篇》，上海人民出版社 2001 年版，第 165～166 页。

个永恒不变的本质，而这个本质可以通过思辨而为人类所认识。他另一方面直接继承了苏格拉底从自然世界转向人类社会的对人类处境的关怀，以及苏格拉底试图通过思辨与定义而把握美德的本质的方法与执着的诉求。他的思想直接地受启发于他所受的自然哲学和苏格拉底的影响。他提出理念世界的观点，希望能认知理念世界中的具有绝对性的真与善，从而实践正义之美德，是对这两个传统所提出的问题作系统性回答的一种尝试。

而柏拉图对法律规范的阐述很大程度地受到其所生活的希腊城邦社会的影响。法律篇中的公民大会和 360 人议会基本对应着历史中雅典的公民大会和 500 人议会，37 名选举产生的执法官的共同任职最高权力机构的设置也类似于雅典 9 名执政官或 10 名将军共同任职的模式，虽然法律篇的执法官有更大的权力①。然而柏拉图也对现实中的雅典民主选举抱有强烈的批评态度，认为雅典的民主难以避免诡辩家和煽动家通过迎合大众来攫取权力，然后助长和引导大众作恶的倾向②。从这个角度看，应该是出于对雅典民主的批评与反思，促使柏拉图在法律篇中为整个法律和每条法律作导言，论证说明法律的目的和原则，以此引导民众去自觉地践行法律的规范，以避免人们真正的福祉被蒙蔽与误导，从而实现城邦和个人真正的福祉。

通过对孔子和柏拉图道德和社会规范思想的研究，本书发现孔子和柏拉图的道德规范都重视对他者的温情与善意的美德——仁德和正义之美德。不同之处在于孔子的仁德通过不断地学习礼和修养各种美德实践对他者善意的理解，而柏拉图希望通过理性的思辨认知善的理念本身而实践对他者的温情与善意。他们有关社会规范的思想的都认为首要是激发人们主动地遵守。孔子区分了具有强制性的政令刑律和礼，认为礼的行为规范才能激发人们的自觉遵从。而柏拉图认为法律同时兼具理性说服和惩罚强制作用，强调法律文本中理性说服人们遵守行为规范的优先性。并且他们的社会思想都受到他们各自人生经历与所生活的社会环境和思想传统的影响。

---

① Sarah B. Pomeroy, Stanley M. Burstein, Walter Donlan and Jennifer T. Roberts, A Brief History of Ancient Greece, Oxford University Press, 2004：110-112.

② [古希腊]柏拉图著，郭斌和、张竹明译：《理想国》，商务印书馆 2019 年版，第 239~250 页。

附：支撑材料

××××大学 2005—2006 学年度第一学期
《中国社会思想史》补考试卷

学号　　　　姓名　　　　院(系)　　　　分数

论述题(三小题，共 100 分)

　　1. 中国社会思想家中哪些人物的哪些思想可以作为转型时期的中国社会的借鉴，为什么？(40 分)

　　2. 先秦时期有哪些社会思想家的观点和胡锦涛同志的"八荣八耻"有联系？(30 分)

　　3. 中国社会思想史的研究方法中，有哪些是指导性方法，哪些是技术性方法，你最感兴趣的是哪一科，为什么？(30 分)

××××大学 2005—2006 学年度第二学期
《中国社会思想史》试卷(A)

学号　　　　姓名　　　　院(系)　　　　分数

论述题(三小题，共 100 分)

1. 试以著作研究法分析《礼记》的社会思想。(30 分)

2. 先秦社会思想丰富的成因。(30 分)

3. 中国古代社会思想中有哪些社会思想与社会主义"荣辱观"相关，试逐条作具体阐述。(40 分)

出题教师签名：　　　　　　　　教研室主任签名：

××××大学 2005—2006 学年度第二学期

《中国社会思想史》试卷(B)

学号　　　　姓名　　　　院(系)　　　　分数

论述题(三小题，共 100 分)

1. 试以时域研究法分析唐代社会思想。(30 分)

2. 先秦社会思想家中有哪些思想观点与胡锦涛同志提出的"八荣八耻"有联系？(30 分)

3. 如果你是教师，你认为通过闭卷考试，考哪些题目，最能考察出学生对中国社会思想史掌握的程度？试出一份中国社会思想史闭卷试题，并列出各题的分值。(40 分)

出题教师签名：　　　　　　　　　　教研室主任签名：

××××大学 2006—2007 学年度第二学期
《中国社会思想史》试卷(B)

学号　　　　姓名　　　　院(系)　　　　分数

论述题：

一、试评述你所学的中国社会思想史研究方法。(50分)

二、社会思想概念是由很多要素构成的，你认为对其中的哪种要素分析研究最能把握中国社会思想发展的脉络和特点？(50分)

出题教师签名：　　　　　　　　　教研室主任签名：

××××大学 2006—2007 学年度第二学期
《中国社会思想史》试卷(A)

学号   姓名   院(系)   分数

论述题：

一、就本期所学的中国社会思想史研究方法进行评述。(50分)

二、通过中国社会思想史课程的学习，你认为哪些社会思想可作为当今转型的中国社会借鉴？(20分)

哪些社会思想可作为你个人借鉴？(20分)

哪些社会思想可作为社会学学科建设借鉴？(10分)

出题教师签名：   教研室主任签名：

××××大学 2008—2009 学年度第二学期
《中国社会思想史》试卷(B)

学号　　　　姓名　　　　院(系)　　　　分数

一、名词解释(共 15 分，每题 5 分)

1. 社会思想

2. 四心

3.《礼记》

二、简述题(共 40 分，每题 10 分)

1. 叔孙豹"三不朽"思想简要述评

2. 墨子的社会控制思想简要述评

3. 孙中山的社会福利思想主要内容

4. 人物社会思想研究法的要素及评价

三、论述题(共 45 分，第 1 小题 20 分，第 2 小题 25 分)

1. 阅读下面文字，评析大同社会思想

大道之行也，天下为公，选贤与能，讲信修睦。故人不独亲其亲，不独子其子，使老有所终，壮有所用，幼有所长，矜、寡、孤、独、废疾者皆有所养，男有分，女有归。货恶其弃于地也，不必藏于己；力恶其不出于身也，不必为己。是故谋闭而不兴，盗窃乱贼而不作，故外户而不闭，是谓大同。

2. 中国社会思想史课程学后感。

出题教师签名：　　　　　　　　教研室主任签名：

××××大学 2008—2009 学年度第二学期
《中国社会思想史》试卷（A）

学号　　　　姓名　　　　院(系)　　　　分数

一、名词解释(共15分，每题5分)

1. 社会问题思想

2. 三纲八目

3. "三不朽"

二、简述题(共40分，每题10分)

1. 葛洪的社会控制思想简要述评

2. 荀子的社会化思想简要述评

3. 康有为的"恤穷论"主要内容

4. 时间=域社会思想研究法的要素及评价

三、论述题(共45分，第1小题20分，第2小题25分)

1. 阅读下面文字，评析大同社会思想

大道之行也，天下为公，选贤与能，讲信修睦。故人不独亲其亲，不独子其子，使老有所终，壮有所用，幼有所长，矜、寡、孤、独、废疾者皆有所养，男有分，女有归。货恶其弃于地也，不必藏于己；力恶其不出于身也，不必为己。是故谋闭而不兴，盗窃乱贼而不作，故外户而不闭，是谓大同。

2. 中国社会思想史课程学后感。

出题教师签名：　　　　　　　　教研室主任签名：

××××大学 2009—2010 学年度第二学期
《中国社会思想史》试卷（A）

学号　　　　姓名　　　　院（系）　　　　分数

论述题（共 100 分）

一、试述人物社会思想研究要素，并论述社会思想家与社会思想的互动关系。（40 分）

二、葛洪社会思想及其现代价值。（30 分）

三、先秦社会思想丰富的成因。（30 分）

××××大学 2010—2011 学年度第二学期

《中国社会思想史》试卷(A)

学号　　　　姓名　　　　院(系)　　　　分数

一、试论述中国社会思想史学习与研究之于社会学的意义。(20分)

二、胡锦涛强调，社会管理是人类社会必不可少的一项管理活动。……我们加强和创新社会管理，根本目的是维护社会秩序、促进社会和谐、保障人民安居乐业，为党和国家事业发展营造良好社会环境。社会管理的基本任务包括协调社会关系、规范社会行为、解决社会问题、化解社会矛盾、促进社会公正、应对社会风险、保持社会稳定等方面。试结合当前的中国社会管理创新，分别给孔子和荀子各写一封信。(各40分，共80分)

出题教师签名：　　　　　　　　教研室主任签名：

××××大学 2010—2011 学年度第二学期
《中国社会思想史》试卷(B)

学号　　　　姓名　　　　院(系)　　　　分数

一、试论述中国社会思想史学习与研究之于社会学的意义。(20 分)

二、胡锦涛强调，社会管理是人类社会必不可少的一项管理活动。……我们加强和创新社会管理，根本目的是维护社会秩序、促进社会和谐、保障人民安居乐业，为党和国家事业发展营造良好社会环境。社会管理的基本任务包括协调社会关系、规范社会行为、解决社会问题、化解社会矛盾、促进社会公正、应对社会风险、保持社会稳定等方面。试结合当前的中国社会管理创新，分别给老子和韩非子各写一封信。(各 40 分，共 80 分)

出题教师签名：　　　　　　　　教研室主任签名：

××××大学 2011—2012 学年度第一学期
《中国社会思想史》试卷（A）

学号　　　　姓名　　　　院（系）　　　　分数

论述题(三小题，共 100 分)

1. 墨子的"兼爱"与儒家的仁爱比较。（30 分）

2. 葛洪的社会思想特色述评。（30 分）

3. 传统的社会思想与当代核心价值观构建之我见。（40 分）

出题教师签名：　　　　　　　　　教研室主任签名：

××××大学 2011—2012 学年度第一学期
《中国社会思想史》试卷(B)

学号　　　　姓名　　　　院(系)　　　　分数

论述题(三小题，共 100 分)

1. 人物社会思想研究方法有哪些要素？试用人物社会思想研究方法研究荀子的社会思想。(30 分)

2. 人大版《中国社会思想史》教材再版时认为"社会思想"是关于社会生活秩序构建的思想，为什么？(30 分)

3. 先秦的社会管理思想主要表现在哪些方面？如何看待它们的现代意义。(40 分)

出题教师签名：　　　　　　　　　　教研室主任签名：

××××大学 2012—2013 学年度第一学期
《中国社会思想史》试卷(A)

学号　　　　姓名　　　　院(系)　　　　分数

论述题(三小题，共 100 分)

1. 请就中国当前生态文明建设，给老子或庄子集解写一封信。(50 分)

2. 通过本学期的学习，你认为中国社会思想史哪些可作为个人成长借鉴？哪些可作为社会学学科建设借鉴？哪些可作为当前中国社会管理借鉴？(50 分)

出题教师签名：　　　　　　　　　教研室主任签名：

××××大学 2013—2014 学年度第 1 学期

《中国社会思想史》试卷(A)

学号　　　　姓名　　　　院(系)　　　　分数

论述题(2 小题，共 100 分)：

一、试结合中国历代社会思想家关于理想社会模式的思想，设计中国梦(中华民族伟大复兴)的蓝图和指标。(55 分)

二、通过中国社会思想史课程学习，你认为传统社会思想哪些可为个人成长所借鉴？哪些可为社会学学科建设及社会学本土化所借鉴？哪些可为当今中国社会建设和社会治理所借鉴？(45 分)

出题教师签名：　　　　　　　　　教研室主任签名：

××××大学 2014—2015 学年度第 2 学期
《中国社会思想史》试卷（A）

学号　　　　姓名　　　　院（系）　　　　分数

一、《中国社会思想史》课程给你留下最深刻的记忆（或使你感悟至深）有哪些？（30 分）

二、试分别简评儒家、墨家、道家、法家的理想社会模式并吸取其精华，设计当下中国梦的具体指标。（70 分）

出题教师签名：　　　　　　　　　教研室主任签名：

××××大学 2014—2015 学年度第 2 学期
《中国社会思想史》试卷(B)

学号　　　　姓名　　　　院(系)　　　　分数

一、时域社会思想研究方法有哪些要素？试用时域社会思想研究方法分析周秦时期社会思想。(50 分)

二、《中国社会思想史》课程学后感。(50 分)

出题教师签名：　　　　　　　　　　教研室主任签名：

××××大学2015—2016学年度第2学期
《中国社会思想史》试卷(A)

学号　　　姓名　　　院(系)　　　分数

一、简答题(共25分)

1. 试选择并列举5位中国古代最有影响的社会思想家并简要说明理由(10分)。

2. 试比较孔子、墨子社会关系思想(15分)。

二、论述题(共75分)

1. 习近平总书记把"中国梦"定义为"实现中华民族伟大复兴，就是中华民族近代以来最伟大梦想"，具体表现是国家富强、民族振兴、人民幸福，实现途径是走中国特色的社会主义道路、坚持中国特色社会主义理论体系、弘扬民族精神、凝聚中国力量，实施手段是政治、经济、文化、社会、生态文明五位一体建设。

请将习近平总书记"中国梦"的设想与儒家、墨家、法家、道家所提出的社会理想结合进行具体的指标设计(30分)。

2. 时域社会思想研究方法有哪些要素？(15分)试用人物社会思想研究方法(逐个要素比对)分析你感兴趣的中国古代某个时期的社会思想家。(30分)

出题教师签名：　　　　　　　　教研室主任签名：

××××大学 2015—2016 学年度第 2 学期

《中国社会思想史》试卷(B)

学号　　　　姓名　　　　院(系)　　　　分数

一、简答题(共 50 分)

1. 谈谈你对"中国社会思想史"概念的理解。(15 分)

2. 试列举 10 句社会思想名言并简要说明理由。(20 分)

3. 社会思想主要分为官方的社会思想、士林的社会思想、民间的社会思想，你对其中的哪种社会思想最感兴趣，为什么？(15 分)

二、论述题(共 50 分)

1. 人物社会思想研究方法有哪些要素？(20 分)试用人物社会思想研究方法(逐个要素比对)分析你感兴趣的一位中国古代的社会思想家。(30 分)

出题教师签名：　　　　　　　　　教研室主任签名：

××××大学 2016—2017 学年度第 2 学期
《中国社会思想史》试卷(A)

学号　　　　姓名　　　　院(系)　　　　分数

一、简答题(共 55 分)

1. 试谈谈对王阳明"心学"的理解。同时回答其"致良知""知行合一"等对当下价值观和社会治理的借鉴之处?(30 分)

2. 如何辩证看待"阳明心学"?(15 分)

3. 请回答"阳明心学"对你的影响? 结合你自己本学期到课、上课、作业、教学互动等表现,给你自己本学期《中国社会思想史》的课程学习成绩,打上良心分_____(**按百分制算计,必填,写在答题纸上**)。(10 分)

二、论述题(共 45 分)

1. 试对人物社会思想、著作社会思想研究方法的作用加以评价。(20 分)

2. 试用时域社会思想研究方法(逐个要素比对)分析战国时期的社会思想。(25 分)

××××大学 2016—2017 学年度第 2 学期
《中国社会思想史》试卷(B)

学号　　　　姓名　　　　院(系)　　　　分数

一、简答题(共 55 分)

1. 叔孙豹"三不朽"思想对你的人生观的影响。(20 分)

2. 社会思想主要分为官方的社会思想、士林的社会思想、民间的社会思想，你对其中的那种社会思想最感兴趣，为什么？(15 分)

3. 谈谈韩愈为什么反复强调"道统"？结合《师说》分析之。(20 分)

二、论述题(共 45 分)

汉唐儒家理想社会模式比较和评述。(45 分)

2017—2018 年第二学期《中国社会思想史》期末试卷 B 卷参考答案及评分标准

一、问答题

1. 先秦"人性论"的主要观念及其意义？(20 分)

(1)先秦孔子、孟子、荀子、韩非子等人性观列举并论述(各 4 分，共 12 分)；

(2)诸家关注人性观考察的意义？答题要点：之所以探究人性的善恶，是为了制定相适合的整合方案(8 分)。

2. 根据孟子的学说，怎样保持"四心"达到"仁政"？(20 分)

(1)将恻隐、羞恶、恭敬、是非"四心"发挥为仁、义、理、智的"四端"(8 分)；

(2)强调个体修为(12 分，下列答出 3 个即可)

226

——求放心

就是把所丢失之心找回来，着眼于找。丢失的什么心呢？也就是："恻隐之心、羞恶之心、辞让之心、是非之心。"(《孟子·公孙丑》)

——养气

"吾善养吾浩然之气"，"富贵不能淫，贫贱不能移，威武不能屈"。孟子强调人的价值和尊严，他的"富贵不能淫，贫贱不能移，威武不能屈"的名言，对于中华民族人格精神的形成有过相当大的影响。

习近平在中央党校建校80周年庆祝大会暨2013年3月1日的春节学期开学典礼上的讲话指出：中国传统文化博大精深，学习和掌握其中的各种思想精华，对树立正确的世界观、人生观、价值观很有益处。古人所说的"先天下之忧而忧，后天下之乐而乐"的政治抱负，"富贵不能淫，贫贱不能移，威武不能屈"的浩然正气……

——自我勉慰

"天将降大任于斯人也，必先苦其心志，劳其筋骨，饿其体肤，空乏其身，行拂乱其所为，所以动心忍性，增益其所不能"。

——勇于承担社会责任

"夫天，未欲平治天下也；如欲平治天下，当今之世，舍我其谁也?"

——善于推恩

"故推恩足以保四海，不推恩无以保妻子；古之人所以大过人者无他焉，善推其所为而已矣。""亲亲而仁民，仁民而爱物"

结合你自己本学期到课、上课、作业、教学互动等表现，给你自己本学期《中国社会思想史》的课程学习成绩打上良心分_____(按百分制算计)。(5分)

按照学生自己的赋分，相信学生。

二、论述题

1. 结合人物社会思想研究方法的具体要素，分析韩非子社会思想的特征及其形成的原因(35分)。

人物社会思想具体要素(15分)；韩非子社会思想的特征——"人性恶"，"法""术""势"有机结合，社会进化论等，答出两大特征(10分)；形成的原因：联系韩非子出生的时代、师承等(10分)。

227

2. 如何辩证看待葛洪"行善"指标体系？（20分）

葛洪简介(5分)；"行善"指标体系具体内容择要回答。

葛洪要求人们"要当以忠孝和顺仁信为本。""积善立功，慈心于物，恕己及人，仁逮昆虫，乐人之吉，愍人之苦，周人之急，救人之穷，手不伤生，口不劝祸，见人之得如己之得，见人之失如己之失，不自贵，不自誉，不嫉妒胜己，不佞谄阴贼。"(以上内容答出2/3 10分)；辩证看待(5分)。

命题教师签名：

后　记

酝酿多年的教材终于付梓了，它是武汉大学社会学院（系）社会学专业本科生必修课程《中国社会思想史》教学与实践的结晶，亦是多位同仁共同努力的结果。是书数易其稿，由桂胜、李向振担任主编。桂胜负责撰写本书思想流派章节及七大范式与基本要求；李向振除撰写相应案例之外，还负责全书统筹、统稿工作。本书编写人员分工如下：

第一章　缘起部分，由桂胜撰写；

第二章　案例举隅一《荀子社会思想研习》由张友云撰写，案例举隅二《墨子社会思想研习》由李向振撰写；

第三章　案例举隅《陆王心学学派社会思想研习》由熊开万撰写；

第四章　案例举隅《〈礼记〉的社会思想研习》由桂胜撰写；

第五章　案例举隅《湖湘地域性学派社会思想研习》由肖春艳撰写；

第六章　案例举隅《战国社会思想研习》由张友云撰写；

第七章　案例举隅一《从对历代"群己观"的梳理看中国共产党人"毫不利己，专门利人"的社会思想渊源》由腾跃、桂胜撰写，案例举隅二《古代中国乡约制度与村治思想》由李向振撰写；

第八章　案例举隅《综合比较社会思想研究方法》由徐鹏撰写。

其余各部分内容，由桂胜和李向振撰写。

除此之外，在本书初稿编写过程中，蕾莎博士亦贡献较多；腾跃、谌骁、刘欢三位博士为查证和校对本书注释付出了大量心血。在此一并致谢。

最后，感谢武汉大学本科生院教材建设中心给予立项支持，感谢武汉大学出版社编辑詹蜜老师，詹老师认真细致的编辑工作为本书增色不少。

以上文字根据桂胜教授手稿誊录。

注：本书即将付梓之际，桂胜教授因病溘然长逝。我们唯有继承先生遗志，继续努力工作，才能告慰先生在天之灵，将中国社会思想史这门大学问发扬光大。

编者

2023 年 9 月